颜学姐 主编

高质量报考攻略

选好专业，挑对大学

人民邮电出版社

北京

图书在版编目（CIP）数据

选好专业，挑对大学：高质量报考攻略 / 颜学姐主编. -- 北京：人民邮电出版社，2024.1（2024.6重印）
ISBN 978-7-115-63293-7

Ⅰ. ①选… Ⅱ. ①颜… Ⅲ. ①高等学校－招生－介绍－中国 Ⅳ. ①G647.32

中国国家版本馆CIP数据核字(2023)第238752号

内 容 提 要

考生和家长在报考过程中，最常见的问题就是希望老师推荐一些专业，以及这些专业所对应的学校。本书就是针对这个刚性需求而编写。书中挑选了 33 个专业类，涵盖 350 余个热门专业、500 余所院校，主要以专业简介、学科评估、特色学校介绍、专业辨析 4 个部分进行讲解，且集中篇幅重点剖析优势专业的情况，避免泛泛而谈，突出了学校重点和特色。对于学校某些专业的评价，采用教育部第四轮学科评估结果及"双一流"评选结果。本书适合考生和家长阅读。考生和家长可以通过本书了解热门专业，选择适合考生的专业及学校。

◆ 主　　编　颜学姐
　　责任编辑　周　璇
　　责任印制　马振武
◆ 人民邮电出版社出版发行　　北京市丰台区成寿寺路 11 号
　　邮编　100164　　电子邮件　315@ptpress.com.cn
　　网址　https://www.ptpress.com.cn
　　固安县铭成印刷有限公司印刷
◆ 开本：700×1000　1/16
　　印张：18.75　　　　　　　　　　2024 年 1 月第 1 版
　　字数：465 千字　　　　　　　　2024 年 6 月河北第 4 次印刷

定价：69.80 元

读者服务热线：(010)53913866　印装质量热线：(010)81055316
反盗版热线：(010)81055315
广告经营许可证：京东市监广登字 20170147 号

编委会

再谈前途选择方法论

2004 年刚刚博士毕业的时候，我曾经写过一篇《前途选择方法论》，那是我作为青年学者的一些思考。18 年如白驹过隙，如今人到中年，工作和生活经历丰富了一些，也目睹了许多同龄人和历届学生的人生起伏，甚至还面试过一些求职的年轻人，因而我积累了一些新想法。当然今天关于前途选择的这些想法也未必多么正确而高明，再过 18 年等我临退休之际，可能又会觉得"今是而昨非"。

不断提升个人价值

年轻人应该不断追求自己的梦想和目标，并为之努力奋斗。只有通过不断的学习和成长，才能在未来拥有更多的机会和选择，实现自己的人生价值。"躺平"只会让年轻人在生活和职业发展中失去很多的机会和优势，让自己的人生变得更加平庸和乏味。所以，我建议 21 世纪的中国年轻人不要轻言"躺平"，只要掌握正确的选择方法论，再配以持久的努力，就可以实现自己的人生价值和社会价值。

一般而言，提升个人价值意味着激烈的竞争和巨大的压力，常见的提升方法包括学习、自我管理、经商以及社交等。运气在此过程中的作用可能比较小，因为你凭纯运气所获得的财富和地位通常不久就会凭实力还回去。人所能获得并保持的财富与地位，主要取决于他的认知和努力。下面要列举的是我从这个时代的各种现象中梳理归纳出的实现个人价值提升的若干"攻略"。

选择适合自己的平台

每个平台都有其特点和优势，选择适合自己的平台可以让你更好地发挥个人优势、提高工作效率、拓展人脉和资源、实现自我价值。所以，在选择平台时应该认真考虑自己的兴趣、能力和目标，选择适合自己的平台来开展自己的工作和生活。

以我自己的经历为例，2004 年博士毕业的时候，我给自己的人生做了规划，想要成为世界一流的对外政策专家，我觉得除了博览群书以打造跨学科的知识基础之外，还应该深入领域去游历成长，因此我先后选择了欧盟总部所在地——布鲁塞尔和美国联邦政府所在地——华盛顿特区的两所大学做访学，并主动混迹于当地的政策研究圈。在北京，我所任教的中国人民大学受邀参与各方面政策研讨的机会也比较多，对于我的认知、阅历和专业能力的提升非常有帮助。

专注与长线成长的重要性

古语说，大器晚成。实现自己的人生价值和社会价值，需要厚积方能薄发，种子要长成参天大树，粮食要酿成珍贵的老酒原浆，都必须有足够的年份，人生从量变到质变也是如此。

可能有人会问：该成为专才还是通才？

我目前的认识是：首先要成为专才，而不要从一开始就试图当通才。现代社会的分工非常细，每一个细分领域的顶级人才都可以获得较高的报酬和地位，因此你需要的是在某一个细分领域内做到全国乃至全世界最强，而不是知道很多领域的事情但是在哪个行业里都不够杰出。在荒岛求生时，孤独的鲁滨孙必须既能捕鱼，又能打猎，还会搭房子，否则他无法存活。但是在高度复杂、充分分工的现代社会，你必须专精一项才能出头。其实这个想法不是我的原创，而是我的博士导师批评我时说的原话。当时我博士毕业留校工作后，为了改善生活给一个商业刊物写专栏评论文章，一个字一块钱，颇为自得。导师批评我说，你应该先给专业同行写文章，而不是给大众写文章，用你的专业思想和能力征服同行，确立了自己的专业地位之后，才有资格面向大众就一般性话题发表见解。我的导师从普通学者开始，到一步步建立学术声望，具有一定行业影响力，可以说他的人生相当成功。

人生必须专精一行，也不能轻易换赛道，因为换赛道意味着你无法形成能力、人脉和专业知识的积累。2015年的一天，我从芝加哥大学打车去机场，司机是位60岁出头的墨西哥裔，他的话让我印象非常深刻。他跟我聊了一路，说自己是墨西哥大学的毕业生，本应在自己的国家做一个工程师，但是因为听信了所谓"美国梦"的宣传而来到美国打工，最终发现自己的一生被"偷走"了。他在美国的40年里干过30多个工种，最多的时候一天干4份工才能养家糊口，包括剪草坪、送快递、炸薯条、擦窗户、开出租车和做导购，等等。很多人的人生也是如此被稀里糊涂地"偷走"了，放弃了原本的专业，去做了很多不相干的事情。

要敢于做取舍

许多人的人生靠惯性而不是靠理性驱动，主要原因不是懒惰，而是恐惧。他们对失去的恐惧远甚于对获得的渴望。要想获得自己想要的东西，就必须准备舍弃一些当下拥有的东西，必要的时候，还应该适度冒险和承担一定的压力。

10多年前，有位同事曾面临一项艰难的选择。他们夫妻二人的工作都较为繁重，同时还要兼顾照料家中的孩子。经过坦诚协商，他们进行了家庭分工的结构性调整：一方回归家庭，照顾孩子并休养生息，而另一方全身心地挣钱养家。对于绝大多数家庭而言，这是一个相当冒险而艰难的决策，而且事实上，他们最初两年的转型的确失败了：尝试多种投资，不但没有挣到钱，反而还把家中另一套房产给赔掉了。但是经过继续探索，这位同事在教育行业中站稳了脚跟，讲课讲出了名气，使家中的财务状况上了一个台阶。

几乎在同时，另一位同事也想走讲课挣钱这条路，大家也一直为他出主意找选题，但是10年之后他还停留在说说而已的状态。他总结说，自己跟前一位同事相比，缺乏行动力。在我看来，行动力是表象，谈到底其实是由人生观所塑造的勇气和决心。许多人都希望人生能有大不同，但是他们总放不下手头那点营生和杂事。成功的转型需要破釜沉舟的勇气和决心，你必须先让自己空下来、闲下来，对人生中那些可有可无的东西统统"断舍离"，然后才能全身心地投入新方向。

不能追逐热门和收入

时代在飞速发展，今天的热门行业一定不会是二三十年后的热门。人才的供需也符合市场规律，稀缺就会被高估，高估之后供给就会持续增加以至于过剩，而过剩则会被低估。20世纪90年代早期，做外贸很热门，那个时候国际贸易专业的录取分数也特别高，而如今外贸行业竞争充分，如果不顺应发展及时做出改变，极易被淘汰。再后来，金融业和证券业也是热门行业，我曾指导的一个世界经济专业的研究生平时不怎么来上课，整天去券商投行实习，为的就是能进入这个行业工作。研究生刚毕业，薪酬就比教授高1~2倍，但是这种高薪能持续多久呢？能否伴随你的整个职业生涯呢？

我一直主张，人的工作应该着眼于追求提升自己的价值，而不是价格；我们应该经常问问自己：我对这个社会、对这个国家、对这个世界有什么价值？职业的目的不是快速挣钱，而是人生价值的实现，收入则是这个社会为你的价值所支付的对价。在市场快速变动过程中，的确会存在价值和价格之间的巨大背离现象，但是从长期来看，市场总是有效的，价值与价格之间的背离会被抹除。如果你只关注把自己的劳动和时间卖一个好价格，尤其是想卖一个远高于自身价值的"好价格"，那就容易走上曲折的人生道路。追逐变动不居的价格，就容易追涨杀跌，容易在人力资本或者说劳动力市场上"颠沛流离"，最终无法形成自身人力资本和社会资本的有效积累，即所谓"滚石不生苔，漂泊难聚财"。

要看清历史潮流

人生短暂，职业生涯无非就是三四十年光景。世界历史的潮流通常是"三十年河东，三十年河西"。也就是说，一个人的职业生涯可能会经历一次大潮转向。因此从这个层面上讲，你错不起，因为几乎没有重来的机会。

我不主张搭历史的便车，不主张追逐时代的风口，但是至少不要逆历史潮流而动，个人的职业生涯实在等不起那么久。同学们在做选择的时候一定要看清历史潮流，考虑历史的轨迹。

结语

我受高考志愿填报行业的知名专家邹开颜老师（网名"五道口的颜学姐"）的嘱托，为她的新书写一个序，因此想起了这些年关于人生选择和"攻略"的若干思考，并用一周时间写下了上述文字。尽管此文可能存在很多不足，比如太过功利或现实，比如局限于我所处的这个时代，但是既然要写这个主题，我觉得诚实是第一要求，因此不揣浅陋，坦然相陈，供朋友们借鉴和批评。需要提醒读者的是，我只是尽可能坦率而理性地对我所生活的时代和社会规则进行了一点观察，并提出相应的"游戏攻略"，无涉我自身的政治、道德和价值评判。

祝大家都有美好的未来。

翟东升教授

2022 年于北京

Preface 前言

缘起

我涉足志愿填报这一领域纯属是无心插柳的行为。

我在陪伴孩子成长的过程中，自认积累了一些经验，想在网上分享一下。结果在网上写了一阵幼儿教育文章，发现没人看。初心易得，始终难守。这个时候我已经忘了自己的初心了，只懊恼写的东西没人看。

无意中，我看到网上有关于大学和专业的问答。我因为工作的原因，对部分大学和专业比较熟悉，发现不少回答存在错误，于是忍不住也回答了一些问题。没想到，这些回答阅读量不小，好多达到了几十万，甚至上百万。

一下子，虚荣心爆棚，我开始在这个领域深耕。

后来我才明白：第一，那时是六七月份，正值高考季，高考相关的内容最热门，所以平台推广力度大。第二，平台显示的数据有问题，上百万只是展示量，不是真正的阅读量。过了 1 年多后，平台修正了这个 bug，结果阅读量缩水了 90%，只有原来的 1/10。悲惨。

但既然进入了这个写作轨道，我也就没有再换。因为除了发现幼儿教育自媒体门槛低，自己无法从中脱颖而出之外，更重要的原因，我认为给大众普及一下大学、专业等高考志愿填报的内容也非常有必要。

我一开始想分享幼儿教育的内容，主要是觉得教育必须从小开始，才能事半功倍。等孩子成型了，过了青春期，家长再后悔，再用力，这个时候家庭教育几乎没有任何作用了。所以，父母越早学习，对孩子越有利。

不过，由于在网上写了有关大学和高考的文章，了解了一些网友的状况，我发现志愿填报也极其重要。如果家长和考生不懂高考规则，付出的代价非常大。

2019 年，北京师范大学珠海校区在广东招收 26 名体育生，实际提档 26 人，但退档了 25 人，退档率达 96%。原因是这些学生不符合北师大招生章程的要求，北京师范大学对体育生有双 80% 的要求，即广东省体育术科满分 300，80% 就是 240 分，理科优投线 495 分，80% 就是 396 分。文化课和体育专业考试成绩均满足以上要求才能够报考。而这些学生没有看招生章程就直接报考了。

2017 年，有位浙江考生考了 646 分，这个分能上大部分的 985 大学，而他填报的是同济大学浙江学院。这不是同济大学，而是同济大学的独立学院，是个本科二批学校（俗话说的"三本"院）——每年都有类似的情况发生。2020 年，有一位广东考生考了632 分，填报的是电子科技大学成都学院。这同样是一所本科二批学校。

浙江那位考生的错误，可能很多人会避免，但广东考生的错误，对于普通家长来说，不容易避免。因为在省招生计划书里，带有电子科技大学字样的有 3 个招生名称：电子科技大学（成都）、电子科技大学（沙河）、电子科技大学成都学院。

大家能分清楚上面 3 个名称的含义吗？前两个是真正的电子科技大学，成都和沙河表明是不同的校区，第三个则是其独立学院。

2021 年，安徽师范大学有 105 位新生没有报到，主要原因是学生对专业或学校不满意。退学比较多的专业是生物类、环境类、新闻传播、旅游管理和工商管理等在网上被劝退的专业。学生在很短的时间里仓促做了填报决定，事后后悔。而这个后悔至少要浪费一年的时间。

学生寒窗苦读 12 年，高考都结束了，就因为不懂高考填报的一些知识，留下了终身遗憾。

因此，我觉得做高考方面的分享也很有意义。当然，这也是我想弥补自己的一个遗憾。我当年上大学前懵懵懂懂，家长也不懂专业，除了知道清华大学很不错外，对专业一无所知。我当时报的是清华大学电子工程系的电子物理专业，原因有两个。第一，电子最热；第二，我物理不错，因此，就选择了它。

我不仅不知道专业，而且也不知道到大学干什么，当年我把上大学当作终极目标，于是到了大学就开始迷茫，选择的专业又不是自己擅长的，蹉跎至今。到现在，稍微能看清了一些自己，知道了自己的追求，但从时间上来说，终究是晚了。我只能以"朝闻道，夕死可矣"来勉励自己。但我希望自己的下一代和其他孩子不要重蹈覆辙，少浪费点时间，少走点弯路。

于是，我就坚持下来了。

不过，虽然我原来对大学和专业比较熟悉，但毕竟了解的数量非常有限。全国有3000 多所学校，792 个专业，其中很多内容超出了我的熟悉范围。

为了成为这个领域的一位专家，对整个领域的情况做个梳理是最起码的要求，因此这几年来，我对大学、专业做了一些梳理，所以本书也是我的学习笔记。

很多人觉得我对专业和大学了解很深，其实我就是靠写这一篇篇文章积累而成的。我搜集资料，通过自己的理解写成文章并请朋友对文章提出意见，再行修正，在这种来回过程中，我慢慢熟悉了这些大学，仿佛已经了解它们很久了。专业也是如此，专业的内容非常庞杂，即便是我比较熟悉的电子信息类、物理类专业，我原先也只了解一些基本课程内容，对这些行业的热点方向、就业形势及各个学校的培养方向等都是后来慢慢了解的。

离成为专家的路途还比较遥远，我自己仍在路上。不过，我觉得这些知识足够应对志愿填报这件事了。读者能把我整理出来的这些内容认真学习的话，应该会有所收获，能很好地填报志愿。

这话我不是自吹自擂，因为已经有不少家长这么做了。有些家长翻看我在微信公众号上发表的文章，并认真做笔记，最后填报的志愿非常好。很多规划师也如此，通过阅读我的文章来学习大学和专业方面的知识。

微信公众号的文章比较散乱，编纂成图书，相对来说，学习难度又小了很多。不过，写书跟写公众号文章不一样，虽然我在公众号上写了上百万字，认为编撰一本书很容易，结果从写第一稿开始到现在的定稿，又花了 3 年时间。本书的内容跟一开始的初稿已经有了很大的不同，不过，我认为对于读者来说，应该会更有针对性一些。

志愿填报的知识

很多家长和学生对于志愿填报是发怵的，因为内容太多了，几千所大学，几百个专业。这些大学有的是 985，有的是 211，现在又改成了"双一流"。这些名称有什么不同？有"帽子"的大学除了好听之外，还有没有什么实质的好处？有些大学隶属于教育部，有些大学是省部共建，有的隶属于部委，这些大学之间有什么区别？

专业也让人迷惑，信息与计算科学专业竟然不是计算机类专业；数字媒体艺术和数字媒体技术，一个属于艺术类，一个属于计算机类专业；生物医学工程专业跟生物工程专业是两回事；园艺、园林和风景园林也各不相同；眼视光医学、眼视光学，一个能当医生，一个不能当医生……

高校推出的大类招生，大一、大二的专业分流政策，让学生们非常摸不着头脑，糊里糊涂上了大学，最后可能会被分到一个自己根本没有考虑过的专业。

另外还有各种名词。"新高考"，以及"新高考"带来的新事物——选科，都是热门话题。理论上，每个人都可以根据自己擅长的科目来自由选择参加高考的科目，但另一方面，不同科目可以选择的专业不一样。例如，不选物理、化学，很多热门工科专业，像计算机、电子信息、自动化等专业都不能填报——但这个政策还有变化。不少家长对高中选科也非常头疼。

伴随着"新高考"而来的还有多元招生途径，比如综合评价招生。部分省份或一部分大学除了要有高考成绩外，还要求参加学校组织的考试并考查高中的成绩。这些招生名额并不太多，但这可能对于某些学生来说，是上更好一点大学的机会。

还有"强基计划"，什么样的考生适合报"强基计划"？"强基计划"的培养方案是怎样的？"强基计划"跟提前批不是一回事。军校、警校的公安专业，还有一些特殊学校或特殊专业也在提前批招生，例如公费师范生、公费医学生和定向招生等。

各个地方还有国家专项，学校有高校专项项目，相关政策经常变动。

好不容易把这所有事了解清楚了，家长在填报志愿的时候还是担心，志愿填得是否合适，会不会被调剂？被退档？

高考志愿填报这门学问真要深入研究的话，知识点真的非常多。

写初稿的时候，我把这些内容都写上了。但写完之后发现了一些问题，首先是内容过多，虽说我力求言简意赅，但是一本太厚的书，读者要"啃"起来不容易，反而背离了我的初衷。其次，各个省的报考规则不一样，而且时不时有变化，写在书上容易过时。最后，还有报考数据，这是报考的重要依据，但也囿于篇幅，不将这些内容放在书里。有需求的读者，可以关注本人公众号获得这些资料。

认清自己

了解了大学、专业和报考规则，我们就可以进行志愿填报了吗？

答案是否定的。

我问大家一个最极端的问题，上清华好还是上北大好？上清华、北大的冷门专业好，还是上北航、北师大的热门专业好？

一千个人有一千个哈姆雷特，一部分人会说上清华、北大，一部分人会说上北航、北师大。

经济学家管清友曾经说过一句话，引起了轩然大波。他说，年轻人不要把时间花费在来回通勤上，因为不少北京的年轻人为了省房租，住到了很远的燕郊。管清友认为大家应该尽量在公司、单位附近租住，把时间花在自我提升上面。

有人赞成，有人反对。持不同意见的人可以说是势均力敌。在这些问题上，没有对错，没有唯一解。不同的人有不同的理解，每种选择都是对的，只要适合自己就行。

填报志愿也是如此，看着是要学习各种知识，其实更重要的是你对自己的定位，你想要过一种什么样的生活，想要什么样的人生。

了解自己将是最为关键的事情。很多学生和家长经常会问我，是学计算机好，还是学医好？是读博好，还是读硕好？我每次都回答，不要问我，问你自己，只有你才最了解自己。

了解自己，除了要直面自己的内心、自己真正的想法外，也需要跳出自身，把目光放远一些，从更高、更宽、也更深的维度来审视自己，把自己放在社会的大环境里来审视，来预测，来思考。对此，翟东升教授为本书写了一篇非常精彩的序，读者们可以看一下，我这里就不再展开论述了。

我在写作本书时，也注意尽量把文章写得视野更开阔一些，知识更丰富一些，有时会加上一些文化、经济、科技发展的内容。希望我能通过提供足够多维度的细节，帮助大家在这个充满不确定性的世界里获得一个相对确定的答案。

本书的安排和特点

本书的主书名叫《选好专业，挑对大学》，因为好专业和好大学都是相对的，清华、北大虽好，但如果学生不适应，挂科甚至被退学，不如读其他大学。合适才是最好的，大学如此，专业也如此。

目前我国有 3000 多所高等院校，93 个专业类，792 个专业，要在本书中逐个介绍的话，这将是一本极厚的书，而且内容琐碎，不容易帮助读者形成清晰的认知。

因此，我挑选了学生和家长比较关心的 33 个专业类，超过总专业类别和专业数量的 1/3，就读学生的比例超过一半。每个专业基本分成 4 个部分来介绍（个别专业的行文结构不同）。

第一部分：专业简介。这个专业主要学什么，为什么大家关心它，发展前景如何。

第二部分：学科评估。某个学校的专业好不好是很难评判的事情，社会上有各种标准、排行榜。我选择了教育部第四轮学科评估结果以及"双一流"评选结果。因为这是官方的结果，更有权威性。教育部第五轮学科评估也已经结束，不过教育部目前还没有发布结果，部分学校发布了结果，但很多学校没有发布，所以不做使用。

第三部分：特色学校介绍。在高校介绍中，我尽量把顶尖大学、普通大学都进行了介绍。尤其对于一些行业院校进行了重点介绍。有时学科评估也不能完全反映真实的情况，而行业院校，不论是口碑还是学科水平，都是被业界认可的。对于学生来说，不论将来读研还是就业，行业院校的认可度都不错，需要重点关注。

第四部分：专业辨析。一个专业大类下往往包括好几个专业，这些专业又有何异同，我在这部分进行了说明。

通过专业这条线索，我将学校也进行了介绍。本书主要关注的是公立本科院校，在本书中出现的学校数量近 500 所，约占总的本科院校的 1/3。（注：本书在分析高等学校专业排名时，仅讨论中国大陆的高等学校，不包含香港特别行政区、澳门特别行政区和台湾地区的高等学校。）

致谢

本书是我从事自媒体写作后一路走来的记录，其间获得了太多人的帮助。

一开始，中国农业大学的陈奎孚教授、北京师范大学的赵峥教授、燕山大学的朱艳英教授鼓励我去公共平台上写作。在写作过程中，从事自媒体的朋友们，像"高校专业那些事""爱较真的戴老师""文先生说"等给了我很多写作的建议。

在大学和专业的资料搜集上，很多大学老师也提供了诸多帮助，像陈奎孚教授，以及清华大学的余志平教授、赵彬教授、孙长征教授等经常解答我的各种问题，还有更多为我解答各种问题的老师无法一一列举，感谢你们的帮助。

这里要特别感谢山东的张伯乐老师，是他引领我走进了规划师这个行业。中国高考规划行业联盟的会长赵京老师也指点了我不少，尤其给我提供了数据卡，让我真正明白志愿填报是怎么回事。另外，北京的薛敬老师、江苏的毛学恒老师、河北的张晓华老师、湖南的范崇源老师和陈怡华老师、山东的褚福刚老师、黑龙江的袁长龙老师、浙江的贺文璞老师也给了我很多启发。还有更多规划师也给了我很多帮助，在此一并表示感谢。

我最为感谢的是姜萌老师和何树德老师。为了本书，我们三人讨论了多次，何树德老师为书名提供了建议，姜萌老师定下了本书的写作风格、目录大纲，并做了最后的统稿工作。本书副主编、编委在成书过程中也付出了很多心血，一并表示感谢。最后要感谢中国人民大学的翟东升教授，在百忙之中，抽出时间为本书作序，让本书增色不少。

关于谬误

本书涉及很多学校、专业和各种名词，我力求准确，并且不少章节找专家审查过，但不出错只是我的愿望，基本不可能实现，书中难免有错误。

有错误，虽然让我羞愧难当，但我深知，如果不把书写出来，自己闷头关在家里修改，穷其一生也无法完稿。不如我写出来，让大家一起来挑错，虽然难堪一些，但在大家的帮助下，没有错误这件事还是有望达到的。

　　因此，非常诚挚地希望读者朋友们对拙作给予批评指正，不胜感激。

颜学姐

2023 年 8 月 6 日

Content　目　录

1　你所不知道的专业基础知识 1

　　1.1　我国高等教育专业概况 1

　　1.2　专业的分层与分类 4

　　1.3　本科与研究生专业的对应关系 11

　　1.4　如何从大学角度看专业 13

2　理学类热门专业：科学之规律，工程之基础 16

　　2.1　数学类专业 16

　　2.2　物理学类专业 22

　　2.3　统计学类专业 30

　　2.4　心理学类专业 35

3　工学类热门专业：报考与就业的主力方向 44

　　3.1　计算机类专业 44

　　3.2　电子信息类专业 54

　　3.3　集成电路类专业 64

　　3.4　自动化类专业 69

　　3.5　电气类专业 75

　　3.6　生物医学工程类专业 82

　　3.7　机械类专业 88

　　3.8　航空航天类专业 96

　　3.9　材料类专业 102

　　3.10　土木类专业 111

4 医学类热门专业：勇做救死扶伤的生命卫士 122

    4.1 临床医学类专业 122

    4.2 口腔医学类专业 129

    4.3 中医学类专业 136

    4.4 护理学类专业 143

    4.5 药学类专业 149

5 农学类热门专业：民生之源，国家之本，社会之基 158

    动物医学类专业 158

6 文科类热门专业：传承文化，传播思想，增进交往 164

    6.1 法学类专业 164

    6.2 中国语言文学类专业 172

    6.3 外国语言文学类专业 180

    6.4 新闻传播类专业 186

7 教育类热门专业：传道授业，为人师表 194

    教育学类专业 194

8 经济类热门专业：掌握金钱规律，服务社会发展 202

    经济学类专业 202

9 管理类热门专业：一套提升效率与效益的体系 218

    9.1 管理科学与工程类专业 218

    9.2 工商管理类专业 227

10 非艺考设计类热门专业：不是艺术生，也做艺术事 235

    10.1 建筑学专业 235

    10.2 工业设计专业 245

10.3 数字媒体技术专业 251

11 军警校报考：奉献社会，成就自我 256

11.1 军校报考 256

11.2 警校报考 264

12 拨开专业院校的迷雾，选择适合自己的方向 269

12.1 全面挖掘考生的个人特质 269

12.2 有效厘清专业的发展方向 271

12.3 深入剖析大学的优势特色 273

12.4 综合制定家庭的最终决策 274

后记：什么是好的大学和专业教育类文章？ 276

参考资料 280

你所不知道的专业
基础知识

1.1 我国高等教育专业概况

高等教育简介

2023 年，家里有几位小孩考上了大学：南方科技大学、南京理工大学……每年总有几位亲友的孩子上大学。在我的后一辈中，每个孩子都上了大学，好几位读了研究生，甚至还读了博士。

在我的这一代，考上大学是一件大事，因为家里是农村的，考上大学就相当于跳出农门，所以非常看重。不过，家里的亲戚朋友中我这一代的只有一半的人上了大学，上本科的更少，有几位硕士，没有博士。

在我父亲那一代，读大学更难，家里只有父亲读了大学和研究生，伯父读了中专，小姑妈读完了高中。大部分的亲属读到了初中毕业，有的甚至连初中都没上。

在我爷爷那一代，那是新中国成立前，他因为舅舅是老师，所以读了几年私塾，算是文化人，奶奶和其他同辈的亲戚大部分是文盲。

我家的情况应该是我国几代人高等教育的缩影。

新中国成立之初，我国 80% 的人是文盲。在新中国成立后很长一段时间内，上大学是一件很困难的事情。在 20 世纪 90 年代初，全国上大学的人数只有五六十万，1999年大学扩招前，每年上大学的人数刚到百万，每年研究生招生人数不到 10 万，大学毛入学率不到 10%。

到现在，每年上大学的新生数量超过 1000 万。据教育部介绍，目前我国已建成全球规模最大的高等教育体系。2022 年我国高等教育在学总规模达 4655 万人，比上年增加 225 万人；毛入学率达 59.6%。

研究生的招生数量也大幅增加，超过 120 万；博士招生数量也大幅增加，超过了 10 万。

中国现在有着世界上最庞大的本科生和研究生数量。这也是我国快速发展、成为制造业大国的最根本原因。

这么多大学生，就意味着有很多大学。

根据教育部官网的信息，截至 2023 年 6 月 15 日，全国高等学校共计 3072 所，其中：普通高等学校 2820 所，含本科院校 1275 所、高职（专科）1545 所；成人高等学校 252 所。这里面未包含香港特别行政区、澳门特别行政区和台湾地区高等学校。

每所大学又包括很多专业。2023 年，教育部的最新数据是：截至目前，本科专业目录共包含 93 个专业类、792 种专业。

3000 多所大学（本科院校 1275 所），792 个专业（每年都在增加），要在这么多专业和大学中选择，很多家长就犯怵了，填报志愿这件事也就变成了一件技术活。

大学的发展

志愿填报的三要素：大学、专业和城市。本书主要以专业为主线介绍大学，不过为了让大家对整体概貌有个了解，有必要讲一下我国大学的发展历程。我国大学的历史不算长，但变化较多，尤其新中国成立后的院系调整、"985 工程"和"211 工程"的建设对学校的影响非常大，我们了解了这些历史，才能深刻理解学校和专业之间的关系，也会明白学校的特色所在。

我国现代化的高等教育起始于清代末期，当时的中国受到列强欺凌，一些有识之士认为中国当时的教育环境不佳，所以采取了把幼童送到国外留学的举措，例如建造京张铁路的詹天佑就是第一批留美幼童。后来开始在国内建造现代大学。

比较有名的大学有，1895 年创建的北洋大学堂，也就是现在的天津大学。北洋大学堂创建者之一是盛宣怀，盛宣怀 1896 年在上海创建了南洋公学，是后来交通大学的前身之一。北京大学的前身则是创建于 1898 年的京师大学堂，这是戊戌变法的产物，当时京师大学堂既是中国的最高学府也是最高教育行政机关。清华大学的前身是 1911 年创建的清华学堂。

在民国时期，我国的大学教育有了一定的发展。国立中央大学号称是亚洲最大的大学，目标是学生接近 1 万人。清华大学、北京大学、浙江大学、交通大学、武汉大学等都是当时的名校。在抗战时期，清华大学、北京大学、南开大学在昆明组成的西南联合大学，到现在为止，还经常被人称为中国最好的大学。

新中国成立后，我国是一个农业国家，为了尽快从农业国家发展到工业国家，需要大量人才，在这个形势下，从 1952 年起，我国合并、分拆、创建了很多行业性院校。

例如，我国在全国范围布局了师范类院校、航空航天类院校、机械类院校、农业类院校、财经类院校、医学类院校、电子类院校、邮电类院校和电力类院校。这些院校分属不同的部委，电力类院校一般隶属于原电力工业部，医学类院校隶属于原卫生部，财经类院校隶属于财政部、中国人民银行等财政部委，航空航天类院校隶属于原航空航天工业部。

由于这些学校隶属于相关的部委，为相关领域培养高级人才，因此，王牌专业都跟本行业密切相关。例如，合肥工业大学、燕山大学、江苏大学原先都是原机械工业部下属的院校，其机械类专业都非常强。另外，由于是行业内院校，本行业内的就业就向这些院校倾斜，这些行业院校在本行业内有着极广泛的人脉。例如，法学界的"五院四系"中的五院大部分是"双非"大学，但在法学界的地位很高，等同于其他 211 大学，甚至 985 大学。

除了这些行业类院校之外，当时还把大学分成了文理综合性大学和工科大学。例如，北京大学、复旦大学等属于文理综合性大学，有人文社科专业、理科专业，但几乎没有工科专业。清华大学、东南大学、华中科技大学属于工科大学，工科专业非常强，没有理科和人文社科类专业。直到现在，虽然高校都在往综合性大学上发展，但北大的工科专业比不了清华的工科；清华的理科专业，尤其是人文社科类专业还是相对薄弱。

这些院系调整极大地促进了高等教育的发展，但发展了几十年，改革开放以后，大家发现在部委领导下的行业院校有一些弊端：条块分割，不利于教育部的统一管理；不少学校的专业设置重叠，一些优秀的大学由于缺少某些专业，不能更好发展。例如，当时清华大学把数学、物理等基础性专业分出去后，像杨振宁、李政道等著名科学家都表示不赞成，希望能重建这些基础学科。

因此，在 20 世纪 90 年代，我国把部委隶属的大学重新做了调整，一部分划归给教育部，一部分划归给省里，只有少部分学校还隶属于部委。例如，著名的国防七校：哈尔滨工业大学、北京航空航天大学、北京理工大学、西北工业大学、南京航空航天大学、南京理工大学、哈尔滨工程大学还保留在工信部；原卫生部保留了北京协和医学院一所院校，等等。

另外，通过"985 工程""211 工程"，我国的大学大范围地进行了合并整合。例如，

1998 年，原浙江大学、杭州大学、浙江农业大学和浙江医科大学合并成新的浙江大学。这些大学原来都是从老的浙江大学分出去的。合并让很多大学发生了巨变，改变了学校的面貌，也改变了不同学校之间的格局和层次。原先的华中工学院（华中理工大学）和同济医科大学合并成为华中科技大学后，华中科技大学成功地成为一所综合性大学，而不再是纯工科大学。

"985 工程""211 工程"不单单让大学进行了合并整合，更重要的是让大学分层。不同大学培养人才的目标不完全一致，像 985 大学，主要是培养各种可以成为科研人才、专家的研究型人才。从目前国家选拔选调生的情况来看，我们各级政府的后备干部也主要来自这些大学。有一些大学则主要培养工程师、掌握技术的工人。

除了院系调整、"985 工程""211 工程"外，有些学校还进行了办学地点搬迁，例如在 20 世纪 70 年代初的时候"京校外迁"，有 13 所在北京的高校搬到了京外，例如中国科学技术大学从北京搬到了合肥。有些学校想办法回到了北京，有些学校则在北京办起了校区，然后分成两所学校，像中国地质大学（北京）、中国地质大学（武汉）就属此类情况。

到了 21 世纪后，我国对大学发展的规划发生了改变，认为大学不单单要求大、综合性强，更要求专业精度高。因此"双一流"工程应运而生，"双一流"工程关注的是学校的王牌专业，而不是整个学校。

在这种情况下，当然也是科技发展的要求，现代企业对人才的技能要求越来越高，不少工作有很高的专业门槛，因此，在高考填报志愿时，大家对专业也越来越重视。

1.2 专业的分层与分类

专业目录

专业很重要，但很多人缺乏一些基本概念。在聊专业前，有必要跟大家先聊聊专业目录等概念。

我国不同层次的高等教育体系有不同的专业目录，有《职业教育专业目录》《普通高等学校本科专业目录》《研究生教育学科专业目录》3 个专业目录，分别对应职业教育、普通本科和研究生 3 个体系。

专业目录是高等教育的基础性教学指导文件，是高等院校专业设置、用人单位选用毕业生的基本依据。我们本科所读的专业、大学招生计划中的专业都必须包含在专业目录里。很多用人单位招聘限定专业，专业名称和代码也是来自专业目录。

《普通高等学校本科专业目录》分专业门类、专业类和专业 3 级。

专业门类一共有 13 个：哲学、经济学、法学、教育学、文学、历史学、理学、工学、农学、医学、管理学、艺术学和军事学。

在每个门类下又分一个或者几个专业类。例如，哲学只有一个哲学类。在哲学类下面又分成哲学、逻辑学、宗教学和伦理学 4 个专业名称，见表 1–1。

▼ 表 1–1 | 哲学门类下的专业

门类	专业类	专业代码	专业名称	学位
哲学	哲学类	010101	哲学	哲学
哲学	哲学类	010102	逻辑学	哲学
哲学	哲学类	010103K	宗教学	哲学
哲学	哲学类	010104T	伦理学	哲学

又如经济学门类下可以分为：经济学类、财政学类、金融学类、经济与贸易类。每个类下面又有好多专业，见表 1–2。

▼ 表 1–2 | 经济学门类下的专业

门类	专业类	专业代码	专业名称	学位
经济学	经济学类	020101	经济学	经济学
经济学	经济学类	020102	经济统计学	经济学
经济学	经济学类	020103T	国民经济管理	经济学
经济学	经济学类	020104T	资源与环境经济学	经济学
经济学	经济学类	020105T	商务经济学	经济学
经济学	经济学类	020106T	能源经济	经济学
经济学	经济学类	020107T	劳动经济学	经济学
经济学	经济学类	020108T	经济工程	经济学
经济学	经济学类	020109T	数字经济	经济学
经济学	财政学类	020201K	财政学	经济学
经济学	财政学类	020202	税收学	经济学
经济学	财政学类	020203TK	国际税收	经济学
经济学	金融学类	020301K	金融学	经济学
经济学	金融学类	020302	金融工程	经济学
经济学	金融学类	020303	保险学	经济学

续表

门类	专业类	专业代码	专业名称	学位
经济学	金融学类	020304	投资学	经济学
经济学	金融学类	020305T	金融数学	经济学
经济学	金融学类	020306T	信用管理	管理学、经济学
经济学	金融学类	020307T	经济与金融	经济学
经济学	金融学类	020308T	精算学	理学、经济学
经济学	金融学类	020309T	互联网金融	经济学
经济学	金融学类	020310T	金融科技	经济学
经济学	金融学类	020311TK	金融审计	经济学
经济学	经济与贸易类	020401	国际经济与贸易	经济学
经济学	经济与贸易类	020402	贸易经济	经济学
经济学	经济与贸易类	020403T	国际经济发展合作	经济学

专业数最多、招生人数最多的是工学。在工业社会中，需要的大部分都是工科人才。我国大学招生人数基本跟用人数是匹配的，因此，我们可以看到在大学招生计划里，文科和理工科招生比例是 1∶3，因为社会上需要的文科人才相对比理工科人才要少。

工学下面又分为：力学类、机械类、材料类、仪器类、能源动力类、电气类、电子信息类、自动化类、计算机类、土木类、水利类、测绘类、化工与制药类、地质类、矿业类、轻工类、纺织类、交通运输类、海洋工程类、航空航天类、兵器类、核工程类、农业工程类、林业工程类、环境科学与工程类、生物医学工程类、食品科学与工程类、建筑类、安全科学与工程类、生物工程类、公安技术类及交叉工程类。

在电子信息类下面又有 20 个专业，见表 1-3。其他专业类也一样，所以工学有着庞大的专业数量和最多的学生数量。

▼ 表 1-3 | 电子信息类下的专业

门类	专业类	专业代码	专业名称	学位
工学	电子信息类	080701	电子信息工程	理学、工学
工学	电子信息类	080702	电子科学与技术	理学、工学
工学	电子信息类	080703	通信工程	工学
工学	电子信息类	080704	微电子科学与工程	理学、工学
工学	电子信息类	080705	光电信息科学与工程	理学、工学
工学	电子信息类	080706	信息工程	工学
工学	电子信息类	080707T	广播电视工程	工学

续表

门类	专业类	专业代码	专业名称	学位
工学	电子信息类	080708T	水声工程	工学
工学	电子信息类	080709T	电子封装技术	工学
工学	电子信息类	080710T	集成电路设计与集成系统	工学
工学	电子信息类	080711T	医学信息工程	工学
工学	电子信息类	080712T	电磁场与无线技术	工学
工学	电子信息类	080713T	电波传播与天线	工学
工学	电子信息类	080714T	电子信息科学与技术	理学、工学
工学	电子信息类	080715T	电信工程及管理	工学
工学	电子信息类	080716T	应用电子技术教育	工学
工学	电子信息类	080717T	人工智能	工学
工学	电子信息类	080718T	海洋信息工程	工学
工学	电子信息类	080719T	柔性电子学	工学
工学	电子信息类	080720T	智能测控工程	工学

交叉工程类是 2022 年才设置的专业类，现在有未来机器人这个专业。

专业代码

我们看专业代码，前面是 6 位数字。数字的组成是这样的：第一、第二位数字表示是专业门类，比如哲学排第一，那哲学类专业全是 01××××。第三、第四位数字表示在专业门类里的排序。比如哲学门类下，只有哲学类一个，因此都是 0101××，第五、第六位数字表示的是专业在专业类里的排序。

除了数字外，还有"T""K""TK"字母。数字后面不加字母的专业，被称为基本专业。基本专业是指学科建设周期已经比较长、学科基础比较成熟、学校开设也比较多的专业，例如大家常见的汉语言文学、经济学等专业。

带"T"的专业表明是特设专业。此类专业是针对不同学校的特色，为满足社会科技及经济发展的特殊需求而设立的专业，一般说来是新兴专业，将来发展潜力较大。例如智能测控工程、柔性电子学等。

带"K"的专业表明是布控专业。布控专业一般是热门专业或者涉及国家安全等相关内容的专业，国家要控制开设学校的数量和招生规模，例如信息安全（计算机类）。

带"TK"的专业表明，该专业既是特设专业，又是布控专业，例如国际税收（财政学类）。

专业撤销、审批和备案

专业设置每年都在变化。例如电子信息类里的人工智能专业是 2018 年教育部批准设置的，柔性电子学专业是 2020 年教育部批准设置的。

除了新批准的专业外，不少学校也会撤销一些专业。

每年教育部都会对普通高等学校本科专业进行设置和调整。先是高校向教育部申报，教育部公示、审核，给予批准。对于新专业，需要高等学校专业设置与教学指导委员会评议，确定是否增设。

下面就是 2023 年教育部公布的 2022 年度本科普通专业撤销、审批和备案的结果。

2022 年度普通高等学校，新增备案专业 1641 个、审批专业 176 个（含 150 个国家控制布点专业和 21 种、26 个目录外新专业），调整学位授予门类或修业年限专业点 62个。另对部分高校申请撤销的 925 个专业点予以备案。截至 2023 年，本科专业目录共包含 93 个专业类、792 种专业。

据统计，2022 年度专业增设、撤销、调整共涉及 2800 余个专业布点，占目前专业布点总数的 4.5%。从学科门类看，工学所涉专业数量最多，有 1074 个；从区域布局看，涉及中西部高校的专业有 1503 个，占比超过 50%。

下面解释一下撤销专业、新增备案专业和审批专业的概念。

先说撤销专业，见表 1-4，2022 年，信息管理与信息系统专业被撤销得最多，有27 所高校撤销此专业；其次是公共事业管理专业，有 23 所高校撤销此专业。再往下，市场营销专业，有 22 所高校撤销此专业；产品设计专业和信息与计算科学，分别有 21所高校撤销此专业；广告学专业，有 18 所高校撤销此专业；电子信息科学与技术专业，有 13 所高校撤销此专业。

▼ 表 1-4 │ 2022 撤销本科专业统计

招生专业	撤销专业的院校数
信息管理与信息系统	27
公共事业管理	23
市场营销	22
产品设计	21
信息与计算科学	21
广告学	18
电子信息科学与技术	13

续表

招生专业	撤销专业的院校数
测控技术与仪器	12
生物技术	12
网络工程	12
酒店管理	11
自然地理与资源环境	10

专业被撤销的理由很多，不单单是该专业不再热门，就业形势不好，有的是课程设置不太合适，有的是被新专业取代，有的是跟学校的整体发展目标不符。因此，大家不要简单地认为被撤销的专业都是淘汰专业。

另外还有两个名词：新增备案专业和审批专业。2022 年，新增备案专业 1641 个，审批专业 176 个。审批专业一般是指新专业或者要增设的是国家布控专业，其他的在专业目录里的只需备案就可以。

见表 1-5，数字经济专业，新增该专业的有 77 所院校；人工智能专业，新增该专业的有 59 所院校；智能制造工程专业，新增该专业的有 39 所院校；智能建造专业，新增该专业的有 38 所院校；大数据管理与应用专业，新增该专业的有 38 所院校；数据科学与大数据技术专业，新增该专业的有 30 所院校；储能科学与工程专业、网络与新媒体专业，分别新增该专业的有 23 所院校；集成电路设计与集成系统专业、金融科技专业，分别新增该专业的有 22 所院校；食品营养与健康专业、新能源材料与器件专业，分别新增该专业的有 21 所院校；跨境电子商务专业，新增该专业的有 20 所院校。

▼ 表 1-5｜2022 年新增专业和学校数量

新增专业名称	新增专业的院校数
数字经济	77
人工智能	59
智能制造工程	39
智能建造	38
大数据管理与应用	38
数据科学与大数据技术	30
储能科学与工程	23
网络与新媒体	23
集成电路设计与集成系统	22
金融科技	22

续表

新增专业名称	新增专业的院校数
食品营养与健康	21
新能源材料与器件	21
跨境电子商务	20

新增的备案专业很明显，大都是新工科专业——人工智能、智能、大数据、集成电路以及新能源方向。信息时代的特征越来越明显。

新增审批专业

审批专业分两种，一种是新专业，另一种是原先的布控专业。

在2022年度，新增网络空间安全专业的院校最多，有16所；新增运动训练专业的院校有12所；新增生物育种科学专业的院校有8所；新增航空服务与艺术管理专业的院校有8所；新增碳储科学与工程专业的院校有6所；新增信息安全专业的院校有6所。

其中，新增行星科学专业的有3所大学：北京大学、南京大学和中国科学技术大学。3所顶尖大学新设此专业，大家可以想象，21世纪是个"目标是星辰大海"的世纪。

另外，2022年新增了21个新专业，一共有26所院校开设。其中，生物统计学专业有5所院校开设。数据科学专业有北京交通大学和福建师范大学两所院校开设。清华大学开设了一个地球系统科学专业。武汉大学开设了一个国际法专业，见表1-6。

▼ 表1-6｜2022年新增审批本科专业

新增审批本科专业名单						
2	清华大学	地球系统科学	070604T	理学	四年	新专业
3	北京交通大学	数据科学	071203T	理学	四年	新专业
5	北京化工大学	资源化学	070307T	理学	四年	新专业
7	北京林业大学	国家公园建设与管理	090207TK	农学	四年	新专业
14	东南大学	电动载运工程	080609T	工学	四年	新专业
15	东南大学	未来机器人	083201TK	工学	四年	新专业
17	中国药科大学	生物统计学	071204T	理学	四年	新专业
22	武汉大学	国际法	030109TK	法学	四年	新专业
27	华南理工大学	生物材料	080419T	工学	四年	新专业
30	西安交通大学	医工学	101014TK	工学	四年	新专业
37	华北科技学院	安全生产监管	082904T	工学	四年	新专业

续表

新增审批本科专业名单						
41	中国民航大学	飞行器运维工程	082012T	工学	四年	新专业
42	中国民航大学	航空安防管理	120419TK	管理学	四年	新专业
43	中国劳动关系学院	工会学	030505TK	法学	四年	新专业
44	中华女子学院	家庭教育	040115T	教育学	四年	新专业
59	内蒙古师范大学	数字人文	050110T	文学	四年	新专业
73	南京医科大学	生物统计学	071204T	理学	四年	新专业
76	南京审计大学	金融审计	020311TK	经济学	四年	新专业
77	南京特殊教育师范学院	孤独症儿童教育	040116TK	教育学	四年	新专业
78	南京特殊教育师范学院	无障碍管理	120420TK	管理学	四年	新专业
86	福建师范大学	数据科学	071203T	理学	四年	新专业
130	广东医科大学	生物统计学	071204T	理学	四年	新专业
132	南方医科大学	生物统计学	071204T	理学	四年	新专业
139	广西警察学院	司法鉴定学	030110TK	法学	四年	新专业
141	海南大学	乡村治理	120303TK	管理学	四年	新专业
142	海南医学院	生物统计学	071204T	理学	四年	新专业

1.3 本科与研究生专业的对应关系

这里讲一下研究生专业，因为在很多场合，研究生专业用得更多，不少读者不太知道这两者之间的区别，经常混用。

例如学科评估用的就是研究生专业目录。学科评估是大众非常喜欢用的一个评估指标。现在有很多民间大学排行榜，例如软科、校友会等。大家一般更信任官方的排行榜，教育部当然不会发布大学排行榜。因为大学是一个复杂体，仅用几项指标来对大学进行排名，会出问题。

虽然没有对大学的整体排名，但教育部对学科是进行评估并且打分的（不过第五轮学科评估没有向公众公布，大概也是担心大家过于看重排名），因此，这个评估被大家广泛使用。本书也使用了教育部第四轮学科评估结果。

不过，在使用这个学科评估时，大家要先明白，一所学校的本科生教育和研究生教育不完全一样。研究生阶段，科研只聚焦于某个专门领域。本科生教育里有很多全校基础课、专业基础课，还有各种讲座、社团活动。一所顶尖的大学虽然可能某些学科不如普通院校,但顶尖学校提供的基础性教育、通识性教育可能会更好一些。

其次,教育部的学科评估是针对研究生学科的,研究生学科跟本科生专业的名称有区别,并不是一一对应的。

在《研究生教育学科专业目录》里分 3 级,但名称跟本科生专业目录的不一样,分为学科门类、一级学科和专业学位类别,见表 1-7。

▼ 表 1-7 | 研究生一级学科专业目录

01 哲学	
0101	哲学
0151	应用伦理 *
02 经济学	
0201	理论经济学
0202	应用经济学
0251	金融 *
0252	应用统计 *
0253	税务 *
0254	国际商务 *
0255	保险 *
0256	资产评估 *
0258	数字经济 *

这里,02 经济学是学科门类,0201 理论经济学则为一级学科,下面还有专业学位类别,也称为二级学科。例如,理论经济学一级学科下面,又可分成 7 个二级学科,见表 1-8。

▼ 表 1-8 | 理论经济学下二级学科专业目录

理论经济学	
020100	理论经济学
020101	政治经济学
020102	经济思想史
020103	经济史
020104	西方经济学
020105	世界经济
020106	人口、资源与环境经济学

研究生专业代码跟本科生的也不一样。学科门类代码为两位数字，一级学科和专业学位类别代码为 4 位数字，其中代码第三位从"5"开始的为专业学位类别，专业学位就是俗称的专硕、专博。

研究生的专业门类跟本科生的专业门类基本一致，不过比本科生专业门类多一个门类，有 14 个专业门类：哲学、经济学、法学、教育学、文学、历史学、理学、工学、农学、医学、军事学、管理学、艺术学和交叉学科。14 交叉学科是 2021 年新设立的新学科，它包括：

1401　集成电路科学与工程（可授理学、工学学位）

1402　国家安全学（可授法学、工学、管理学、军事学学位）

1403　设计学（可授工学、艺术学学位）

1404　遥感科学与技术（可授理学、工学学位）

1405　智能科学与技术（可授理学、工学学位）

1406　纳米科学与工程（可授理学、工学学位）

1407　区域国别学（可授经济学、法学、文学、历史学学位）

1451　文物

1452　密码 *

专业学位类别按其名称授予学位。名称后加"*"的仅可授硕士专业学位，其他可授硕士、博士专业学位。交叉学科可以授予不同学位。

1.4 如何从大学角度看专业

2023 年 4 月，教育部同国家发展和改革委员会、工业和信息化部、财政部和人力资源和社会保障部 5 个部门共同印发了《普通高等教育学科专业设置调整优化改革方案》（以下简称《方案》）。这是高等教育的一个规划性的文件，即将高考的学生和家长应该关注一下。

《方案》主要的目标是：

（一）到 2025 年，优化调整高校 20% 左右学科专业布点，新设一批适应新技术、新产业、新业态、新模式的学科专业，淘汰不适应经济社会发展的学科专业；

（二）基础学科特别是理科和基础医科本科专业点占比进一步提高；

（三）建好 10 000 个左右国家级一流专业点、300 个左右基础学科拔尖学生培养基地；

（四）在具有一定国际影响力、对服务国家重大战略需求发挥重要作用的学科取得突破，形成一大批特色优势学科专业集群；

（五）建设一批未来技术学院、现代产业学院、高水平公共卫生学院、卓越工程师学院，建成一批专业特色学院，人才自主培养能力显著提升；

（六）到 2035 年，高等教育学科专业结构更加协调、特色更加彰显、优化调整机制更加完善，形成高水平人才自主培养体系，有力支撑建设一流人才方阵、构建一流大学体系，实现高等教育高质量发展，建成高等教育强国。

调整的原因和历史

"优化调整高校 20% 学科专业布点"是很多人讨论的热点。这件事从 2017 年起就开始做了。2017 年 2 月，在复旦大学召开的综合性高校工程教育发展战略研讨会，会上提出了"新工科"这个概念。这个概念一提出来就受到了官方和教育界的重视。2018 年 3 月，教育部高等教育司司长吴岩在南方科技大学明确提出，教育部将正式推出四个"新"：新工科、新医科、新农科、新文科。这就是俗称的"四新"建设。

因此，我们可以看到各个院校在不停地调整专业，新开设专业或者撤销某些专业。例如，2021 年，全国新增了 1961 个专业点，撤销了 804 个专业点。2022 年，全国新增备案专业 1641 个、审批专业 176 个，撤销了 925 个专业点。从 2012 年到 2021 年，全国增设了 1.7 万个专业点，撤销和调整了近 1 万个专业点。

因此，到 2025 年，优化调整 20% 的专业布点不是大问题，大部分的工作已经做完。

第一个原因，"四新"建设应时而生，因为教育的发展一般说来都是落后时代的，我国在建设高校初期，很多专业设置本来就存在不足。很多人说我们参考了苏联的教育模式，专业分工太细。但苏联的高等教育模式实际上效果不错，培养出了一流的科学家和工程师。2000 年后，我们开始参考欧美大学的模式，宽口径、重基础。这方面的改动一直在进行。

第二个原因，进入 21 世纪后，新技术的应用越来越广泛，不少学科虽然名字没变，但学科的内涵、基本理论要求等都发生了重大变化，所以不少学科要重新调整，尤其是跟其他学科的交叉融合成了一件非常重要的事。

第三个原因，外部环境的变化。全球贸易不仅对科技提出了新要求，对人才也提出了新要求。从高考的选科开始，数理化等理工专业大大加强。还有公共卫生极其重要，所以国家要大力建设公共卫生系统和培养人才。

哪些学科被优化调整？

对于学生和家长来说，这些事情的起源和历史虽然重要，但他们更关心的是，我该读哪些专业，对我有何影响。

优化调整分两大块。一块是新增专业，一块是撤销专业。

对于新增专业，有的是国家急需的专业，有的是新技术、新科学理论的应用。这些专业总体来说是发展方向，但要注意，学科的发展跟大学教育以及将来的就业不能完全等同。例如，每年调整很多专业，专业名称非常新，用人单位在招聘时还不了解这些新增专业，这样，新增专业的学生可能无法进入招聘名单。还有，虽然新增的专业不错，但学科课程设置还不成熟，有的学校师资力量不强，或者培养的人过多，社会容纳不了，也不行。所以对于新专业，大家要小心辨别。

对于撤销专业，前面已经说过了，有的是不符合现代需求，有的是跟学校发展不符，大家要仔细辨别，不要一棍子打死。

"四新"建设确实挺好，我们很多专业设置以及专业教学都很陈旧，需要更新。但是，改变专业名称只需要一秒，但老师还是那些老师，所以是不是实质内容都会发生改变？这需要打个问号，不同学校可能效果会不一样。这个问题也是我们在选择学校和专业时必须考虑的。

理学类热门专业：
科学之规律，工程之基础

2.1 数学类专业

专业简介

数学是自然科学的基础，这是人类抽象思维的伟大成果。数学是一种语言，有了它，人类就可以描述很多事情了，物理等自然科学也都在它的基础上发展了起来。

一开始，大家可能觉得抽象数学的用处不大，数学专业的毕业生好像只能做数学研究和当数学老师，出路很窄。

随着科技的发展，数学的应用越来越广泛，在计算机、人工智能、通信和经济金融等领域都需要数学知识。例如，华为招聘了好几百位数学家，在数学强国俄罗斯、法国都建立了数学研究所。数学在科技生活中越来越重要。

就业热了之后，很多学生对数学就很感兴趣。下面来谈谈与数学相关的专业和学校。

在聊学校之前，先聊聊数学的课程，因为大学数学跟高中数学区别很大，在大学里面学好数学专业并不容易。我们可以看看数学专业的主要课程，下面是山东大学数学与应用数学专业的课程。

平台基础课程是：数学分析、高等代数、代数和几何基础、大学物理、大学物理实验。

专业基础课程是：常微分方程、复变函数、实变函数、抽象代数、泛函分析、运筹学、数论基础、偏微分方程。

专业核心课程是：数学模型、概率论、数学实验、数理统计、微分几何、拓扑学、应用回归分析、数值分析。

专业选修课程是：微分流形、抽象代数Ⅱ、现代分析基础、统计软件、数学内容方
法和意义、数据科学导论、代数几何等课程。

学科评估

数学的第四轮学科评估见表 2-1。

▼ 表 2-1｜数学学科评估结果

评估结果	学校名称
A+	北京大学、复旦大学、山东大学
A	清华大学、北京师范大学、南开大学、上海交通大学、中国科学技术大学、西安交通大学
A−	吉林大学、哈尔滨工业大学、同济大学、华东师范大学、南京大学、浙江大学、武汉大学、中山大学、四川大学
B+	首都师范大学、大连理工大学、东北师范大学、上海大学、苏州大学、南京师范大学、浙江师范大学、厦门大学、华中科技大学、华中师范大学、湘潭大学、湖南大学、中南大学、湖南师范大学、华南理工大学、华南师范大学、重庆大学、陕西师范大学、兰州大学、国防科技大学
B	中国人民大学、北京工业大学、河北师范大学、上海师范大学、中国矿业大学、安徽大学、福州大学、福建师范大学、郑州大学、西南大学、云南大学、西北大学、西北工业大学、西北师范大学、新疆大学、广州大学
B−	北京交通大学、北京科技大学、山西大学、内蒙古大学、华东理工大学、南京航空航天大学、南京理工大学、南京信息工程大学、江苏师范大学、合肥工业大学、江西师范大学、山东师范大学、曲阜师范大学、湖北大学、四川师范大学、重庆师范大学、贵州大学、扬州大学、宁波大学
C+	北方工业大学、东北大学、辽宁师范大学、东华大学、江苏大学、浙江理工大学、杭州师范大学、温州大学、南昌大学、中国海洋大学、河南大学、河南师范大学、暨南大学、汕头大学、广西大学、贵州师范大学、宁夏大学、中国石油大学
C	中国农业大学、华北电力大学、华北理工大学、中北大学、吉林师范大学、哈尔滨理工大学、哈尔滨师范大学、上海理工大学、浙江工业大学、安徽师范大学、中国地质大学、长沙理工大学、桂林电子科技大学、西南交通大学、成都理工大学、云南师范大学、烟台大学、解放军陆军工程大学
C−	北京化工大学、中国民航大学、天津师范大学、河北大学、华北水利水电大学、山西师范大学、辽宁大学、沈阳师范大学、渤海大学、黑龙江大学、河海大学、集美大学、河南理工大学、信阳师范学院、湖北师范大学、广西民族大学、西南石油大学、西华师范大学、昆明理工大学、青岛大学

全国具有数学一级学科博士授权的高校共 76 所，其中 69 所参评了第四轮学科评估，
加上部分有硕士授权的高校，一共有 182 所。

在第二轮"双一流"评选中，数学学科入选的大学有：北京师范大学、首都师范大学、南开大学、吉林大学、复旦大学、上海交通大学、中国科学技术大学、山东大学、湘潭大学、中南大学、中山大学、四川大学、南方科技大学，一共 13 所大学。加上清华大学和北京大学，一共有 15 所高校。

数学参评的学校很多，因为大部分学校都有大学数学课程，且设有数学专业，所以学校数量很多。

从学科评估中可以看出，除了极个别的大学，数学强的大学基本是"985、211 大学"及师范类大学。

特色学校介绍

北京大学

北京大学的数学科学院是国内数学最强的学院之一。1952 年院系调整的时候，清华大学数学系并入北京大学数学系，北大数学系实力大增。一般国内数学界有个说法："北京大学和其他学校。"北大数学科学学院是我国数学的一座"重镇"。

北大数学科学学院下设 4 个系：数学系、概率统计系、信息与计算科学系和金融数学系；有 5 个本科生专业：数学与应用数学专业、信息与计算科学专业、统计学专业、应用统计学（生物统计方向）以及数据科学与大数据技术专业；4 个博士专业：基础数学、应用数学、计算数学、概率统计，4 个博士专业都设有博士后流动站并全部被评为重点学科。有数学及其应用教育部重点实验室、大数据分析与应用技术国家工程实验室、教育部"高校数学研究与高等人才培养中心"等科研平台。

目前，北大数学科学学院有 9 位院士，培养出了 30 多位院士。其中，吴文俊、王选院士获得了国家最高科技奖。稍微年轻一些的，有世界著名的数学家张益唐。在 2000 年左右入学的北大数学学子，则有许晨阳、恽之玮等多位年轻数学家，在全世界都是一股重要的力量，被称为北大数学"黄金一代"。更年轻的韦东奕在国内也崭露头角。北大数学专业的实力在全国可以说是一骑绝尘、傲视群雄。

北大数学科学学院常年负责国际数学奥林匹克竞赛国家队的培训和组织工作，因此绝大部分国际奥数金牌得主都选择进入北大学习。至于阿里巴巴的全球数学竞赛，唱主角的基本是北大人。

复旦大学

复旦大学的数学专业来源也是通过院系调整，原先浙江大学苏步青、陈建功两位大师领衔的数学系被并入复旦大学，在复旦生根发芽。复旦大学数学科学学院现有中科院院士6人，已故的谷超豪院士曾获得国家最高科技奖。

山东大学

山东大学的数学专业是山大最王牌的专业，历史悠久。从渊源上来说，山大的数学专业来自北大和浙大的陈建功教授。

现在山东大学数学学院有一位中科院院士，培养出了多位院士，密码专家王小云院士就是山东大学毕业的。出身于山东大学数学系的两位院士获得了中国民间最高科学奖——未来科学大奖，一位是王小云院士，还有一位是彭实戈院士。

清华大学

在历史上，清华数学系曾经有熊庆来、华罗庚等一批世界一流的数学家，位列国内最强位置，在院系调整时，惨遭分拆。现在的数学专业是1979年重建的，一开始是应用数学系。清华理学院的重建都是从应用层面开始，后来才改为数学科学系。

虽然重建很晚，但在清华大学平台里面，数学系发展得非常快，有一大批有实力的中青年教授。尤其现在清华数学有丘成桐先生坐镇，在全世界破格搜寻和培养数学少年英才。估计过一段时间后，清华数学系应该还会有更大进步。

北京师范大学

北京师范大学数学系历史悠久，于1922年创立。北师大的理科专业水平都很高。在数学领域，现在有中科院院士2人、发展中国家科学院院士1人。北京师范大学数学科学学院的博士毕业生中，已有3位中科院院士、1位发展中国家科学院院士，另有其他不少杰出人才。

南开大学

南开大学数学系是国内最早的数学系之一，创始人是著名的数学家姜立夫，这是我国数学家中数得上的巨头。南开大学数学系最著名的学生就是陈省身，现在南开设有陈省身数学研究所。南开大学数学科学学院现在有中科院院士4人、发展中国家科学院院士3人。

中国科学技术大学

中国科学技术大学的数学系曾经星光灿烂，华罗庚是首位系主任，吴文俊是首位副系主任。关肇直、王元、张景中等都是中科大的老师。中科大现有2位中科院院士。学院内先后成立了国家数学与交叉科学分中心、中科院吴文俊重点实验室、科技部"丛上的几何与分析"基础数学中心项目和安徽应用数学中心等。

上海交通大学

上海交通大学的数学系也是重建的，1978 年设立应用数学系，现在设为数学科学学院。很多人认为上海交通大学是一所偏重工科的学校，其实上交大在理科方面投入也很大，数学、物理和生物方面都不弱。在数学方面，现有 1 位中科院院士。

西安交通大学

西安交通大学的前身是老的交通大学，在院系调整时，数学专业并入复旦大学，不过自身还留有数学力学系，保留了部分师资。1979 年恢复了数学系。前文介绍的北京大学吴文俊院士就是交通大学的毕业生，只是在北京大学工作过一段时间。西安交通大学的数学强在计算数学，现有 1 位中科院院士。

南京大学

南京大学的数学系也很强，师资力量雄厚，治学严谨踏实，它来源于原国立中央大学的数学系，创办者也是熊庆来先生，一直是我国很重要的一个理科培养基地。

余下的 985 大学就不介绍了，像浙江大学、中山大学、武汉大学、四川大学、吉林大学等的数学系也非常强。总体来说，原先的文理大学的数学系都很不错。后面介绍一些其他的数学强校。

中国科学院大学

中国科学院大学的基础学科都强大无比，因为背后是中科院的各个院所。中国科学院大学数学科学学院的背后是中国科学院数学与系统科学研究院。数学科学学院现有中科院院士 7 人，国家杰出青年基金获得者、国家和中国科学院特殊人才计划入选者 90 余人。数学科学学院下设 6 个教研室，分别为分析数学教研室、几何与拓扑教研室、代数与数论教研室、计算数学与计算机数学教研室、概率论与数理统计教研室、运筹学与控制论教研室。数学科学学院现有 5 个一级学科和 15 个二级学科博士学位授权点，分布在数学、系统科学、统计学、计算机科学与技术和管理科学与工程 5 个一级学科。

南方科技大学

南方科技大学是一所新型大学，其数学系成立于 2015 年，现有基础数学、计算与应用数学和概率论与金融数学 3 个学科方向，目前开设金融数学、数学与应用数学两个本科专业，并有数学一级学科硕士、博士学位授权点和博士后科研流动站。2020 年，南科大获批牵头建设深圳国家应用数学中心，这是首批 13 个国家应用数学中心之一，也是深圳首个国家级数学中心。

首都师范大学

首都师范大学数学学科创建于 1954 年，学院下设数学与应用数学（含师范、非师范两个专业方向）、信息与计算科学和统计学 3 个本科专业。数学学科为"双一流"建设学科，数学与应用数学和统计学两个专业为教育部"双万计划"国家级一流本科建设专业。拥有学科教学（数学）、应用统计两个专业硕士点，数学、统计学两个一级学科博士点和数学博士后科研流动站。2020 年 12 月，首都师范大学获批成立北京国家应用数学中心，先后建成了北京市检测成像工程中心、北京成像技术高精尖创新中心、光场成像与数字几何北京市重点实验室和三维信息获取与应用教育部重点实验室等科研平台。

湘潭大学

湘潭大学数学与计算科学学院是湘潭大学成立最早的院系之一，肇始于 1974 年复校之初的数学、计算数学专业。2022 年 2 月，数学学科入选国家"双一流"建设学科，依靠数学学科，湘潭大学进入了"双一流"大学行列。湘潭大学设有数学教育部基础学科拔尖学生培养计划 2.0 基地，数学与应用数学、统计学为国家级一流本科建设专业；有数学、统计学一级学科博士点、硕士点，应用统计专业硕士点，数学、统计学博士后流动站；建有全国首批国家应用数学中心——湖南国家应用数学中心（依托单位）、数学学科创新引智基地（111 基地）和"智能计算与信息处理"教育部重点实验室等。

湖南师范大学

湖南师范大学的数学专业为 1938 年国立师范学院成立之初所设立的 7 个系之一。基础数学为国家重点（培育）学科，数学为湖南省国内一流建设学科，数学与应用数学为国家第一类特色专业建设点、湖南省重点专业。数学与应用数学专业、信息与计算科学和统计学专业先后入选国家级一流本科专业建设点。湖南师范大学有计算与随机数学教育部重点实验室，复杂系统的控制与优化、应用统计与数据科学 2 个湖南省高校重点实验室。该校 2020 年成为湖南国家应用数学中心核心共建单位。

新疆大学

新疆大学数学与系统科学学院始建于 1950 年，是新疆大学的王牌专业之一。学院现有数学一级学科博士学位点和硕士学位点、统计学一级学科硕士学位点、应用统计学专业硕士点、数学学科博士后科研流动站。应用数学为国家级重点学科，基础数学为自治区重点学科。数学与应用数学国家理科基础学科研究和教学人才培养基地。

专业辨析

在理学的数学类里面，有 4 个专业，见表 2–2。

▼ 表2-2｜数学类的专业

专业类	专业代码	专业名称
数学类	070101	数学与应用数学
数学类	070102	信息与计算科学
数学类	070103T	数理基础科学
数学类	070104T	数据计算及应用

数学与应用数学专业开设的学校最多，是数学专业的最主要的形式。

这里面，信息与计算科学专业很让人迷惑，普通人看到"信息"和"计算"，会觉得这是个计算机类专业，其实它是个数学专业，主要学习跟信息相关的数学、算法和计算等。如果要读研，在研究生阶段没有直接对应的专业，只能转数学或者计算机。不过这两年撤销信息与计算科学专业的学校不少，估计学校要换专业名称来招生了。

数理基础科学专业除了学数学知识外，还要学习一些物理基础知识。物理是对数学要求非常高的一门学科，像杨振宁最杰出的成果是杨 – 米尔斯方程，业内人士都说这个方程优美简洁，事实上其蕴含数学非常复杂，把公式写下来可以写满一页纸。如果把数学、物理两大学科的基础打扎实，此类人才应该就可以胜任任何工作。中国科学院物理所的曹则贤教授讲过，物理专业的学生什么都会干，加上数学肯定更强。不过，要学好数理难度还是很大的。

数据计算及应用是2018年才新开设的专业，2019年学校才开始招生。在我看来，这个专业是可以取代信息与计算科学专业的，这个专业名称更为明确，也是交叉学科，需要数学、统计学、大数据和计算机等相关知识。

在大学本科专业目录里，统计学和数学是两大不同的专业，但在学科上，统计学是应用数学的一个分支，所以大部分的学校，数学和统计学专业都被分在一个学院里。只是，随着计算机技术的发展，数据统计变得越来越重要，统计学就跟数学分开了。

2.2 物理学类专业

专业简介

物理学，是研究物质最一般的运动规律和物质基本结构的学科。物理学非常强大，一个简单的定律就能把宇宙中大大小小的物体进行归类和解释。例如，我们包里零零碎碎的小物件跟恒星一样受到万有引力的制约。物理学也是现代科技的基础，非常有用。

物理学专业学生主要学习物理学的基本理论和方法、一定的物理实验技能，还有一些数学基础，以养成良好的物理思维能力。有了这些能力，物理学专业毕业生能胜任相关领域甚至跨领域的工作。物理学家曹则贤曾经说："一个人，如果学会了物理，还有什么他不敢干的？"

由于物理学专业的培养很有成效，现在越来越多的学生希望本科能读物理学专业，到读研或者工作时，转入工科专业，这样能基础更扎实一些。物理学专业这些年触底反弹，越来越多的人开始对其产生兴趣。下面就来聊聊物理学专业相关情况。

学科评估

物理学第四轮学科评估结果见表 2-3。

▼ 表 2-3 | 物理学评估结果

评估结果	学校名称
A+	北京大学、中国科学技术大学
A	清华大学、复旦大学、上海交通大学、南京大学
A-	南开大学、吉林大学、浙江大学、武汉大学、华中科技大学、中山大学
B+	北京师范大学、山西大学、东北师范大学、哈尔滨工业大学、同济大学、华东师范大学、厦门大学、山东大学、华中师范大学、华南师范大学、西安交通大学、兰州大学、国防科技大学
B	中国人民大学、大连理工大学、上海大学、苏州大学、河南师范大学、湖南大学、中南大学、湖南师范大学、四川大学、重庆大学、西北大学、西北工业大学、陕西师范大学
B-	北京工业大学、北京科技大学、河北师范大学、内蒙古大学、东北大学、长春理工大学、南京师范大学、福建师范大学、山东师范大学、郑州大学、湘潭大学、西北师范大学
C+	北京交通大学、辽宁师范大学、上海师范大学、南京航空航天大学、浙江工业大学、浙江师范大学、南昌大学、曲阜师范大学、河南大学、华南理工大学、西南交通大学、云南大学、青岛大学
C	北京化工大学、天津师范大学、辽宁大学、吉林师范大学、华东理工大学、杭州师范大学、安徽师范大学、江西师范大学、广西大学、广西师范大学、西南大学、四川师范大学、宁波大学
C-	华北电力大学、哈尔滨师范大学、上海理工大学、东华大学、南京理工大学、中国矿业大学、安徽大学、中国海洋大学、济南大学、中国地质大学、湖北大学、贵州大学、中国石油大学

全国具有物理学一级学科博士授权的高校共 64 所，其中 56 所参评了第四轮学科评估，加上部分具有硕士授权的高校，一共有 127 所。

在第二轮"双一流"评选中，物理学入选的大学有：北京理工大学、山西大学、吉林大学、复旦大学、上海交通大学、南京大学、中国科学技术大学、华南师范大学，一共 8 所大学。加上清华大学和北京大学，有 10 所高校。

跟数学学科一样，参评物理学学科评估的学校很多，因为大部分学校都有大学物理课程，有物理专业，所以学校数量很多。

同样的，从学科评估中可以看出，除了极个别的大学，物理学强的大学基本是"985、211 大学"及师范类大学。

下面介绍的基本是"985 大学"专业和几所物理学专业很突出的院校。物理学专业对学习理科的要求比较高，对师资和学生要求也都很高，所以建议选择专业突出一些的学校就读。

特色学校介绍

北京大学

1952 年全国院系调整，北京大学物理系实力大大增强，原北大、清华、燕大三校物理师资汇聚北大，成为我国高校实力最强的物理重镇，北大物理系先后创办或参与创建全国高校第一个核科学专业、半导体物理专业、地球物理专业和微电子专业等。

北京大学物理学科群星璀璨，先后聚集了饶毓泰、吴大猷、丁燮林、朱物华、周培源、叶企孙、王竹溪、胡宁和黄昆等一大批中国物理界的领军人物，培养了郭永怀、彭桓武、杨振宁、邓稼先、朱光亚、于敏、李政道和周光召等众多杰出科学家。在这里学习或工作过的中国科学院院士有 120 多位，中国工程院院士 12 位。在我国 23 位"两弹一星"元勋中，有 9 位是北京大学物理学院的校友。这里也是我国高校中校友当选美国物理学会会士最多的物理院系。学院师资力量雄厚，现有 21 位科学院院士，38 位国家杰出青年基金获得者，等等。

学院建立了人工微结构和介观物理国家重点实验室、核物理与核技术国家重点实验室、医学物理北京市重点实验室、李政道高能物理研究中心、国际量子材料科学中心、科维理天文与天体物理研究所等多个科研机构，研究方向涵盖了物理科学及相关的主要领域，并建有北京大学电子显微镜专业实验室。

学院现有物理学、核物理、大气科学 3 个国家理科基础研究和教学人才培养基地，物理学、大气科学、天文学、核科学与技术 4 个一级学科博士点及博士后流动站，物理学、大气科学为国家一级重点学科（含理论物理、凝聚态物理、光学、粒子物理与原子核物理、大气物理学与大气环境、气象学 6 个国家二级重点学科），天体物理、核技术及应用为国家二级重点学科。

中国科学技术大学

中科大在坊间有个外号：中国物理大学。中科大全校所有专业都对物理非常重视，物理课程的课时很多，在全国高校里面十分独特。中科大物理方向曾获得国家自然科学一等奖。中科大建校时，物理的学习氛围就很浓，所建立的 13 个系中与物理直接相关的有 7 个系，著名物理学家严济慈、赵忠尧、施汝为、张文裕、钱三强、钱临照、彭桓武、马大猷和朱洪元等人曾在此任教。现有两院院士（含外聘）17 名，国家级教学名师 2 人，国家杰出青年基金获得者 43 人。

理学院建有核探测与核电子学国家重点实验室，以及量子信息、星系与宇宙学、强耦合量子材料物理、微观磁共振、光电子技术和物理电子学 6 个中国科学院及安徽省重点实验室；物理学院还紧密依托合肥微尺度物质科学国家研究中心、国家同步辐射实验室开展研究工作。

清华大学

在历史上，清华物理系名头很大，但院系调整后，清华大学只剩下物理教研组，在 1982 年之后重建物理专业。到现在 40 年，清华大学物理系被公认为目前国内发展最快、最好的物理系之一。清华大学物理方向也曾获得过国家自然科学一等奖。

清华大学物理系现有中国科学院院士 9 人，主要研究机构包括低维量子物理国家重点实验室、量子信息前沿科学中心、清华大学原子分子纳米科学研究中心、清华大学量子科学与技术研究中心、清华－富士康纳米科技研究中心及清华大学－泸州老窖智能检测联合研究中心等。

复旦大学

复旦大学物理学系创建于 1952 年全国高校院系调整时期，底蕴深厚。王福山、周同庆、卢鹤绂、谢希德和周世勋等物理学家曾在此任教过，复旦大学物理系被公认为国内最强的物理学科之一。现有中国科学院院士和兼职院士 9 人、国家杰出青年基金获得者 22 人。

复旦大学物理学系现有物理学国家一级学科，为国家双一流建设学科，下设理论物理、凝聚态物理和光学 3 个二级国家重点学科。建有应用表面物理国家重点实验室、物质计算科学教育部重点实验室和微纳光子结构教育部重点实验室。

南京大学

南京大学物理系建立于 1920 年，是我国高等院校中创立最早的物理学科之一，也是我国最有影响的物理学科之一。南京大学在物理方面曾获得国家自然科学一等奖。在南京大学学习和工作过的老一辈物理学家有吴有训、严济慈、赵忠尧、施汝为、陆学善、余瑞璜、吴健雄、朱光亚、程开甲、杨澄中、魏荣爵、汤定元和冯康等数十位两院院士。学院现有科学院院士 8 人，国家杰出青年基金获得者 30 人。物理学院现有"物理学"国家一级重点学科，覆盖理论物理、凝聚态物理、声学、光学、原子分子物理、粒子物理核物理、生物物理与软物质、原子与分子团簇物理、应用电子学与技术物理等，其中"理论物理学""凝聚态物理""声学"为国家二级重点学科。拥有固体微结构物理国家重点实验室、近代声学教育部重点实验室和江苏省高技术研究重点实验室（纳米技术）等科研平台。

中国科学院大学

中国科学院大学物理科学学院由中国科学院物理研究所承办，理论物理研究所、高能物理研究所、半导体研究所、声学研究所等共同协办；其他与物理学科相关的京外 10 多个研究所参与建设。师资强大，有院士 19 位，国家杰出青年科学基金获得者 48 人。科研平台也首屈一指，拥有北京正负电子对撞机、大亚湾反应堆中微子实验装置、江门反应堆中微子实验装置、兰州重离子加速器、上海光源及散裂中子源等一批国家大科学装置；大亚湾反应堆中微子实验合作组获得 2016 年度的基础物理学突破奖。这里可以说是学习物理学的圣地。

上海交通大学

上海交通大学和清华大学有些像，原先以工科出名，这些年经过努力，快速引进人才，其物理与天文学院已经成为国内学科专业门类最齐全、发展速度最快、最具有国际竞争力的物理院系之一。拥有粒子与核物理、凝聚态物理（国家重点学科）、光学（国家重点学科）、原子分子物理、激光等离子体物理（国防特色学科）、天文与天体物理、计算物理、交叉物理等多个学科方向。牵头国家级协同创新中心 1 个、教育部重点实验室 3 个和上海市重点实验室 1 个，拥有基金委创新群体 3 个、科技部创新团队 3 个以及教育部创新团队 3 个。现有两院院士 6 人，各类国家级高层次人才 80 余人，取得了不少很有影响力的成果。

北京理工大学

北京理工大学作为工科院校，其物理系的发展跟清华类似，就是时间上比清华晚一些，1984 年物理系独立，改名为应用物理系，2002 年改名为物理系，2011 年升格为物理学院。现有中国科学院院士 1 名、国家级高层次人才 3 人。学院设有物理学一级学科，理论物理为工业和信息化部重点学科。2022 年，"物理学"入选国家"双一流"建设学科（工信部高校唯一）。学院现建有先进光电量子结构设计与测量教育部重点实验室、纳米光子学与超精密光电系统北京市重点实验室和北京市高等学校实验教学示范中心等。目前，学院正在参与筹建"红外与微光"和"毁伤与防护材料"两个国防重点实验室平台。

北京师范大学

经 1952 年院系调整，原辅仁大学物理系并入北京师范大学物理系，北京师范大学成为国内物理学科一个重要单位，一批著名的物理学家和教育家如张贻惠、张宗燧、夏元瑮、褚圣麟、郑华炽、余瑞璜和黄祖洽等在此从教。北京师范大学物理系是国内最早具有凝聚态物理和理论物理博士学位授权的单位之一，天文学专业也很有名。物理学科还拥有射线束技术与材料改性教育部重点实验室和应用光学北京市重点实验室。北京师范大学物理学科 1996 年成为国家理科基础科学研究和教学人才培养基地。

南开大学

南开大学物理专业是南开大学理科建立最早的系之一。著名物理学家吴大猷教授曾在该系执教，诺贝尔奖奖金获得者杨振宁、李政道教授是该系的名誉教授。院系调整时，原北洋大学（现天津大学）物理系与南开物理系合并，实力增强了不少。物理学学科现有中国科学院院士 1 人，国家杰出青年基金获得者 6 人等。学院设有物理学、光电信息科学与工程、应用物理学 3 个本科专业。学院设有"基础学科拔尖学生培养试验计划"伯苓班，是教育部物理学基础科学人才培养基地。

中山大学

中山大学物理学科始建于 1924 年创校之初，1952 年并岭南大学物理系，1981 年恢复理论物理和光学博士点，1984 年筹建首批国家重点实验室之一"超快速激光光谱学国家重点实验室"，1985 年成立国家首批博士后流动站之一——"物理学博士后流动站"，1993 年获批建设国家物理学人才培养基地，1998 年物理学科成为首批博士、硕士学位授权一级学科。学院涵盖理论物理、凝聚态物理、光学、高能物理、量子物理、生物物理和能源物理等二级学科及研究方向；拥有国家重点实验室 1 个（光电材料与技术国家重点实验室，共建），广东省重点实验室 2 个，广东省工程技术研究开发中心 1 个等科研平台；拥有国家级物理实验教学示范中心和物理学国家理科基础科学研究和教学人才培养基地。另外，中山大学在核科学和核工程方面也很强，与法国一起合办了中法核工程与技术学院。

浙江大学

浙江大学物理学科起源于 1928 年，王淦昌、束星北、顾功叙、胡宁、吴健雄、胡济民、卢鹤绂、程开甲、李政道、吕敏及贺贤土等物理学家先后在此工作和学习，创造了中国物理学历史上的辉煌。1991 年，诺贝尔物理学奖获得者李政道在浙江大学创建了浙江近代物理中心并亲自担任主任。学院现有中国科学院院士 6 人，国家杰出青年科学基金获得者 10 人。浙大物理学院的学科方向涵盖理论物理、粒子物理与核物理、凝聚态物理、光学、电子与无线电物理、原子分子物理、等离子体物理、天体物理。其中理论物理、凝聚态物理是国家重点学科，光学、等离子体是浙江省重点学科。学院还是国家理科人才培养基地和国家工科大学物理教学基地。

兰州大学

兰州大学是西北高等教育的重镇。在西北部地区有核基地，还有卫星发射基地，兰州大学担负着培养西部人才的重任。兰州大学物理科学与技术学院始建于 1946 年，具有国家自然科学基金委员会理论物理专款兰州理论物理中心、量子理论及应用基础教育部重点实验室、磁学与磁性材料教育部重点实验室，特殊功能材料与结构设计教育部重点实验室（校内共建）、甘肃省理论物理重点实验室、甘肃省功率半导体及光电器件工程实验室、甘肃省半导体器件行业技术中心以及国家"211 工程""985 工程""双一流"建设等经费支持的物理测试平台。兰州大学具有物理学基础学科拔尖学生培养计划 2.0 基地，国家基础科学研究与教学人才培养物理学基地和物理学国家级实验教学示范中心等人才培养平台。物理学先后入选甘肃省重点学科、甘肃省一流学科建设名单。

南方科技大学

南方科技大学是一所新型的、小而精的大学，它对理学专业都比较重视，物理系是 2011 年南方科技大学设立的第一批 5 个院系之一，发展极为迅速，获得博士学位授予权的速度在中国高校史上也属罕见。2018 年 5 月获得物理学一级学科硕士、博士学位授权点，2019 年 10 月获批物理学博士后科研流动站。学院师资力量雄厚，有 4 位中科院院士，5 位国家杰出青年科学基金获得者。教师全部有在境外前 100 名大学与研究所学习、工作的经历，全部具有博士学位。物理系现有二级学科凝聚态物理、理论物理、计算物理和光学，同时正在布局天体物理、粒子物理和生物物理等方向的学科。研究领域涉及物理各个方向，包括量子输运及调控、表面物理、计算物理、凝聚态物理理论、量子信息与量子计算、原子分子光物理等。

华南师范大学

华南师范大学物理学科创办于 1933 年。学院有院士 1 名，国家杰出青年科学基金获得者 4 名。物理学是国家"世界一流学科"建设学科和广东省攀峰重点学科，光学学科是国家重点学科，首批"双万计划"国家级一流本科专业。

山西大学

山西大学物理学专业也很强，在山西大学还不是"双一流"大学时，物理学就在 2021 年入选了教育部基础学科拔尖学生培养计划 2.0 基地，是国家级首批一流本科专业建设点、国家特色专业、山西省高等学校优势专业。学院拥有量子光学与光量子器件国家重点实验室，这个也很不容易，因为国家重点实验室的科研平台不是那么多。另外，光学是国家重点学科；理论物理学科、原子与分子物理学科是省级重点学科；光学工程学科是省重点建设学科。

专业辨析

在物理学类专业下面，又分了以下 6 个专业。

物理学

应用物理学

核物理

声学

系统科学与工程

量子信息科学

开设物理学与应用物理学专业的学校最多。一般来说，好的研究型大学开设物理学专业，应用型大学开设应用物理学专业。这点跟数学不一样，数学开设的全是数学与应用数学专业。

不同的学校，应用物理学所学内容存在差异。对于综合性大学来说，这个专业和物理学专业几乎一模一样；对于工科大学来说，应用物理学会比较偏工程，例如电子科技大学、北京邮电大学和西安电子科技大学的应用物理学，基本偏向电子信息类。兰州大学的应用物理专业偏核技术，华北理工大学的应用物理专业偏医学物理等。应用物理学专业的主干课程和物理学专业基本一致，考研和物理学专业考研一样，可以选择物理学的所有硕博，或者跨专业考研。

核物理学又称原子核物理学，是 20 世纪新建立的一个物理学分支。它研究原子核的结构和变化规律；射线束的产生、探测和分析技术以及同核能、核技术应用有关的物理问题。国内开设核物理专业的高校不多，都是比较知名的大学，例如中国科学技术大学、北京大学和清华大学等。核物理专业除了学习物理基本课程外，还要学习核电子学、核物理实验方法、加速器等。

声学是物理学里面的一个分支，另外，它跟其他各个学科又可以交叉，例如医学声学、海洋声学和环境声学等，课程主要是学习声学理论知识、声学测量知识也就是电子信息类技术。开设声学专业的学校比较少，主要有南京大学、中国计量大学和安徽建筑大学。

系统科学与工程是一个交叉学科。当系统的规模扩大，系统的复杂度也会急剧上升，现代的工业生产系统、经济管理系统等都极为复杂。系统科学与工程就是研究系统科学理论、进行决策分析和管理的专业，这需要工程能力和管理能力。北京交通大学在该领域非常强，系统科学与工程是北交大的双一流学科。

量子信息科学是 2021 年新设立的专业，主要学习物理理论和量子通信、量子信息论等相关内容。中国科学技术大学在该领域最强。

2.3 统计学类专业

专业简介

统计学本来是数学中的一个分支，但因为用途广泛，所以独立出来。我们熟悉的居民消费指数、粮食产量、价格变动情况，还有全国人口普查、全国经济普查、企业利润情况等，都需要用到统计学知识。尤其在大数据时代，统计学尤显重要。

我经常说一句话：真相都在统计里面。例如，现代人都在网上购物、浏览新闻，商家不单单掌握了你的身高、体重等信息，还能知道你的口味、爱好，喜欢哪种风格的衣服和什么类型的娱乐活动。还有人运用统计学知识对《红楼梦》的虚词进行分析，分析出后 40 回跟前 80 回不是同一个人写的。

不过，美国统计专家达莱尔·哈夫曾说："世界上有三种谎言：谎言、弥天大谎和统计数据！"

统计学是一种观看世界的方法，通过对数据的收集、归纳、分类、整理以及处理，会有很多收获，让你发现隐藏在复杂事务背面的结论原来如此清晰简单，也能让你从一个局部的情况就可以推演出整件事的发展趋势。

因为各行各业都需要统计学人才，所以统计学专业也逐渐成为热门专业。

学科评估

统计学第四轮学科评估结果见表2-4。

▼ 表2-4 | 统计学评估结果

评估结果	学校名称
A+	北京大学、中国人民大学
A	南开大学、东北师范大学、华东师范大学、厦门大学
A-	北京师范大学、东北财经大学、上海财经大学、浙江工商大学、中国科学技术大学、江西财经大学
B+	清华大学、北京交通大学、北京工业大学、首都师范大学、中央财经大学、对外经济贸易大学、首都经济贸易大学、吉林大学、复旦大学、山东大学、中南财经政法大学、中南大学
B	山西财经大学、哈尔滨工业大学、上海交通大学、安徽大学、武汉大学、华中科技大学、华中师范大学、湖南大学、中山大学、云南大学、云南财经大学、西安交通大学
B-	辽宁大学、南京大学、苏州大学、南京师范大学、江苏师范大学、安徽财经大学、曲阜师范大学、暨南大学、四川大学、重庆大学、西南大学、广州大学
C+	吉林财经大学、南京财经大学、福建师范大学、山东财经大学、河南大学、湘潭大学、湖南师范大学、西北大学、兰州财经大学、浙江财经大学、西安财经学院、重庆工商大学
C	中央民族大学、河北大学、长春工业大学、上海大学、中国矿业大学、郑州大学、河南师范大学、桂林理工大学、西南交通大学、成都信息工程大学、新疆财经大学、河北经贸大学
C-	北京科技大学、北方工业大学、北京林业大学、内蒙古财经大学、江苏大学、安徽师范大学、福建农林大学、中国地质大学、长沙理工大学、广东财经大学、广西大学、广西师范大学、贵州财经大学

全国具有统计学一级博士授权的高校共54所，其中51所参评了第四轮学科评估，再加上部分具有硕士授权的高校，共计120所高校。

在第二轮"双一流"名单中，统计学入选了中国人民大学、南开大学、东北师范大学、华东师范大学、厦门大学5所大学，加上北京大学，应有6所大学。

从评估结果可以看出，统计学的强校分3类。第一类，综合性大学，数学强校；第二类，财经类大学；第三类，师范类大学。

特色学校介绍

特色高校将被分成三类讨论，这样看起来脉络会更清晰。

综合性大学

统计学专业比较好的"985大学"有：北京大学、南开大学、中国科学技术大学、中国科学院大学和厦门大学。

其中，北京大学、中国科学院大学、中国科学技术大学就不再赘述，在介绍数学专业时已经有所涉及。

南开大学之前也介绍过，不过它不单单数学专业实力强劲，财经类专业也实力非凡，统计学很早就从数学专业中独立出来发展。南开大学在1931年成立了我国第一个统计学系，现在的统计学系是在20世纪50年代的概率论与数理统计专业基础上发展起来的。南开统计学获全国首批统计学一级学科博士学位授予权，2012年第三轮学科评估中并列全国第四，并入选全国首批统计学博士后流动站。统计学本科专业获认定为国家级一流本科专业建设点。2022年，南开统计学再次入选国家"双一流"建设学科名单。

厦门大学

厦门大学跟南开大学有点类似，数学专业历史悠久，同时财经类专业非常有名，因此统计学专业发展得也非常好。现有统计学一级博士学位授予权和博士后流动站，统计学为国家级一流本科专业。

财经类大学

中国人民大学

中国人民大学统计学科始建于1950年，是新中国经济学科中最早设立的统计学系。在多轮学科评估中，都是全国第一。学院拥有统计学一级学科博士点和博士后流动站，拥有经济统计学和风险管理与精算学2个二级学科博士点，拥有预防医学与公共卫生一级学科硕士授权点，统计学、概率论与数理统计、风险管理与精算学、流行病与卫生统计学4个学术型硕士点，应用统计学专业学位硕士点，统计学、经济统计学、应用统计学（风险管理与精算）3个本科专业，是全国拥有理学、经济学、医学三大门类统计学专业最齐全的统计学院。

统计学院注重统计理论与应用的结合，设有国家政府统计研究院、北美精算师协会（SOA）考试中心、教育部人文社会科学重点研究基地"应用统计科学研究中心"与"全国应用统计专业学位研究生教育指导委员会"。

上海财经大学

上海财经大学统计学成立于1946年，是上海财经大学设立最早的系科之一。2013年，统计学入选上海市高校一流学科（A类）建设计划；2015年，全国应用统计专硕评估位居第一；2017年，统计学科入选世界一流学科建设名单。目前，学院已与国家统计局、上海市统计局、东方证券股份有限公司、中国科学院数学与系统科学研究院等建立了紧密的合作关系。其中，与东方证券股份有限公司共建的实践基地被上海市教委批准为示范性实践基地。

中央财经大学

中央财经大学统计与数学学院拥有统计学、数学 2 个一级学科，应用经济学下的数量经济学二级学科，在经济统计、数理统计、金融统计与风险管理、应用统计、应用数学、运筹与计算科学、数量经济等学科方向上基础雄厚。2007 年统计学获批首批国家级特色专业，2019 年统计学获评首批国家级一流本科专业建设点和北京市重点建设一流专业，2021 年"统计学 – 金融学双学士学位复合型人才培养项目"获批北京市双学士学位复合型人才培养项目，经济统计学、应用统计学获批国家级一流本科专业建设点。

东北财经大学

东北财经大学的统计学专业设立于 1948 年，是全国唯一一个有连续 60 多年历史的统计学科。全国首批获统计学一级学科博士学位和硕士学位授权单位，全国首批获"应用统计硕士专业学位"授权单位。经济统计学本科专业为国家级特色专业。

浙江工商大学

浙江工商大学是浙江最老牌的财经类大学，统计学开设也比较早，1980 年招收首届商业计划统计专业本科生，1984 年成立计统财会系，1987 年单独建立计划统计系，统计学办学质量在浙江省位居第一。学院有统计学一级学科硕士点、博士点和博士后流动站，经济统计学、数理统计学、数量经济学、应用统计学、金融统计·风险管理与保险精算、大数据统计、环境评价与绿色统计、国土资源统计二级学科博士点 8 个，经济统计学、数理统计学、金融统计·风险管理与保险精算、应用统计学、数量经济学、国民经济学、计算科学 7 个二级学科硕士点和应用统计专业学位硕士点，经济统计学、应用统计学、数学与应用数学、数据科学与大数据技术 4 个本科专业。2020 年学院本科生继续深造率超过 40%。学院从 2006 年以来先后研发了义乌中国小商品指数、柯桥中国纺织指数、杭州跨境电子商务指数等有影响力的专业市场指数 40 余项，其中 7 项指数进入商务部"商务预报"权威发布。

江西财经大学

江西财经大学的统计学是学校的传统优势专业，是全国规模较大、发展较快的统计学科之一，在全国第四轮学科水平评估中统计学科被评为 A– 类，跟北京师范大学、中科大等传统数学名校一样，这说明江西财大这个学科的实力强劲。其统计学是江西省重点学科，品牌专业是江西省高峰优势学科。统计与数据科学学院下设"四系两院一所四中心"即经济统计系、金融统计与风险管理系、数理统计系和数量经济系，统计与风险管理研究院、健康医疗大数据国家研究院、数量经济研究所，以及江西省应用统计研究中心（江西省高校人文社会科学重点研究基地）、江西省经济预测与决策研究中心（江西省哲学社会科学重点研究基地）、供应链大数据研究中心（与中国物流与采购联合会共建）、乡村振兴研究中心。

首都经济贸易大学

统计学是该校的王牌学科，是北京市一级学科重点学科，北京市高精尖学科；统计学专业是国家级特色专业，国家级专业综合改革试点和国家级一流本科专业建设点。学院现设有经济统计、数理统计、金融数学和数据科学4个系，拥有大数据与统计科学研究院、数字化调查研究中心以及统计与数学建模实验室3个研究机构。学院是北京高校中最早设立统计学专业的院校之一，也是全国第一个设置包括经济学和理学两个学科门类的统计学专业的学院，是全国首批获得统计学一级学科博士点授予权的单位，拥有4个博士研究生培养方向和博士后流动站。

山西财经大学

山西财经大学统计学院的前身是山西财经学院计划统计系和1998年合并的山西经济管理学院计划统计系。早在20世纪50年代，以毕士林先生为代表的统计学前辈就开始了人口统计的译著和研究，同马寅初、雷洁琼等一起参与了新中国第一次人口普查。统计学是山西财大的王牌专业之一。学院现有统计学一级学科博士学位授权点（全国首批，2011年），统计学学术型硕士学位授权（1986年）和应用统计专业硕士学位授权（2011年）。设有统计学、经济统计学、应用统计学3个本科专业。统计学专业是国家级特色专业和山西省品牌专业，统计学科为山西省重点学科。

师范类大学

北京师范大学

北京师范大学的数学和统计学专业都很强，而且北师大的统计学单独成立了统计学院。其统计学教育历史悠久，是全国首批获得统计学硕士、博士学位授予权的单位，也是全国首批统计学一级学科博士后科研流动站。学院有一个统计学本科专业，两个学术型硕士、博士专业（经济统计学，授经济学学位；应用统计，授理学学位），同时招收应用统计专业硕士，并设有统计学博士后流动站。

华东师范大学

华东师范大学统计学院隶属于经济与管理学部，其前身是1983年中国最早获批的3

个数理统计专业之一，也是华东师范大学的传统优势学科和重点支持学科。1986 年，概率论与数理统计获原国家教委批准设立博士点，1987 年成为全国高等学校重点学科，是全国最早的 3 个概率论与数理统计国家重点学科之一。2013 年，成为全国统计学科最早的"111 计划"引智平台；2017 年，在教育部第四轮学科评估中跻身全国并列第三名（A 类），入选教育部"双一流"学科建设行列，并获批成立统计与数据科学前沿理论及应用教育部重点实验室；2018 年，被纳入上海高校"高峰高原"学科建设计划；2019 年，统计学院教工党支部荣获全国党建工作样板支部。

东北师范大学

东北师范大学的统计和数学系在同一个学院里，学院下设基础数学系、信息与计算科学系、统计系、应用数学系、运筹与控制系、数学教育系、金融与信息工程研究中心、应用数学研究所、统计咨询中心，建有应用统计教育部重点实验室。学院现有数学一级学科和课程与教学论（数学）博士学位授予权，设有数学博士后科研流动站，具有 2 个吉林省重点学科。目前，学院在基础数学、概率论与数理统计、应用数学、运筹学与控制论、课程与教学论（数学）5 个专业招收博士研究生，在基础数学、计算数学、概率论与数理统计、应用数学、运筹学与控制论、数学教育、全日制教育硕士 [学科教学（数学）]、课程与教学论（数学）、在职攻读教育硕士 [学科教学（数学）]9 个专业招收硕士研究生。数学与统计学院主要的稳定研究方向有统计学及其应用、偏微分方程与系统控制、常微分方程、拓扑学、李代数、课程与教学论等。

专业辨析

统计学大类下，又分为统计学和应用统计学两个专业。在本科阶段，这两个专业区别不大，应用统计学更面向实际应用，例如金融统计等。在研究生阶段，区别会大一些。

2.4 心理学类专业

专业简介

不少朋友对心理学很感兴趣，很多学生也特别想学心理学，下面来聊聊心理学专业。

不知道感兴趣的朋友有没有查过本科专业目录？心理学专业属于理学类，这意味着心理学跟物理、数学、生物等专业一样，属于理学。

理学最大的特点是什么？

如果是传统的文理分科的高考，那就只有理科生才能填报心理学专业。对于"3+3"

的高考省份来说，北大心理学专业在山东需要选考物理，北师大心理学专业在北京需要选考物理或者化学。不过在2024年以后的新高考选考科目要求中，国家对于心理学类专业没有选科要求。

在本科专业目录里，心理学虽然属于理学类，但有个括号，既可以被授予理学学士学位，也可以被授予教育学学士学位。这跟专业的发展有关。在很长的一段时间里，即便是现在，不少大学的心理学原先在教育学下面，也有很多文科学生可以学。

从教育部的专业目录安排来看，心理学专业在未来也许理科的色彩会越来越浓。心理研究所属于中国科学院，而不是社科院，就表明了心理学专业的理科特点。

但是研究生心理学专业可授教育学或理学学位。在教育部的学科评估分类里，心理学专业属于人文社科类。

这是怎么回事？

到了硕士阶段，心理学专业被授予的学位更多的是教育学，比较少的是理学。例如，华南师范大学的心理学院和脑科学与康复医学研究院招的心理学专业都属于教育学，因为大家看招生代码，都是"04"开头，见表2-5。

▼ 表2-5 | 华南师范大学的心理学招生计划

04 教育学		
（001）哲学与社会发展学院	【040102】课程与教学论	【045102】学科教学（思政）
（002）政治与公共管理学院	【045101】教育管理	【045120】职业技术教育
（005）教育科学学院	【040101】教育学原理　【040102】课程与教学论 【040103】教育史　　　【040104】比较教育学 【040105】学前教育学　【040106】高等教育学 【040107】成人教育学　【040108】职业技术教育学 【040109】特殊教育学　【0401Z1】教育领导科学 【0401Z2】基础教育学　【0401Z3】少年儿童组织与思想意识教育 【045101】教育管理　　【045115】小学教育 【045118】学前教育　　【045120】职业技术教育	
（006）教育信息技术学院	【045114】现代教育技术	【045120】职业技术教育
（007）体育科学学院	【040301】体育人文社会学　【040302】运动人体科学 【040303】体育教育训练学　【040304】民族传统体育学 【045201】体育教学　　　　【045202】运动训练 【045204】社会体育指导	
（008）文学院	【040102】课程与教学论　　【045103】学科教学（语文） 【045300】汉语国际教育	
（009）外国语言文化学院	【040102】课程与教学论	【045108】学科教学（英语）

续表

04 教育学	
（012）历史文化学院	【040102】课程与教学论　　【045109】学科教学（历史）
（013）数学科学学院	【045104】学科教学（数学）
（014）物理与电信工程学院	【040102】课程与教学论　　【045105】学科教学（物理）
（016）化学学院	【040102】课程与教学论　　【045106】学科教学（化学）
（017）地理科学学院	【040102】课程与教学论　　【045110】学科教学（地理）
（018）生命科学学院	【040102】课程与教学论　　【045107】学科教学（生物）
（022）国际文化学院	【040102】课程与教学论　　【045300】汉语国际教育
（023）旅游管理学院	【045120】职业技术教育
（024）心理学院	【040201】基础心理学　　【040202】发展与教育心理学 【040203】应用心理学　　【0402Z1】计量心理学 【045116】心理健康教育　　【045400】应用心理
（030）脑科学与康复医学研究院	【040201】基础心理学　　【045400】应用心理

而中山大学的心理学专业则属于理学。2021 年，中山大学心理学的招生计划见表 2-6，其中，应用心理属于教育学，而心理学则属于理学。大家看招生代码，如表 2-6 所示心理学的招生代码以"07"开关。

▼ 表 2-6｜中山大学的心理学招生计划

260 心理学系（020-39335843）			
045400 应用心理	23		
06 不分方向		（1）101 思想政治理论 （2）204 英语二 （3）347 心理学专业综合 复试专业课：2605006 心理学综合	只招收全日制
077100 心理学 01 基础心理学 02 发展与教育心理学 03 应用心理学	22	（1）101 思想政治理论 （2）201 英语一 （3）303 数学三 或 656 心理学研究方法 （4）852 普通心理学 复试专业课：2605006 心理学综合	

硕士学位不同，那么考研时的考试内容也不一样，例如，理学下属的心理学专业有可能要考数学三，教育学下属的心理学专业就不用考数学。在考研里面，考不考数学差别很大，因为数学比较难，分数线也不一样。如果是应用心理专硕，那被授予的学位就

五花八门了，有理学、心理学、教育学、管理学、社会学，甚至有哲学。

心理学大家都不陌生，各类图书、各种电影，还有多位著名的人物的经历都与心理学相关。大家都觉得自己需要心理学。心理学似乎没有太高的门槛，人人都可以学，可以研究。

心理学真的没有门槛吗？有的方向也是需要一些门槛的。

心理学专业主要学习的课程有：心理学经典研究、心理学导论、普通心理学、心理学史、心理统计、心理测量、实验心理学、实验心理学实验、发展心理学、生理心理学、社会心理学和教育心理学等。

这些课程里面有数学、生物学、哲学、社会学等专业的基本知识。

越好的综合性大学，对数学和生物学的要求就越高。

另外需要提醒大家，心理学的学习过程是要接触一些解剖知识的，如果对这些有抗拒，在报考之前要考虑清楚这个问题。

心理学是研究人类行为和心智过程的科学。根据马斯洛需求理论，满足了基本的生存需求之后，我们开始关心我们的精神需求，所以从这个意义上来说，随着我们生活水平不断提高，心理学将成为一门有前途的学科。

学科评估

心理学第四轮学科评估见表 2-7。

▼ 表 2-7 | 心理学评估结果

评估结果	学校名称
A+	北京大学、北京师范大学、华南师范大学
A-	华东师范大学、西南大学
B+	天津师范大学、南京师范大学、浙江大学、华中师范大学、陕西师范大学
B	首都师范大学、辽宁师范大学、上海师范大学、山东师范大学、第四军医大学
B-	东北师范大学、浙江师范大学、江西师范大学、中南大学、湖南师范大学、中山大学
C+	苏州大学、福建师范大学、深圳大学、西北师范大学
C	内蒙古师范大学、杭州师范大学、河南大学、贵州师范大学、广州大学
C-	清华大学、北京体育大学、河北师范大学、吉林大学、安徽医科大学、曲阜师范大学

有心理学一级学科博士授予权的学校有 24 所，其中 23 所参评了第四轮学科评估，加上有硕士授权的高校，一共有 51 所高校参加了此次评估。

另外，在"双一流"评选中，心理学入选了北京大学和北京师范大学两所大学。

从评估结果看，参与的学校不是很多，开设最多心理学专业以及学科水平最强的大部分是师范类大学。可见，我国心理学学科的发展还在初级阶段，未来还有很大的发展空间。

特色学校介绍

北京大学

据北大官网信息，北京大学心理学专业国内最强，许多著名心理学院系的负责人都是北大毕业生，例如清华心理学系、中科院心理所、北师大心理系及人大心理系等。其心理与认知科学学院是目前国内第一个进入 ESI（基本科学指标数据库）世界排名前 1% 的心理学院系。在 QS（Quacquarelli Symonds，一家国际教育市场咨询公司）发布的 2020 年世界大学学科排名中，北京大学心理与认知科学学院（心理学科）排名世界第 47 位。从这个排名来看，国内心理学水平确实还有发展空间。北京大学的基础心理学是国家重点学科，主要研究方向是：探索行为和精神过程的脑机制的认知神经科学、研究企业管理和组织建设的工业与经济心理学、针对婴幼儿和青少年成长的发展与教育心理学、关注心理异常与临床治疗的临床心理学等。北京大学拥有行为与心理健康北京市重点实验室科研平台。

北京师范大学

要问起北京师范大学什么专业最强？大家第一个想到的应该是心理学专业。北京师范大学心理学科历史悠久，1902 年，京师大学堂就开设了心理学课程。北京大学和北京师范大学为同源，皆出自于京师大学堂。北师大 1980 年成立心理学系，2001 年成立心理学院，是国内最早的心理学院。北京师范大学是唯一一个心理学一级学科国家重点学科单位，建有国家理科基础科学研究与教学人才培养基地、发展心理学教育部人文社会科学重点研究基地、认知神经科学与学习国家重点实验室、应用实验心理北京市重点实验室、国家级心理学基础实验教学示范中心、国家级心理学虚拟仿真实验教学中心、北京高等学校示范性校内创新实践基地等。

华东师范大学

华东师范大学的心理学专业的历史比较悠久，1979 年成立心理学系，是新中国第二个心理学系。华东师范大学是首批心理学博士、硕士授权点单位，拥有国家重点学科、国家理科基地、国家级一流专业建设点、国家级实验教学示范中心、教育部高等学校特色专业，是上海市脑功能基因组学重点实验室、上海市心理健康与危机干预重点实验室、上海市人文社科（心理学）基地依托单位。

华南师范大学

华南师范大学的心理学专业历史也比较悠久，创建于 20 世纪 50 年代，1981 年获批心理学专业硕士点，1984 年开始招收第一届心理学专业本科生，在 1984 年还获得了心理学博士学位授予权。华南师范大学的发展与教育心理学是国家重点学科，其心理应用研究中心获批"教育部人文社会科学重点研究基地"（省部共建），是国家理科基础科学研究和人才培养基地，心理学实验中心获批"国家级实验教学示范中心"（全国心理学界第一个）。在历次的学科评估中，华南师范大学的心理学一直排在前三位。

浙江大学

浙江大学心理学系是我国高等院校中最早设立的心理学系之一，其前身为 1980 年创立的杭州大学心理学系，浙江大学的特色是应用心理学，特别是工业心理学。应用心理学为国家重点学科，拥有浙江大学工业心理学国家专业实验室，这是心理学专业的第一个国家级实验室。浙江大学心理与行为科学系是国务院学位委员会最早批准的具有硕士和博士学位授予权单位，也是心理学领域最早批准的国家理科基础科学研究与教学人才培养基地之一。心理学系建有智能人机交互与虚拟现实实验室、航空工程心理实验室、人体参数测试与建模实验室、界面设计与评价实验室、脑功能与认知研究实验室、群体决策与行为观察实验室、网络化人力资源实验室及认知发展实验室等科研实验室。

西南大学

西南大学心理学部起源于 20 世纪 50 年代设立的西南师范学院教育系心理学教研室，1986 年设立心理学专业，1994 年成立心理学系。基础心理学是国家重点学科，心理学和应用心理学是国家一流专业。建有认知与人格教育部重点实验室、教育部人文社会科学重点研究基地西南民族教育与心理研究中心（共建）、国家级心理学实验教学示范中心、重庆市基础心理学重点实验室等教学科研平台；还建有 fMRI（功能磁共振成像）脑成像研究中心、动物转化研究中心、ERP（企业资源计划）实验室、虚拟现实实验室、眼动实验室、生物反馈实验室、痛觉实验室、行为观察室、心理健康实验室、心理咨询中心、计算统计与数据中心等专项实验场所。

南京师范大学

南京师范大学是我国心理学的发祥地之一，在 1920 年，南京高等师范学校设立心理学系，建立心理学实验室，这是我国建立的第一个心理学系。我国现代心理学的名家大师潘菽、陈鹤琴、陆志韦等都曾在此执教。1960年，南京师范学院教育系开设了心理学专业，与北京大学、北京师范大学、华东师范大学并列，成为早期设有心理学专业的4所高校之一。1978年，获基础心理学硕士学位授予权；1983年获基础心理学博士学位授予权。据官网信息，南京师范大学现有心理学历史与理论、认知神经科学、教育心理学、心理咨询与治疗及心理测评等在国内有较大影响的5个团队方向，综合实力居于全国前10（来自2012年教育部学科评估），成为江苏省心理学基础和应用研究的领军力量。

天津师范大学

心理学专业是天津师范大学的王牌专业之一，设有心理学的一级学科博士学位授权点和博士后流动站，发展与教育心理学是国家重点学科。心理学入选天津市一流学科。

华中师范大学

华中师范大学心理学专业于1984年开始招收基础心理学硕士生，1985年恢复本科专业，现在有一级学科博士点，是湖北省一级重点学科。据官网信息，第四轮学科评估结果在华中地区为第一。现设有人的发展与心理健康湖北省重点实验室、湖北省青少年心理健康教育中心、青少年网络心理与行为教育部重点实验室、国家级心理学实验教学示范中心、国家级心理与行为虚拟仿真实验教学中心等重要学科发展平台。

陕西师范大学

陕西师范大学于1986年开设心理学本科专业，现拥有心理学一级学科博士学位授权点和博士后流动站，自主设置的航空航天心理学二级学科硕士、博士学位点获国务院学位办备案。心理学、应用心理学均为国家一流本科专业建设点，是陕西省行为与认知神经科学重点实验室、陕西（高校）哲学社会科学重点研究基地等科研机构的挂靠单位。

首都师范大学

首都师范大学于1984年获批"发展与教育心理学"硕士学位和博士学位授予权，1997年招收第一届心理学本科生，现拥有心理学一级学科硕士和博士学位授予权、博士后流动站、北京市重点学科，心理学专业为北京市特色专业。首都师范大学拥有"学习与认知"北京市重点实验室、北京市妇女儿童发展研究基地、北京市性健康教育基地以及心理学教学实验中心等平台。

辽宁师范大学

心理学专业是辽宁师范大学的王牌专业，其历史悠久，1986年获教育心理学硕士学位授予权，1987年招收心理学本科专业，1998年发展与教育心理学获博士学位授予权，是东三省第一个拥有心理学博士点的院校。发展与教育心理学是辽宁省重点学科，心理学科为辽宁省一流专业，现有心理学一级学科博士学位授予权。

中国政法大学

中国政法大学没有参加第四轮学科评估，不过中国政法大学的心理学有其独特之处，它是国内最早开展犯罪心理学、法律心理学研究并在此领域始终保持着领先地位的高校，1983年成立了全国第一个犯罪心理学教研室。中国心理学会法律心理学（原名：法制心理学）专业委员会自成立以来一直挂靠在中国政法大学。该校现有心理学硕士一级学位点，在刑法学专业下招收犯罪心理学博士。其优势学科是法律心理学、犯罪心理学，并形成了全国唯一也是最为全面的法律心理学课程群。

北京体育大学

北京体育大学现有心理学一级学科硕士学位授予权，体育运动心理学是北京体育大学心理学科的特色，健康心理学方向已形成多学科交叉团队，认知心理学则是该校心理学科的重点培育方向。体育运动心理学研究影响运动表现的心理因素，如运动应激、运动员自我控制、心理疲劳、重大比赛心理调控等；健康心理学关注体育锻炼与身心健康的关系以及锻炼行为的促进；认知心理学探讨竞技情境中认知过程的特点等。

空军军医大学

本书在普通专业里基本没有介绍军校专业，不过空军军医大学的心理学还是应当介绍一下的。该校心理学的主要方向是军事心理学。空军军医大学的心理学学科是军队院校中最早开设的，也在几代人努力下奠定了引领全军心理学发展的地位。该校有全军唯一心理学博士学位授权学科（2003年），国防部全国唯一征兵心理检测技术中心（2006年），全军唯一心理学一级学科（2010年）和全军唯一心理学博士后流动站（2012年）。空军军医大学的军事医学心理学系是全军心理卫生研究中心，是中国心理学会军事心理学专业委员会、全军心理学专业委员会、中国康复医学会康复心理学专业委员会等学会的挂靠单位和/或主任委员单位。主要研究方向为军事人员心理选拔与岗位分类、作战心理与信息损伤防护和特殊军事环境心理健康维护等。

专业辨析

心理学类专业下有两个本科专业：心理学和应用心理学。

心理学是研究人类的思维、行为、情感的学科，是基础理论研究，包括认知心理学、社会心理学、发展心理学、工程心理学、管理心理学，等等。

应用心理学是把心理学的理论应用于实践，解决实际问题，例如应用于体育、军事、学校教育、社会生活、工业、消费及司法等领域。

除了普通大学开设心理学专业外，医学院的临床医学专业会有一个分支，称为心理医学方向或者精神医学方向。这个专业的毕业生能考执业医师资格证，可以当医生，也可以做心理咨询师。

CHAPTER 3

工学类热门专业：
报考与就业的主力方向

3.1 计算机类专业

专业简介

计算机专业现在是最热门的专业之一，普通家庭的学生希望靠自身专业能力实现"逆袭"，可以考虑选择计算机专业。

不过，虽然计算机专业不错，但很多家长会有担心。主要顾虑有两个，第一，计算机热会不会过去？第二，计算机行业是不是有"35岁魔咒"？

先谈第一个，计算机热会不会过去？

我认为不会。在可见的21世纪里，我们仍然处在计算机、信息时代。

19世纪30年代，人类发明了发电机。现在是21世纪的20年代，快200年过去了，我们对电力的应用与研究还在进行，电力相关的专业还属于热门专业。

计算机是20世纪50年代出现的，到现在不到百年。互联网开始大规模应用的时间则更晚，到21世纪才真正开始广泛应用，基于计算机的人工智能才刚刚崭露头角。只要大家还在使用互联网，只要人工智能还在发展，计算机热就不会过去。计算机行业跟房地产行业不一样，房地产行业确实有上限，因为跟土地有关，而计算机跟技术相关，只要技术不停滞，它就会持续火爆。

有人会说，计算机也不是每年都热的，这两年互联网行业裁员不少，另外，人工智能的兴起也可能让很多程序员失业。

人工智能的发展确实超出了大家的想象，我也不敢预见未来。但从历史来看，电的使用淘汰了不少专业，但跟电相关的专业人才需求大增。人工智能可能会催生一些新的行业和应用，但这些也许会从计算机类专业里衍生出来。就像计算机、电子信息类专业都是从电气类专业里衍生出来一样。

因此，我认为掌握计算机技能在信息时代是有用的。

第二个，家长们最担心的是"35 岁魔咒"。这个现象确实存在，因为计算机技术发展很快，有些资深员工在把握专业前沿上不如年轻员工，另外一方面，有些公司也是为了降低成本，新员工的能力跟资深员工的差不多，但收入低多了。这也造成了不少公司对员工年龄的优化。

有关"35 岁魔咒"，我的看法如下：第一，我们承认此现象，自己要考虑一下，在年轻时拿高薪，到中年之后有可能失业，这种情况自己能否接受？第二，计算机专业的就业面非常宽，有些岗位需要经验，有些企业也相对比较稳定，没有 35 岁就裁员的现象，大家可以尽量寻找这样的公司和岗位。

另外，大家也会经常问，要不要先学数学再转计算机？数学是计算机的基础，能学好数学再学计算机，属于降维打击，非常好。不过，直接进入计算机专业照样能学好计算机。

学科评估

计算机类专业有两个一级学科：计算机科学与技术、软件工程，第四轮学科评估结果见表 3-1。

▼ 表 3-1｜计算机科学与技术、软件工程评估结果

评估结果	计算机科学与技术	软件工程
	学校名称	学校名称
A+	北京大学、清华大学、浙江大学、国防科技大学	北京航空航天大学、浙江大学、国防科技大学
A	北京航空航天大学、北京邮电大学、哈尔滨工业大学、上海交通大学、南京大学、华中科技大学、电子科技大学	北京大学、清华大学、华东师范大学、南京大学、武汉大学
A-	北京交通大学、北京理工大学、东北大学、吉林大学、同济大学、中国科学技术大学、武汉大学、中南大学、西安交通大学、西北工业大学、西安电子科技大学、解放军信息工程大学	天津大学、东北大学、哈尔滨工业大学、同济大学、上海交通大学、苏州大学、中国科学技术大学、四川大学
B+	中国人民大学、北京工业大学、北京科技大学、南开大学、天津大学、大连理工大学、哈尔滨工程大学、复旦大学、华东师范大学、东南大学、南京航空航天大学、南京理工大学、杭州电子科技大学、合肥工业大学、厦门大学、山东大学、湖南大学、中山大学、华南理工大学、四川大学、重庆大学、西南交通大学、重庆邮电大学、解放军陆军工程大学	北京交通大学、北京工业大学、北京理工大学、北京邮电大学、大连理工大学、吉林大学、复旦大学、东南大学、南京航空航天大学、山东大学、华南理工大学、重庆大学、电子科技大学、西北大学、西北工业大学、西安电子科技大学、解放军陆军工程大学

续表

评估结果	计算机科学与技术	软件工程
	学校名称	学校名称
B	北京师范大学、天津理工大学、山西大学、大连海事大学、长春理工大学、哈尔滨理工大学、燕山大学、华东理工大学、上海大学、苏州大学、中国矿业大学、河海大学、江苏大学、南京信息工程大学、浙江工业大学、安徽大学、中国海洋大学、中国地质大学、武汉理工大学、暨南大学、深圳大学、西南大学、兰州大学、火箭军工程大学	中国人民大学、南开大学、哈尔滨工程大学、南京理工大学、南京邮电大学、河海大学、江南大学、浙江工业大学、合肥工业大学、厦门大学、中国海洋大学、郑州大学、中国地质大学、中山大学、西安交通大学、解放军信息工程大学
B−	北方工业大学、中国农业大学、首都师范大学、天津工业大学、华北电力大学、太原理工大学、内蒙古大学、沈阳航空航天大学、东华大学、南京邮电大学、江南大学、浙江工商大学、福州大学、山东科技大学、济南大学、华中师范大学、广西大学、桂林电子科技大学、云南大学、西北大学、青海师范大学、新疆大学、中国石油大学、空军工程大学	首都师范大学、天津理工大学、华北电力大学、燕山大学、东华大学、上海大学、浙江师范大学、安徽大学、福州大学、武汉理工大学、广西师范大学、西南交通大学、重庆邮电大学、西南大学、贵州大学、云南大学、大连大学、北京联合大学
C+	北京化工大学、北京语言大学、中国传媒大学、中国民航大学、河北大学、河北工业大学、沈阳建筑大学、辽宁师范大学、上海理工大学、上海海洋大学、常州大学、浙江理工大学、浙江师范大学、温州大学、福建师范大学、南昌大学、郑州大学、武汉科技大学、湖南科技大学、广西师范大学、成都信息工程大学、贵州大学、昆明理工大学、长安大学、青岛大学、西安邮电大学	天津工业大学、河北大学、山西大学、辽宁科技大学、哈尔滨理工大学、江苏大学、南京信息工程大学、杭州电子科技大学、浙江理工大学、南昌航空大学、广西大学、桂林电子科技大学、成都信息工程大学、新疆大学、广东工业大学
C	北京工商大学、河北工程大学、石家庄铁道大学、中北大学、东北电力大学、长春工业大学、上海师范大学、安徽工业大学、江西师范大学、山东财经大学、河南理工大学、郑州轻工业学院、湘潭大学、华南农业大学、西安理工大学、西安工业大学、西北农林科技大学、三峡大学、扬州大学、大连大学、广东工业大学	北方工业大学、北京化工大学、辽宁工程技术大学、大连交通大学、大连海事大学、长春理工大学、上海理工大学、华侨大学、青岛科技大学、河南理工大学、郑州轻工业学院、武汉科技大学、华中师范大学、湘潭大学、南华大学、西南石油大学、陕西科技大学、青岛大学、西安邮电大学
C−	中央民族大学、沈阳理工大学、黑龙江大学、上海海事大学、江苏科技大学、华侨大学、东华理工大学、江西理工大学、江西财经大学、河南工业大学、河南大学、河南师范大学、武汉工程大学、武汉纺织大学、湖北工业大学、长沙理工大学、海南大学、桂林理工大学、西南石油大学、重庆交通大学、西华大学、西南财经大学、西安石油大学、北京信息科技大学、湖南工业大学、海军航空大学（原海军航空工程学院）	太原理工大学、内蒙古大学、黑龙江大学、江苏科技大学、中国矿业大学、南京工业大学、南京财经大学、淮北师范大学、福建师范大学、聊城大学、湖南科技大学、桂林理工大学、西华大学、四川师范大学、昆明理工大学、长安大学、海军航空大学（原海军航空工程学院）

全国有软件工程一级学科博士授权的高校共 46 所，其中 45 所参评了第四轮学科评估，加上部分有硕士授权的高校，一共有 165 所。

全国有计算机科学与工程一级学科博士授权的高校共 77 所，其中 75 所参评了第四轮学科评估，加上部分有硕士授权的高校，一共有 238 所。

在第二轮"双一流"评选中，软件工程入选了北京航空航天大学、浙江大学、国防科技大学 3 所大学，加上清华大学、北京大学，有 5 所大学。

计算机科学与技术入选了：北京航空航天大学、北京邮电大学、哈尔滨工业大学、上海交通大学、南京大学、东南大学、浙江大学、中国科学技术大学、华中科技大学、西安电子科技大学、新疆大学、国防科技大学 12 所大学，加上清华大学、北京大学，则有 14 所大学。

计算机科学与技术学科的研究方向比较多，所以"双一流"的学校比较多。

计算机专业是理工类高校的必争之地，一所学校的口碑主要靠学校的王牌专业，如果王牌专业是热门专业，那学校的录取分数线和口碑就上升，所以我们可以看到计算机的强校都是"985 大学"或著名"211 大学"。如果是"双非"大学，那这些"双非"大学肯定是其中的著名高校。

特色学校介绍

计算机类专业实力雄厚的学校太多，因为作为最热门的专业，任何一所有理工专业的学校都可能会开设它，除了介绍几所常规的计算机名校外，下面主要介绍一些比较有意思的大学。

清华大学

按照我的看法，清华大学现在最强的是计算机学科。中国科学技术大学被坊间戏称为"物理大学"，我觉得清华可以称为"计算机大学"。清华的计算机实力很强，在世界多个排行榜上，清华计算机专业的排名都在世界前 15，在有的排行榜上甚至排在世界第一位。其计算机科学与技术为国家重点一级学科，下面的 3 个二级学科也全是国家重点二级学科。清华计算机系有着国内计算机专业最全的学科方向，设有高性能计算机与处理器、并行与分布式处理、存储系统、大数据与云计算、计算机网络、网络与信息系统安全、系统性能评价、理论计算机科学、数据工程及知识工程、软件工程、计算机与 VLSI 设计自动化、软件理论与系统、生物计算及量子计算、人工智能、智能控制及机器人、人机交互与普适计算、计算机图形学与可视化技术、CAD 技术、计算机视觉、媒体信息处理等研究方向。不过我称清华为"计算机大学"，不单单因其计算机系的实力强，还因为清华各个系的计算机相关方向的实力都非常强，可以说，在清华的任何专业的研究方向都有跟计算机相关的方向，任何专业的课程设置里对计算机课程的要求都不太低。

浙江大学

浙江大学是全国唯二的计算机科学与技术、软件工程两个学科的评估都是 A+ 的高校。其计算机科学与技术学院包括计算机科学与工程学系、软件工程系、数字媒体与网络技术系、工业设计系、信息安全系、人工智能系 6 个专业系。其主要科研方向是：计算机科学理论、计算机硬件与体系结构、计算机系统软件。信息安全的主要科研方向是：数据安全、物联网安全、系统安全、人工智能安全、网络安全和区块链安全。浙江大学在计算机科学与技术学院中还设有一个工业设计专业，其培养方案比较有特色，在智能系统、数字媒体、计算机动画、游戏开发、新型人机交互系统等方面着力颇多。浙江大学在图形图像这块的实力也很强劲。

国防科技大学

国防科技大学是我国计算机科研和培养军队计算机人才的"重镇"，目前计算机专业在 7 个省招收非军籍的本科生。国防科技大学计算机学院最著名的是形成了高性能计算与自主可控信息系统两大优势科研群：有"银河""天河"系列高性能计算机、飞腾系列自主微处理器、麒麟操作系统、玉衡系列网络设备。除了计算机科学与技术、软件工程为 A+ 外，国防科技大学还承担了网络空间安全等 3 个一级学科。现有计算机科学与技术、网络工程、软件工程、信息安全、物联网工程、网络空间安全、微电子科学与工程、集成电路设计与集成系统 8 个本科教育专业。拥有高性能计算国家重点实验室、并行与分布处理国防科技重点实验室科研平台。

北京大学

北京大学计算机学院有计算机科学与技术和软件工程两个国家双一流建设重点学科；下设 4 个本科生专业：计算机科学与技术（包含科学方向、技术方向和图灵班）、软件工程、数据科学与大数据技术、信息与计算科学（强基计划）。现有"视频与视觉技术国家工程研究中心"国家级实验室，以及多个教育部重点实验室。北京大学计算机学院跟清华大学计算机学院一样，有着国内计算机领域最全面的研究方向，其研究方向包括：计算机理论、系统软件与软件工程、知识工程、程序设计语言、信息安全、计算机图形学、人机交互与虚拟现实、数据库与信息系统、计算机网络、计算语言学、计算机体系结构、数字音视频编解码与多媒体通信和人工智能等。

北京航空航天大学

北航虽然是一所航空航天类的行业院校，但现在它越来越以计算机类学科闻名。其计算机科学与技术是国家重点一级学科（7 家单位之一）；计算机科学与技术、软件工程获批国家"双一流"建设学科。目前计算机科学建有 2 个国家重点实验室，1 个国家工程实验室，1 个国家工程技术中心等各种科研基地，科研优势方向是：计算机科学与智能技术、数据科学与软件工程以及虚拟现实与增强现实、未来网络与信息安全、可视计算与人机智能、新型体系结构与计算系统、大数据科学与认知计算、安全可靠系统工程、群体软件与智能系统、超大规模系统与软件理论等。

南京大学

南京大学通常被称为文理综合性院校，但在计算机这一领域也不差，在人工智能方向更是全国闻名。清华的计算机学科是从电类学科中发展起来的，南京大学的计算机学科则是起源于数学专业，北京大学的计算机学科则是从数学和电类学科同时发展起来的。从这个学科起源就可以明白南京大学的科研特色在哪里。计算机科学与技术系现有计算机软件新技术国家重点实验室，计算机软件与理论为国家重点学科，计算机科学与技术入选"双一流"学科。

四川大学

四川大学于 1958 年设立计算机专业，1998 年设立计算机学院。计算机应用技术为国家重点学科，计算机科学与技术为四川省一级重点学科；拥有视觉合成图形图像技术重点学科实验室、国家空管自动化系统技术重点实验室、教育部现代交通管理系统工程研究中心等科研基地。

武汉大学

跟武汉大学同城的华中科技大学以计算机专业闻名，其实武汉大学的计算机专业也不错，计算机科学与技术、软件工程两个学科评估都是 A 类。计算机学科拥有 1 个国家级科研平台（国家多媒体软件工程技术研究中心），5 个省部级科研平台（多媒体网络通信工程湖北省重点实验室、湖北省软件评测中心、湖北省公共财政与经济运行大数据工程技术研究中心、刑事侦察视频图像特征比对分析湖北省产业技术创新基地、国家药品监督管理局医疗器械监管科学研究基地）。武汉大学最著名的是网络信息安全学科，现有国家网络安全学院，2001 年创建国内第一个信息安全本科专业，制定出国内第一个本科专业课程体系；2003 年形成了从本科、硕士、博士到博士后的完整的信息安全专业人才培养体系；入选全国首批"一流网络安全学院建设示范项目"，在全国首批获准设立网络空间安全博士后科研流动站；2020 年 8 月，全面入驻国家网络安全人才与创新基地网络安全学院。

华东师范大学

跟常规的师范大学不一样，华东师范大学的软件工程学院是国家首批 35 所示范性软件学院之一，首任院长是中国科学院院士何积丰教授。在历次学科评估中，软件工程学科一直在上海所有高校中排第一。在计算机学科方面，其科研方向是：计算机系统、机器学习、计算机视觉以及以智能教育、智慧医疗、金融科技为主的应用方向。

中国人民大学

作为文科的顶级强校，中国人民大学的计算机学科并不弱，只是被其在人文社科领域的光芒遮住了。中国人民大学在 1978 年创立了经济信息管理系，它是国内最早建立的将数学与信息技术在经济管理领域应用为特色的系科。人大信息学院有计算机科学与技术、信息系统与信息管理、数学与应用数学 3 个方向的学科群。它是第一个设立以"经济 + 信息 + 管理"为特色的经济信息管理专业的财经类学校，后来全国的财经院校纷纷仿效。目前计算机应用是北京市重点学科、全国有特色重点建设专业，拥有博士后科研流动站。人大除了有信息学院，还有人工智能学院。

苏州大学

苏州大学的发展也很快，但很多人可能不太了解苏州大学哪些学科比较好。除了设计学、材料学科之外，苏州大学的软件工程也很不错。苏州大学软件学院在 2021 年被评为国家级特色化示范性软件学院。学院拥有计算机科学与技术和软件工程 2 个江苏省优势学科，建有计算机信息技术处理江苏省重点实验室、江苏省网络空间安全工程实验室、江苏省大数据智能工程实验室。计算机科学与技术是江苏省重点专业，软件工程是国家特色专业建设点及江苏省重点专业。

深圳大学

深圳大学计算机专业最初由清华援建，计算机与软件学院首任院长是中国科学院院士陈国良教授。深圳大学位于中国 IT（信息技术）的中心城市深圳，又有马化腾等知名校友光环加持，是国内发展最迅速的计算机学院之一。现有大数据系统计算技术国家工程实验室、人工智能与数字经济广东省实验室（深圳）等多个实验平台。在各种排行榜上，深圳大学计算机学科在国内排名前 20，是深圳大学的王牌专业之一。

杭州电子科技大学

杭州电子科技大学是原电子工业部下属的大学，电子信息类专业本来就比较强，杭州这些年也逐渐成为一个互联网"重镇"。浙江除了浙江大学之外，没有其他理工类的"211大学"，各种条件下，杭州电子科技大学的计算机学科发展迅速。2000年计算机应用技术成为省重点学科，计算机软件与理论成为原信息产业部重点学科，2004年计算机科学与工程成为浙江省重点学科（A类），2013年成为浙江省属高校中唯一的计算机科学与技术博士学位授权一级学科点。学院现有计算机科学与技术和软件工程2个本科专业；拥有国家国际科技合作基地脑机协同智能技术国际联合研究中心、教育部"复杂系统建模与仿真"重点实验室、工业和信息化部"视听认知健康与智能影像分析评价"重点实验室等科研平台。

天津理工大学

天津理工大学是由原来几所天津大学的理工类分校合并而成的，计算机学科是其王牌学科，有计算机科学与技术一级学科博士点和博士后科研流动站，以及3个一级学科硕士点和5个本科专业；计算机科学与技术、网络空间安全、软件工程3个学科均为天津市重点学科。现有"计算机病毒防治技术"国家工程实验室、"计算机视觉与系统"省部共建教育部重点实验室、"学习型智能系统"教育部工程研究中心、"智能计算及软件新技术"天津市重点实验室等研究平台。

南阳理工学院

计算机学科是南阳理工学院的最王牌专业，学校虽然是传统意义上的二本院校，但该校学生在多个信息技术类的大学生竞赛中获过大奖。2020年，计算机与软件学院评为"河南省特色化示范性软件学院"。学院现设有计算机科学与技术、软件工程（分为移动设备应用开发、云计算、智能软件开发、数据库技术、渗透与测试5个专业方向）、数据科学与大数据技术、人工智能4个本科专业。其中，软件工程专业是教育部"卓越工程师教育培养计划"试点专业，河南省教育厅"专业综合改革试点"，2018年软件工程专业获批软件工程专业硕士培育点；计算机科学与技术专业是教育部"卓越工程师教育计划"试点专业，河南省特色专业、本科工程教育人才培养模式改革试点专业，河南省"一流本科专业"建设点。

专业辨析

计算机类专业下面细分了以下18个专业。

计算机科学与技术

软件工程

网络工程

信息安全

物联网工程

数字媒体技术

智能科学与技术

空间信息与数字技术

电子与计算机工程

数据科学与大数据技术

网络空间安全

新媒体技术

电影制作

保密技术

服务科学与工程

虚拟现实技术

区块链工程

密码科学与技术

专业名称里面的"科学""技术"两个词，"科学"一般指理论，"技术"一般指应用实践。计算机科学与技术就是跟计算机相关的科学理论和应用实践，包括了计算机的硬件、软件，理论上，软件工程、信息安全等专业内容可以全部包括在计算机科学与技术专业里。

软件工程是计算机科学与技术的一个分支，主要是用工程化的方式来构建、维护软件。现在的软件除了少量的软件外，大部分都是复杂的大型软件，需要几十、几百甚至上千人共同开发一个软件，除了需要懂语言、算法之外，大家还需要一定的组织和规范。这就像几千人造房子一样，要分工、协调，还需要质检。所以，软件工程专业的学习就是要学习软件开发的整个过程，包括需求分析、设计、实现、测试和维护。软件工程当然还要熟悉不同的软件开发语言、不同的开发环境，还有不同类型的软件。

软件工程专业一般被设置在软件学院。软件学院的培养原则是，学生需要实践，要和工程结合起来，这样需要的培养经费就多，所以软件学院的学费要高于计算机学院。本科4年，软件学院前两年学费跟其他学院的一样，到后两年，学费是计算机学院的2

倍以上。

网络工程专业除了学习计算机基本知识外，还侧重于学习计算机通信与网络的相关知识和技能，能进行计算机网络系统规划、设计、开发、部署、运行及维护等工作。网络工程专业跟电子信息类里的通信工程专业有交叉，不过通信工程专业学的通信网络知识比网络工程专业的要更多。

信息安全的本科专业是 2012 年设立的，在 2018 年，网络信息安全成为一级学科，国内开设信息安全专业的学校也非常多。信息安全专业也是交叉学科，对数学要求比较高，很多信息安全的专家都毕业于数学系，像清华大学的王小云院士就是数学专业的博士。信息安全专业需要学习数论、密码学、通信、计算机等不同领域的知识，另外还需要学习一定的法律、法规知识。网络空间安全专业跟信息安全专业比较接近，在某些情况下，网络空间安全的概念比信息安全的概念要更大一些，不过这要看上下文，有时信息安全的概念涵盖更广一些。

物联网指 Internet of things，万物相联。门禁、窗帘、电视机、电饭煲、汽车内都可以存在计算机，有了计算机就有可能相联。物联网工程专业需要学习嵌入式系统、传感器、计算机、电子等相关知识。

数字媒体技术就是数字技术、媒体艺术相结合的一个专业，学生使用计算机技术进行数字媒体制作、图形图像处理和动画设计等，主要是场景设计。数字媒体技术专业偏编程，新媒体技术专业偏传播与编辑，主要进行视频编辑、平面视觉传达等。

数据科学与大数据技术专业也是交叉学科，主要的基础课程是统计、计算机，另外需要再学一点数据挖掘方面的知识。

智能科学与技术专业跟人工智能专业有点类似，或许可以说智能科学与技术专业是人工智能专业的前身，包含了电气、计算机、传感、通信、控制等的交叉专业，主要是设计机器人和智能化的工业系统等。

区块链技术随着比特币的流行而扬名天下，它是一种不依赖第三方、通过自身分布式节点进行网络数据的存储、验证、传递和交流的一种技术方案。区块链工程是计算机专业中的一个分支，很多学校提供选修课程，也有少量学校开设了这个专业。

虚拟现实技术专业先在高职院校里开设，2020 年后陆续在本科院校里开设。主要培养学生学习掌握虚拟现实和增强现实技术相关专业理论知识，以便能够从事虚拟现实、增强现实项目设计、开发和调试等工作。

3.2 电子信息类专业

专业简介

电子信息类专业是很热门的一个大类专业，但这个专业究竟学些什么，能做什么工作，很多家长和学生并不太清楚。

电子信息类专业主要研究的是电子信息的产生、处理、传播、获取和存储。信息有很多种形式，语音、纸上的字都可以被称作信息，现代社会主要是电子载体的信息，也有部分用光的，不过光一定要跟电联系在一起，所以叫光电信息。

电子是一种奇特的微观粒子，它没有体积，没有内部结构，不会衰变，而且又能导电、又能发光、导热，且易于操控。所以，现代科技的发展趋势是电子化。

大家可以看到汽车的电子化进展，电子化的汽车可操控性强了很多。厨房小家电也都在进行电子化，我估计再过几年，会有不少人不想用明火来做饭了，太麻烦，还需要人站在旁边盯着以防危险。生活中的家电也越来越多，吸尘器、扫地机器人和拖地机已经很普及了。

因此，电子信息类产业将成为全世界最大的产业。

按照电子信息的定义，计算机应该属于电子信息类专业，但现在计算机发展实在太迅猛，分支很多，所以，有时候将它单独提出来，有时候又会把它放进去。因此，对电子信息类专业或产业、企业的描述要结合上下文的语境，确定电子信息类专业究竟包括哪些方向。

不过，电子信息类专业虽然就业面宽，读的时候却比较辛苦。好多人说读计算机很难，但比起电子信息类专业，计算机已经算是一个比较好读的专业了。

因为电子信息类不仅有软件，还有硬件，有的还要关心到材料，而且计算机只是电子信息类某个特殊的东西，电子信息专业要处理的通信方式、信号的频率和信号的强度等问题都要比计算机多很多。例如，微电子和光电子专业，要学好这个专业，需要学习很多物理知识，如固体物理、半导体物理、量子物理、量子力学等，还要学习了解半导体的材料，或者激光原理、激光器的设计等，这属于理论方面。硬件方面，要学习电路设计、数字电路、模拟电路，模拟电路是很复杂的，有的需要学习高频电路等。在硬件方面，跟软件不一样，有些东西不属于理论，属于工作中的一些经验，所以对硬件工程师来说，拥有一定的工作经验很重要。软件方面，电子信息类专业学习内容比计算机更基础，从信息论开始学习，到信号与系统、各种信息处理，等等。

电子信息类专业的课程大多很难，当然各个大学的实际情况不一样，学习内容的深度和广度也是不一样的。

学科评估

电子信息类有2个一级学科：电子科学与技术、信息与通信工程，其第四轮学科评估结果见表3-2。

▼ 表3-2 | 电子科学与技术、信息与通信工程评估结果

评估结果	电子科学与技术	信息与通信工程
	学校名称	学校名称
A+	电子科技大学、西安电子科技大学	北京邮电大学、电子科技大学
A	北京大学、清华大学、东南大学	清华大学、上海交通大学、西安电子科技大学、国防科技大学
A-	北京邮电大学、复旦大学、上海交通大学、南京大学、浙江大学、西安交通大学	北京交通大学、北京航空航天大学、北京理工大学、哈尔滨工业大学、东南大学、解放军信息工程大学、解放军陆军工程大学
B+	北京航空航天大学、北京理工大学、天津大学、吉林大学、南京邮电大学、杭州电子科技大学、华中科技大学、西北工业大学、国防科技大学、空军工程大学	北京大学、天津大学、大连理工大学、哈尔滨工程大学、南京邮电大学、浙江大学、中国科学技术大学、华中科技大学、华南理工大学、西南交通大学、重庆邮电大学、西安交通大学、海军航空大学、空军工程大学
B	北京工业大学、南开大学、哈尔滨工业大学、华东师范大学、南京理工大学、中国科学技术大学、厦门大学、武汉大学、中山大学、华南理工大学	中国传媒大学、中北大学、东北大学、上海大学、南京大学、南京航空航天大学、南京理工大学、厦门大学、山东大学、武汉大学、武汉理工大学、深圳大学、四川大学、西北工业大学
B-	北京交通大学、大连理工大学、安徽大学、合肥工业大学、福州大学、山东大学、湖南大学、重庆大学、西南交通大学、西安理工大学、解放军陆军工程大学	大连海事大学、吉林大学、苏州大学、中国矿业大学、河海大学、合肥工业大学、中山大学、桂林电子科技大学、重庆大学、宁波大学、西安邮电大学、航天工程大学、海军工程大学
C+	中国传媒大学、河北工业大学、太原理工大学、长春理工大学、黑龙江大学、燕山大学、上海大学、中南大学、重庆邮电大学、兰州大学、解放军信息工程大学	福州大学、郑州大学、湖南大学、海南大学、成都信息工程大学、云南大学、北京工业大学、北京科技大学、华北电力大学、长春理工大学、同济大学、华东师范大学、南京信息工程大学、南通大学
C	天津工业大学、天津理工大学、南京航空航天大学、湖北大学、长沙理工大学、桂林电子科技大学、四川大学、贵州大学、西安邮电大学、海军航空大学	南开大学、天津工业大学、中国民航大学、黑龙江大学、复旦大学、上海海事大学、杭州电子科技大学、浙江工业大学、浙江工商大学、南昌大学、华东交通大学、中国海洋大学、中南大学、暨南大学

续表

评估结果	电子科学与技术	信息与通信工程
	学校名称	学校名称
C-	北方工业大学、河北大学、华北电力大学、中北大学、哈尔滨工程大学、苏州大学、中国计量大学、郑州大学、武汉理工大学、深圳大学、西北大学	天津理工大学、沈阳航空航天大学、燕山大学、东华大学、山东科技大学、中国地质大学、西北大学、西安理工大学、西安科技大学、兰州大学、兰州交通大学、广东工业大学、火箭军工程大学

全国有电子科学与技术一级学科博士授权的高校共 52 所，其中 49 所参评了第四轮学科评估，加上部分有硕士授权的高校，一共有 106 所。

全国有信息与通信工程一级学科博士授权的高校共 64 所，其中 61 所参评了第四轮学科评估，加上部分有硕士授权的高校，一共有 137 所。

在第二轮"双一流"评选中，电子科学与技术学科入选了：上海交通大学、东南大学、南京邮电大学、中山大学、电子科技大学 5 所大学，加上清华大学和北京大学，有 7 所大学。

信息与通信工程入选了：北京邮电大学、上海交通大学、东南大学、电子科技大学、西安电子科技大学、国防科技大学 6 所大学，加上清华大学和北京大学，有 8 所大学。

这里面，不算清华、北大，上海交通大学、东南大学和电子科技大学这两个学科都入选了。

电子信息类是工科里面的热门专业，因此除了原电子工业部、原邮电部下属的院校之外，工科强校和"985 大学"，还有军校、国防校的电子信息类专业都非常强。电子科学与技术学科的内容偏向物理，一般文理都比较强的"985 大学"的电子科学与技术学科也不错。

特色学校介绍

上面讲到，原电子工业部和原邮电部下属的院校都属于电子信息类的强校，接下来我先介绍这些行业院校，再介绍其他的大学。

原电子工业部直属的院校

原电子工业部下属有以下 5 所大学。

电子科技大学

西安电子科技大学

杭州电子工业学院（杭州电子科技大学）

桂林电子工业学院（桂林电子科技大学）

北京信息工程学院（北京信息科技大学）

电子科技大学

电子科技大学原名成都电讯工程学院，在院系调整时期，由南方几所大学：原交通大学（现上海交通大学、西安交通大学）、南京工学院（现东南大学）和华南工学院（现华南理工大学）的电讯专业组建而成。整个学校的学院和专业都是围绕电子信息类组建的，电子科学与技术、信息与通信工程都是国家重点一级学科，在第四轮学科评估中都是 A+。学生读研比例很高，接近 70%，在企业界也出了不少优秀校友，毕业生就业质量不错，受到用人单位的欢迎。电子科技大学是很少见的非综合性的"985 大学"，当然，现在电子科技大学正在努力成为综合性大学。进入"985 大学"序列使电子科技大学的发展迅速。

西安电子科技大学

西安电子科技大学原名西安电讯工程学院，更早是军校，后来转为普通院校，现在是"211 大学"。电子科技大学一开始是国防校，电子信息类专业都是为国防服务的。西安电子科技大学跟电子科技大学很像，全校的专业都是围绕信息类专业而建，电子科学与技术和信息与通信工程都是国家重点一级学科。西安电子科技大学培养出很多院士，其毕业生也非常受企业欢迎。

杭州电子科技大学

杭州电子科技大学跟电子科技大学一样，创建于 1956 年，初名杭州航空工业财经学校，是为原电子工业部培养财经类人才的。不过发展到如今，杭州电子科技大学在电子信息类学科建设方面也非常突出，拥有 9 个一级学科博士点、4 个博士后科研流动站，其中集成电路科学与工程是全国首批集成电路科学与工程一级学科博士学位授权点之一，有 4 个国防特色学科。浙江省杭州市是新兴的互联网中心，除了浙江大学之外，缺少重点大学，而这几年杭州电子科技大学发展迅速，在不少省份的录取分数线超过很多"211 大学"的录取分数。

桂林电子科技大学

桂林电子科技大学的前身是 1980 年成立的桂林电子工业学院，2006 年更名为桂林电子科技大学。信息与通信学院 1980 年开始招收本科生，1995 年开始招收硕士研究生，2003 年获得博士招生权。学院拥有信息与通信工程一级学科博士学位授权点和博士后工作流动站；拥有信息与通信工程、电子科学与技术 2 个一级学科硕士点。学院是卫星导航定位与位置服务国家地方联合工程研究中心主要支撑单位，拥有认知无线电与信息处理省部共建教育部重点实验室、无线宽带通信与信号处理广西壮族自治区重点实验室、精密导航技术与应用广西壮族自治区重点实验室。

北京信息科技大学

北京信息科技大学由北京信息工程学院和北京机械工业学院合并而成。信息与通信工程学院是北京信息科技大学一个实力强大的学院，设有通信工程、电子信息工程和物联网工程3个本科专业（系）。学院的通信工程、电子信息工程等专业排名分列北京市属高校第一名和第二名。学院有信息与通信工程（一级学科）的硕士学位授予权以及电子信息类电子与通信工程方向专业学位授予权，拥有教育部重点实验室、原信息产业部重点实验室及4个高水平研究机构。

原邮电部直属的院校

原邮电部直属的本科院校有以下5所。

北京邮电大学

长春邮电学院（并入吉林大学）

南京邮电大学

重庆邮电学院（现重庆邮电大学）

西安邮电学院（现西安邮电大学）

北京邮电大学

北京邮电大学于1955年创办，是我国第一所邮电大学，在20世纪90年代，北京邮电大学的录取分数线在所有高校里面都特别靠前，甚至超过清华大学。北京邮电大学和电子科技大学、西安电子科技大学并称"两电一邮"，是我国电子信息类里的名校。北邮的深造率、就业率也是非常高，超出很多"985大学"。

南京邮电大学

南京邮电大学入选了"双一流"，这也使得南邮最近发展的势头很好。现有博士后流动站3个，一级学科博士学位授权点8个，博士专业学位授权点（类别）1个，国家重点学科（培育点）1个。学校在新一代移动通信、物联网、移动互联网、大数据、云计算、网络空间安全、有机电子与信息显示、集成电路与微组装、智能电网、光通信、智能制造、现代邮政、人口学等研究领域处于国内先进水平。

重庆邮电大学

1959年成立重庆邮电学院，1965年开始招收研究生。不过中间停办过，1979年恢复办学，2006 年更名为重庆邮电大学，2013 年获批为博士学位授予单位。重庆邮电大学有博士后科研流动站 2 个、博士后科研工作站 10 个、一级学科博士学位授权点 2 个、一级学科硕士学位授权点 19 个。学校是全国信息产业科技创新先进集体和国家高技术产业化示范工程基地，被誉为"中国数字通信发祥地"。学校现建有移动通信终端与网络控制国家地方联合工程研究中心、重庆工业物联网示范性国际科技合作基地、大数据智能计算示范型国家国际科技合作基地等科研平台。

西安邮电大学

1959 年设立西安邮电学院，2012 年更名为西安邮电大学。在原邮电部的院校里，西安邮电大学改为"大学"的年份最晚，相对来说，它的实力稍弱一些。学校现有 1 个一级学科博士学位授权点，13 个一级学科硕士学位授权点，9 个硕士专业学位授权类别，在全国第五轮学科评估中 7 个一级学科上榜，信息与通信工程学科综合水平位列省属高校之首。

军校、国防校

电子战在现代战争中占有重要地位，无论是无人机，还是洲际导弹、轰炸机、巡洋舰、驱逐舰，都离不开电子信息的处理与通信，所以军校和国防校在这一领域都很强。第四轮学科评估给出的名单里有国防科技大学、解放军信息工程大学、解放军陆军工程大学、海军航空大学和空军工程大学。尤其是国防科技大学、解放军信息工程大学，二者在电子信息类，包括计算机类学科方面，实力都很强，不过这里不作详细介绍。

刚才讲到电子科技大学、西安电子科技大学曾是国防校和军校，其实清华大学的电子信息类专业一开始也是为国防事业培养人才的，现在仍是国防校和军工校的学校有：北京航空航天大学、哈尔滨工业大学、北京理工大学、西北工业大学、哈尔滨工程大学、南京航空航天大学、南京理工大学。我们从学科评估结果来看，这些学校的电子信息类学科的水平也不错。

其他学校

上海交通大学

上海交通大学电子信息与电气工程学院是上海交通大学最大的学院，电子信息类学科历史悠久，学科实力强。上海交通大学作为工科顶级高校，建有射频异质异构集成国家重点实验室、区域光纤通信网与新型光通信系统国家重点实验室、微米／纳米加工技术国家级重点实验室、数字电视国家工程研究中心等科研平台。科研优势方向为：融合媒体通信、光通信与光传感、移动计算通信、遥感导航信息处理。电子科学与技术是国防特色学科，研究方向为：射频电路与天线、高速集成电路设计、光电子器件与集成以及纳米电子器件与微系统。

东南大学

东南大学跟电子信息类相关的学院有 3 个：电子科学与工程学院、信息科学与工程学院以及微电子学院。如果加上计算机、人工智能等相关学科，东南大学共有 7 个相关学院。我国无线电教育可以说起源于东南大学。东南大学原名叫南京工学院，在院系调整时，电信学科除了自己原中央大学的电信力量外，还加入了原先的浙江大学、复旦大学、交通大学、厦门大学、金陵大学、江南大学、山东工学院等相关学科。后来 1/3 的师资去了成都，组建了成都电讯学院，本校留下了 2/3 的师资，所以大家可以想象一下它的实力。其电子科学与技术、信息与通信工程都是国家重点一级学科；有移动通信全国重点实验室和毫米波全国重点实验室两个全国重点实验室、移动信息通信与安全教育部前沿科学中心、"无线通信技术"国家"2011 计划"协同创新中心、水声信号处理教育部重点实验室、射频集成电路与系统教育部工程研究中心、国家专用集成电路（ASIC）系统工程技术研究中心、光传感 / 通信综合网络国家地方联合工程研究中心、微机电系统（MEMS）教育部重点实验室、教育部信息显示与可视化国际合作联合实验室等科研平台。一个学院拥有 2 个国家重点实验室还是非常少见的。

华南理工大学

珠三角是我国信息产业发达的地区之一，作为珠三角最著名的工科院校，华南理工大学担负着培养人才的重任。华南理工大学电子信息类学科一大特点是学生的创新、创业精神比较浓厚，国内多家企业总裁均为华南理工大学电子信息学院毕业生。学院现有 2 个一级学科博士学位授权点（信息与通信工程、电子科学与技术），1 个博士专业学位授权类别（电子信息），1 个硕士专业学位授权类别（电子信息），以及 2 个博士后流动站。

北京交通大学

北京交通大学电子信息类学科可溯源至 1909 年建校之初设立的邮电班，是我国早期成立的电信学科之一，是北交大传统特色优势学科。其科研方向带有行业特色，在宽带移动信息通信、轨道交通控制与安全、光纤通信、下一代互联网、电磁兼容等领域走在学科前沿。学院有通信工程、信息工程、电子科学与技术、轨道交通信号与控制、自动化、智能系统与装备 6 个本科专业；有光波技术研究所、移动专用网络国家工程研究中心、现代通信研究所、宽带无线移动通信研究所、智能网络与信息安全研究所、电磁兼容研究所、运输自动化科学技术研究所、轨道交通控制研究所、先进控制系统研究所等。

中国传媒大学

中国传媒大学除了以培养主持人出名外，信息类专业也是其特色，是其一建校就创建的专业。信息与通信工程学院组建于 1995 年 3 月，是中国传媒大学设立的首个学院。学院有信息与通信工程和电子科学与技术 2 个一级学科，其中信息与通信工程一级学科和电磁场与微波技术二级学科拥有博士学位授予权；通信与信息系统和电磁场与微波技术为北京市重点学科；信息与通信工程设有博士后流动站；2 个一级学科均具有硕士学位授予权。另外，学院还拥有人工智能和新一代电子信息技术 2 个领域专业学位硕士授权点。学院设有通信工程、广播电视工程（智能视听技术方向）、电子信息工程、智能装备与系统（演艺工程与智能技术方向）、数字媒体技术、物联网工程和人工智能 7 个本科专业。

专业辨析

电子信息类专业包含的专业非常庞杂。我们看教育部的本科专业目录，在电子信息大类下面，一共有以下 20 个专业，都属于电子信息类。

电子信息工程

电子科学与技术

通信工程

微电子科学与工程

光电信息科学与工程

信息工程

广播电视工程

水声工程

电子封装技术

集成电路设计与集成系统

医学信息工程

电磁场与无线技术

电波传播与天线

电子信息科学与技术

电信工程及管理

应用电子技术教育

人工智能

海洋信息工程

柔性电子学

智能测控工程

电子信息类专业是很多学生、家长，甚至规划师也分不清的一个大类专业。电子信息类内容特别杂，从硬件到软件，方向很多。在电子信息类专业里面，即便是相同的名称，不同学校开设的专业课程也有可能相差很大，大家要注意看各个学校的培养方案。另外，一定要看清楚，这个专业是学校里哪个学院开的？是物理学院开的，还是信息学院开的？

像光电信息科学与技术、微电子类专业，甚至电子信息专业都有可能是物理系开设的，因为电子信息的基础就是物理。但物理系开设的此类专业容易偏物理，工程性不强。

我自己的经验总结是：专业名称中带"通信"两个字的，主要学习各种通信原理、光纤通信、无线通信、多媒体通信等；专业名称中带"信息"两个字的，主要是学习各种信息处理方式，像语音信息处理、图像信息处理等；专业名称中带"电子"两个字的，主要是跟电路硬件有关。

电子信息工程、信息工程、通信工程、电子科学与技术这几个专业开设的学校最多，因此着重讲一下。下面我们以北京邮电大学的专业培养方案来看。

通信工程专业系统地学习数理基础课程、电路系列课程、计算机系列课程、信号与系统、数字信号处理、通信原理、电磁场与电磁波、光纤通信、无线通信、多媒体通信等课程。根据现代通信发展的需要，设置网络与应用、光纤通信、无线通信、多媒体通信等专业方向。

信息工程专业系统地学习信号与系统、通信原理、信息论、高级语言程序设计、数据结构、微机原理与接口技术、计算机网络、数据采集技术、信息处理导论、数字信号处理、通信网基础、移动通信等课程。

电子信息专业系统地学习数理基础课程、电路系列课程、计算机系列课程、信号与系统、数字信号处理、通信原理、电磁场与电磁波、数字视频广播、数字音频广播、数字媒体制作、数字媒体管理、流媒体技术、数字图像处理、语音信号处理、多媒体通信等课程。

大家看出这三者的区别了吗？

通信工程专业主要学的是各种通信原理，信息工程更关注的是信息的处理，北京邮电大学的电子信息专业具体就是学习数字电视相关的各种内容，也就是微波信号的接收和发射，包括电磁场理论、天线和电路等硬件和信号处理。西安电子科技大学的电子信息专业对电磁波和微波的研究会多一些。其他学校的跟数字电视有关的则是广播电视工程，这个专业更偏应用一些。

医学信息工程、水声工程、海洋信息工程这 3 个专业，就是 3 个不同应用场景下的电子信息类的应用。

很多学校撤销了电子信息科学与技术专业，我猜测是因为课程内容太多，方向不明确，不容易学好。

电子科学与技术专业是个统称，一般是研究电子材料、元器件等的物理原理研究、器件、设备和系统的研发，主要方向是微电子和光电子相关的材料、系统和电路等。各个学校的电子科学与技术学科包含的专业可能有所不同，清华大学的电子科学与技术学科包括了微电子、光电子、电路以及电磁场等相关专业。电子科学与技术的课程跟前面的几个专业的课程存在很大区别，对物理的要求比较高。

微电子科学与工程、电子封装技术、集成电路设计与集成系统这 3 个专业都跟集成电路相关。微电子现在已经是一个巨大的产业，包括电子材料、元器件研究、芯片设计、制造、封装、测试等。现在集成电路科学与工程在研究生的专业目录里已经升为一级学科，体现了国家对这个行业的重视。

光电信息科学与工程专业也是电子科学与技术专业中的一部分内容，发展比较快，就分了出来。光电专业跟微电子专业一样有很多物理方面的课程。

电磁场与无线技术专业、电波传播与天线专业，这两个专业本质上区别不大，主要是研究射频无线信号的产生、发送、传输和接收等内容。这两个专业的内容除了民用，在航空航天、国防领域也很有用。

人工智能现在很热门。2018 年，教育部批准了第一批开设人工智能专业的学校有35 所，现在已经有几百所大学开设了相关专业。人工智能专业是个交叉学科，包括数学、计算机、脑科学、神经科学、社会学、智能系统和智能制造等方面的内容。内容过多，大学本科不容易学好，想选择这个专业的学生一定要谨慎考虑。

柔性电子学是一种把电子器件安装在柔性塑料底版上组成柔性电子线路的技术。主要应用方向有：有机显示、能源探测、生命健康、国防军工等，西北工业大学是第一个开设此专业的学校。

3.3 集成电路类专业

专业简介

集成电路类专业其实隶属于电子信息类专业。近年来，芯片技术问题受到关注，其中一个重要原因是人才的缺乏。所以，相关学校扩大了招生范围，学生们对学习这个专业也非常有热情。

2020 年，教育部设立了一个新的一级学科：集成电路科学与工程，隶属于交叉学科门类。各高校也纷纷开始建设集成电路学院。

在本科专业中，有集成电路设计与集成系统专业，因此，很多人认为集成电路科学与工程学科是跟这个专业相对应的。其实不然，集成电路科学与工程学科包括了整个集成电路工业的全流程、全产业链。它以物理、化学、材料科学等学科为基础，涉及电子信息、仪器科学与技术、电气工程和机械工程等相关工程学科，而不单单是集成电路设计。

学科评估

集成电路类专业在研究生阶段一般隶属于电子科学与技术一级学科，不过电子科学与技术一级学科包括的范围比集成电路类的范围广一些，还包括光电子以及其他，另外在信息与通信工程、计算机类等学科里也包括集成电路类学科的内容。不过很多学科都有交叉。这也是学科评估的一个弊端，学校根据自己的情况，可以把不同科研成果进行打包组合，来获得评估的最优化。无论如何，电子科学与技术第四轮学科评估结果依旧可以作为参考，见表 3-3。

▼ 表 3-3 │ 电子科学与技术评估结果

评估结果	学校名称
A+	电子科技大学、西安电子科技大学
A	北京大学、清华大学、东南大学
A-	北京邮电大学、复旦大学、上海交通大学、南京大学、浙江大学、西安交通大学
B+	北京航空航天大学、北京理工大学、天津大学、吉林大学、南京邮电大学、杭州电子科技大学、华中科技大学、西北工业大学、国防科技大学、空军工程大学
B	北京工业大学、南开大学、哈尔滨工业大学、华东师范大学、南京理工大学、中国科学技术大学、厦门大学、武汉大学、中山大学、华南理工大学

续表

评估结果	学校名称
B–	北京交通大学、大连理工大学、安徽大学、合肥工业大学、福州大学、山东大学、湖南大学、重庆大学、西南交通大学、西安理工大学、解放军陆军工程大学
C+	中国传媒大学、河北工业大学、太原理工大学、长春理工大学、黑龙江大学、燕山大学、上海大学、中南大学、重庆邮电大学、兰州大学、解放军信息工程大学
C	天津工业大学、天津理工大学、南京航空航天大学、湖北大学、长沙理工大学、桂林电子科技大学、四川大学、贵州大学、西安邮电大学、海军航空大学（原海军航空工程学院）
C–	北方工业大学、河北大学、华北电力大学、中北大学、哈尔滨工程大学、苏州大学、中国计量大学、郑州大学、武汉理工大学、深圳大学、西北大学

在第二轮"双一流"评选中，电子科学与技术学科入选了：上海交通大学、东南大学、南京邮电大学、中山大学和电子科技大学共5所学校，加上清华大学和北京大学，一共有7所学校。

同样地，我们也不能完全参考这个评估结果。

2021年11月底，国务院学位委员会发布了集成电路科学与工程一级学科博士学位授权点名单，一共18所大学。复旦大学之前就设立了全国第一个博士学位授权点，因此一共19所大学，这些是集成电路类专业的强校。

另外，2015年，国家曾经批准了9所示范性微电子学院，后来又增加了19所，一共有28所高校，这些也是集成电路类专业的强校。

这两个名单有所重叠。

读集成电路类专业建议选择这些学校，因为此类专业需要实践，需要实验室和实验设备，顶级的学校里有集成电路生产线及洁净实验室。

特色学校介绍

2021年学位委员会公布了18所大学，分别是：北京大学、清华大学、北京航空航天大学、北京理工大学、北京邮电大学、上海交通大学、南京大学、东南大学、南京邮电大学、浙江大学、杭州电子科技大学、厦门大学、华中科技大学、华南理工大学、电子科技大学、西北工业大学、西安电子科技大学和中国科学院大学。复旦大学在之前已经设立了博士点，因此共有19所大学。

从区域上分，北京有6所大学，长三角地区有6所大学。其他的在华南地区、西安和成都都有分布，这个跟现有的集成电路产业规划应该是一致的。

28所示范性微电子学院分3批。第一批是9所直接建设的学院，名单为：北京大学、清华大学、中国科学院大学、复旦大学、上海交通大学、东南大学、浙江大学、电子科技大学、西安电子科技大学。

第二批是 17 所筹建示范性微电子学院，后来也被批准了，包括：北京航空航天大学、北京理工大学、北京工业大学、天津大学、大连理工大学、同济大学、南京大学、中国科学技术大学、合肥工业大学、福州大学、山东大学、华中科技大学、国防科技大学、中山大学、华南理工大学、西安交通大学、西北工业大学。

后续又增加了厦门大学和南方科技大学。

复旦大学

复旦大学是我国最早从事研究和发展微电子技术的单位之一，微电子学院的前身是 1958 年谢希德教授创办的半导体物理专业。学院设有"微电子学与固体电子学"和"集成电路与系统设计"两个二级学科，在 SoC 设计、集成电路计算机辅助设计、半导体新工艺、新结构、新器件、微电子机械系统等领域的人才培养和科研创新方面取得了较大成果，在《Science》《Nature》子刊等国际顶级期刊发表了不少有影响力的论文。学院有专用集成电路和系统国家重点实验室、长三角集成电路设计与制造协同创新中心、国家集成电路人才国际培训（上海）基地、国家集成电路创新中心、国家集成电路产教融合创新平台等。

清华大学

清华大学是我国非常著名的集成电路人才培养和科研的"重镇"。1956 年创建半导体专业，1980 年成立微电子所，1990 年建立我国第一条能够进行 1 微米 VLSI 研制与成套工艺开发的科研性工艺线。2001 年，微电子学与固体电子学被评为国家重点学科。2003 年 7 月，成为国家集成电路人才培养基地。学院将设置集成纳电子科学、集成电路设计与设计自动化和集成电路制造工程 3 个二级学科，重点发展方向为：纳电子科学、集成电路设计方法学及 EDA、集成电路设计与应用、集成电路器件与制造工艺、封装与系统集成、MEMS 与微系统、集成电路专用装备和集成电路专用材料等，完整覆盖集成电路全产业链。

北京大学

北京大学可以说是中国半导体专业的发源地，1956 年由黄昆、谢希德院士在北京大学创办了"五校联合半导体物理专门化"，用 2 年时间培养了中国第一代半导体人才，不过北京大学是 1970 年建立的半导体专业。北京大学的主要科研方向是：集成微纳电子、集成电路设计、设计自动化与计算系统、集成微纳系统、集成电路先进制造技术 5

个方向。学院目前已建有国家集成电路产教融合创新平台、微纳电子器件与集成技术全国重点实验室、微米纳米加工技术国家级重点实验室、微电子器件与电路教育部重点实验室、集成电路高精尖创新中心、集成电路科学与未来技术北京实验室等多个科研平台，以及"后摩尔时代微纳电子学科创新引智基地"等国际合作平台，拥有国际一流水平的微纳加工与集成、器件／芯片／微系统设计与测试的前沿研究环境。

中国科学院大学

中国科学院大学集成电路学院（原微电子学院）主要由中科院微电子所承办，所以实力强劲。中国科学院大学的特点是科教融合，"高校－研究所－企业"三方产学研协同育人。学院与中芯国际、武汉新芯合作启动首批企业定制班招生，并与一批骨干企业合作共建校企联合工程实践基地。此外，学院还聘请多名来自中芯国际、长电科技、北方微电子、株洲南车、武汉新芯等业界人才担任企业导师；邀请企业人才开设对接产业的专题讲座；与美国加州大学洛杉矶分校（UCLA）联合培养研究生；依托"国家集成电路人才国际培训基地"选派优秀青年教师出国培训并尝试引进优质教育资源。

电子科技大学

作为电子信息类的行业院校，电子科技大学的电子科学与技术一级学科的学科评估结果是 A+，在集成电路方向也是很强的，其前身是 1956 年创建的无线电零件系。集成电路科学与工程学院（示范性微电子学院）研究方向包括纳电子科学、集成电路制造工程以及集成电路设计与设计自动化 3 个二级学科方向。学院拥有电子薄膜与集成器件国家重点实验室、国家集成电路产教融合创新平台、四川省功率半导体技术中心、四川省集成电路实验教学中心等教学科研平台。学院研究方向包括微纳电子材料与器件、功率半导体与集成技术、集成电路设计与设计自动化、封装与微系统集成，形成了从材料、器件、设计、工艺、封测到微系统较完善的科研体系，在功率电子、集成薄膜方向国际领先。

西安电子科技大学

西安电子科技大学同电子科技大学一样，也是电子信息类的行业院校，电子科学与技术的第四轮学科评估结果是 A+，在集成电路方面也很强。西安电子科技大学微电子学院 1959 年招收本科生，1970 年自主建设完成集成电路生产线。学院在化合物半导体材料与器件研发、模拟与混合信号集成电路设计、集成电路计算机辅助设计等领域的人才培养和科研方面成果突出；在氮化镓材料与器件、高性能模拟集成电路、系统芯片与集成系统、碳化硅高温半导体材料与器件等方面取得了一系列具有自主知识产权的重大研究成果。现有第三代半导体领域唯一的国家工程研究中心、西北地区唯一的国家集成电路产教融合创新平台等国家级平台。

东南大学

东南大学的集成电路学科在国内也属于第一梯队，水平很高。集成电路学院前身是1958 年创建的半导体专业。学院下设 3 个国家级科研平台，3 个省部级科研平台。低功耗芯片、高能效智能芯片设计以及 MEMS 设计工具等方面研发工作进入国际前沿，中高端智能功率芯片从技术创新到成果落地，实现自主可控，并成功出海。

浙江大学

浙江大学微纳电子学院（微电子学院）也第一批入选了"国家示范性微电子学院"的名单。浙江大学的主要研究方向是：芯片设计、EDA 工具、器件及工艺、芯片封装与系统集成、测试与表征等。通过打造若干创新实验室实现集成电路芯片与通信工程、信息安全、人工智能、生命科学等学科领域的交叉融合与创新。

西安交通大学

微电子学院的前身是 1959 年组建的"应用物理"专业，微电子学与固体电子学专业是国家重点学科。主要科研方向有：模拟和数模混合集成电路设计、射频集成电路设计、数字系统测试和可测性设计、新型半导体材料与器件、纳米电子材料与纳电子器件、宽禁带半导体材料与器件、微纳生物芯片等。学院建有微电子实验室和 VLSI 设计教育开发实验室，建立了系统集成芯片设计及实验平台、数模混合 / 射频集成电路设计和测试平台以及集成电路工艺、电子材料与器件实验平台。

华中科技大学

华中科技大学于 1960 年创办半导体相关专业，包括了半导体元件与材料、无线电器件等专业。其研究方向包括：存储器、传感器、光电芯片、微波器件、敏感陶瓷、显示器、化合物半导体、微系统等。微电子学与固体电子学学科被评为国家重点学科。

福州大学

福州大学微电子学院前身为微电子学专业，于 1970 年开始招生，为福建省培养出第一批微电子学专业人才。学院依托福建省集成电路设计中心，建立起集教学、研发与产业化功能于一体的全国仅有 20 所的国家集成电路人才培养基地之一。福州大学微电子学院已经成为国家培养高水平微电子人才的重要基地，是福建省和福州市大力支持和发展的重点学科。

合肥工业大学

合肥工业大学微电子学院前身应用物理系始建于 1980 年，包括半导体物理与器件、激光等专业，是国内高校中成立应用物理系较早的院校之一。其微电子学与固体电子学为安徽省重点学科。学院设置的本科专业有电子科学与技术、微电子科学与工程、集成电路设计与集成系统，其中电子科学与技术、集成电路设计与集成系统为国家级一流本科专业，微电子科学与工程为安徽省一流本科专业。学院现有教育部集成电路设计网上合作研究中心、安徽省 MEMS（微机电系统）工程技术研究中心、安徽省专用系统芯片集成技术工程研究中心等 3 个省部级科研平台。学院的优势科研方向为：IC（集成电路）设计、先进测试与可靠性设计、半导体光电子器件与集成技术、MEMS、敏感材料与传感器、电磁场与微波器件、纳米电路设计等。

南京邮电大学

南京邮电大学于 1971 年创办半导体器件专业，电子科学与技术一级学科入选国家世界一流学科建设学科，2020 年微电子科学与工程专业获批江苏高校唯一国家级一流本科专业建设点，2021 年获批国家首批集成电路科学与工程一级学科博士学位点。学院在通信集成电路与先进封测、宽禁带半导体与功率集成、微纳电子器件与微纳系统等学科方面开展新一代射频与功率器件、电路自动化设计技术、后摩尔时代关键器件与芯片等特色研究；拥有射频集成与微组装技术国家地方联合工程实验室、江苏省先进封测工程实验室等科研平台。

3.4 自动化类专业

专业简介

顾名思义，自动化就是在一个给定的条件下，让系统按照指定的方式自动运行，把人解放出来。自动化专业就是通过传感器技术、电子技术、自动控制理论、信号处理、计算机、网络与通信等各种技术来设计自动化系统，进行自动控制。

例如，电网的自动控制，不同时间段的电网负载有变化，有时候还会遇到某条线路短路、断路等突发事件，这都需要电网根据情况实时分配电力的输出。

自动化广泛应用于各行各业。除了上面所说的，还应用于自动驾驶、城市交通运输系统、大型钢铁企业、大型化工企业、农业、能源、经济、金融，等等。

自动化专业也是由应用发展起来的。不少专业都要研究自动控制，研究多了之后，这些自动控制就脱离了原专业，独立成一个一级学科。

不过自动化专业算是中国独有的专业，欧美国家没有这个专业，而是被包括在电子信息（EE）专业里面。这个专业的诞生是钱学森先生的贡献，钱学森被称为"中国自动化之父"，他写的《工业控制论》是自动控制领域的一本经典著作。

自动化专业同计算机、电子信息类专业一起被称为弱电专业，但所学比较杂，经常被称为"万金油"专业。

自动化专业由于适应面很广，而且也很容易转向计算机或电子信息专业，尤其很容易跨到人工智能方向，就业不错，因此也受到学生和家长的关注。

学科评估

自动化专业的一级学科是控制科学与工程，其第四轮学科评估结果见表3-4。

▼ 表3-4 | 控制科学与工程评估结果

评估结果	学校名称
A+	清华大学、哈尔滨工业大学、浙江大学
A	北京航空航天大学、北京理工大学、东北大学、上海交通大学、国防科技大学
A-	哈尔滨工程大学、东南大学、山东大学、华中科技大学、中南大学、西安交通大学、广东工业大学、火箭军工程大学
B+	北京工业大学、北京科技大学、北京化工大学、天津大学、大连理工大学、同济大学、华东理工大学、南京航空航天大学、南京理工大学、江南大学、杭州电子科技大学、中国科学技术大学、华南理工大学、西北工业大学、西安理工大学、西安电子科技大学
B	南开大学、华北电力大学、吉林大学、燕山大学、东华大学、上海大学、江苏大学、浙江工业大学、山东科技大学、武汉科技大学、湖南大学、重庆大学、电子科技大学、海军工程大学、海军航空大学（原海军航空工程学院）、空军工程大学
B-	北京交通大学、北京邮电大学、河北工业大学、大连海事大学、中国矿业大学、中国计量大学、合肥工业大学、厦门大学、华东交通大学、河南科技大学、武汉大学、西南交通大学、重庆邮电大学、兰州理工大学、中国石油大学、解放军信息工程大学
C+	北方工业大学、天津工业大学、中国民航大学、天津理工大学、山西大学、辽宁石油化工大学、辽宁工业大学、东北电力大学、哈尔滨理工大学、上海理工大学、南京工业大学、南京邮电大学、安徽大学、安徽工程大学、郑州大学、中国地质大学、武汉理工大学、西南科技大学
C	北京建筑大学、辽宁科技大学、大连工业大学、渤海大学、长春工业大学、南京大学、江苏科技大学、河海大学、青岛科技大学、济南大学、曲阜师范大学、河南理工大学、四川大学、西安工程大学、青岛大学
C-	北京工商大学、天津职业技术师范大学、太原科技大学、太原理工大学、沈阳航空航天大学、沈阳化工大学、长春理工大学、黑龙江大学、南通大学、浙江理工大学、中国海洋大学、山东建筑大学、湖南科技大学、深圳大学、昆明理工大学、西安工业大学、陕西科技大学、北京信息科技大学

下面对第四轮学科评估进行简单说明，全国具有"博士授权"的高校共 67 所，其中 64 所参评了第四轮学科评估；部分具有"硕士授权"的高校也有参评；参评高校共计 162 所。在评估表上的，即便是 C−，其实也是不错的。因为如果这所高校的这个学科有博士点，就说明这个学科的水平被认可了。如果只有硕士点去参评，说明这肯定是实力不弱的硕士点。

该专业最强的是理工类的"985 大学"。自动化是一个比较传统的专业，也是热门专业。"985 大学"的录取分数线高，不完全是由于"985 大学"的名头，还因为它的一些热门专业的教学科研水平不错。我们可以看到一些小众专业，有一些"双非"学校的学科评估排在前列。但对于这些热门的专业，"985 大学"的水平普遍不差。

其次，航空航天、航海类以及国防军工大学、原电力工业部、原邮电部、原电子工业部、原机械工业部下属院校、化工类院校、矿冶类及交通运输类院校等的自动化类专业都不错。前文提到，自动化专业脱胎于其他专业，上面这些院校对应的行业对自动化要求很高，所以这些学校的自动化类专业都不错。

控制科学与工程学科入选"双一流"的高校一共 9 所：上海交通大学、浙江大学、哈尔滨工业大学、西安交通大学、东北大学、东南大学、北京航空航天大学、北京理工大学、南京航空航天大学。加上清华大学，一共有 10 所高校。这 10 所大学的自动化专业可以说代表了我国院校的最高水平，本篇就不一一介绍了。

下面我挑几所大学重点介绍一下，这些大学有的非常受关注，有的则不太为人所熟知；有的独具特色，有的具明显优势。

特色学校介绍

哈尔滨工业大学

自动化是哈尔滨工业大学的王牌学科之一。自动化专业属于哈尔滨工业大学的航天学院。哈工大是航天强校，航天学院是哈工大最王牌的学院，可见自动化专业在哈工大的地位。哈工大的自动化专业分两个方向，一个是探测制导和控制技术，这个是国防重点专业，为航天、宇航和国防工业培养人才；另一个是自动化。这两个方向的培养方案几乎一模一样，只是第一个方向要求学习导航制导和控制相关的课程，第二个就比较宽泛，可选择的课程比较多。哈工大自动化专业的学生基本在航空航天、国防相关的领域就业。

东北大学

虽然东北大学的录取分数线在"985 大学"里排后面，但我经常给学生推荐东北大学，我认为这是具明显优势的一所大学。它的自动化、计算类类王牌专业都是热门专业。

东北大学是国内首批创办了工业电气化自动化专业、首批获得自动化博士点的院校之一。在前三次的学科评估中，东北大学的自动化一次获得第一，两次获得第二。东北大学自动化最强的方向是复杂工业系统智能建模方法。

特别之处在于，自动化是东北大学的强基招生专业，这是全国唯一一所。强基计划相当于多给学生一次机会，而且是本硕博贯通培养，师资好，国家重视。总之，该专业很有优势。

东南大学

东南大学是一所很低调的大学，它最著名的专业是建筑学、土木、生物医学工程等，电子信息和自动控制也不错。它的自动控制专业在 1962 年创建，钱钟书的堂弟即我国著名的控制专家钱钟韩院士曾任东南大学的校长，也曾任东南大学自动化所所长。东南大学设有一个复杂工程系统测量与控制教育部重点实验室。

山东大学

一般人认为山东大学是一所文理型院校，哲学、数学等专业比较好，其实山东大学部分工科专业也很不错。山东大学曾经合并过山东工业大学，这是一所很强的工科院校。它是最早开设自动化专业的大学之一，研究方向主要有：复杂系统控制理论、智能机器人与智能系统、新能源系统优化与控制、智能感知与通信、生物医学与智能医学工程等。

哈尔滨工程大学

这是我在自动化专业里面推荐的第三所东北地区的大学了。它的前身是传奇军校中国人民解放军军事工程学院（哈军工）的海军工程系。其智能科学与工程学院的前身为"哈军工"海军工程系海道测量与领航设备教研室和舰船电气设备教研室，自动化专业是目前国内导航与控制领域最具"船海"特色的自动化，是首批国防重点学科，也是哈工程的王牌学科之一。其自动化面向船舶和海洋，我国海军装备的不少重要导航系统都是由哈工程研发而成。哈工程学风严谨，升学率高，是一所很有优势的大学。

南京航空航天大学

自动化专业是航空航天类大学最关键的专业之一。南京航空航天大学是"211大学"，在第一轮"双一流"评选中，南航只入选了力学专业，这个专业稍微小众了一些。在新一轮"双一流"评选中，入选了控制科学与工程以及航空宇航科学专业。南航的控制科学与工程是一个热门专业，十分吸引学生，也会有力促进学校的发展。

广东工业大学

广东工业大学生动地阐述了产业和教育之间的相互影响关系。珠三角地区是我国 IT

产业的制造和研发中心，广东工业大学的物联网、自动化是其最王牌的专业。在控制领域，广东工业大学搭建了高水平的教授团队，参与建设了很多各级工程中心和实验室。自动化学院现有国家智能制造试点示范基地1个，国家"高等学校学科创新引智计划"（简称"111计划"）1个，还有教育部重点实验室智能检测与制造物联实验室、教育部国际合作联合室（物联网智能信息处理与系统集成实验室）、国家软件与集成电路公共服务平台物联网广东平台、智能制造信息物理融合系统集成技术国家地方联合工程研究中心，以及国家级工程实践教育中心2个，国家级实验教学示范中心1个，粤港澳联合实验室1个（粤港澳离散制造智能化联合实验室），等等。

江南大学

江南大学以食品、轻工和设计专业闻名，其实它的控制学科也不错，江南大学是国内最早开设物联网学院的大学之一，控制学科是它除前面3类学科外最强的学科。江南大学物联网工程学院拥有："轻工过程先进控制"教育部重点实验室、"物联网技术应用"教育部工程研究中心、江苏省工业互联网智能优化制造工程研究中心、物联网工程应用研究平台（教育部科技发展中心首批建设单位）等。

杭州电子科技大学

杭电是原电子工业部下属的院校，又处在互联网非常发达的杭州市，所以大家都知道它的会计、电子信息类、计算机类专业很好，其实它的自动化专业也不错。一般来说，电子信息类、计算机强的高校自动化专业都不会太差，因为这些学科基本相通，在国外这些专业都属于同一个学院。

浙江工业大学

浙江工业大学的前身是浙江化工学院。化工类学校对自动控制类学科也非常重视，浙江工业大学在1977年开设了相关专业，是浙江省属院校里第一个获批相关博士点的学校。

西安理工大学

西安理工虽然是一所"双非"大学，但实力不弱。它的前身是北京机械学院和陕西工业大学。北京机械学院曾隶属于原机械工业部，在"京校外迁"运动中迁到陕西。西安理工大学于1981年首批获得了硕士和博士学位授予权，学科水平非常高。如上述所说，机械类自动化专业都不错，自动化是西安理工最王牌的专业之一。其研究方向为复杂工业过程建模与控制、系统优化调度、控制与仿真、模式识别与智能信息处理等。

山东科技大学

山东科技大学的前身是山东矿业大学，矿业类的学校也非常重视自动化，因为采矿、冶炼都需要自动化。因此自动控制是山东科技大学最好的学科之一，其主要研究方向是：安全监测监控与智能控制、机器人和智能制造。在山东省属高校里，如果要读理工类专业，山东科技大学是非常不错的一个选择。

华东交通大学

华东交通大学原隶属于铁道部，交通运输和自动控制是其王牌专业。学校获得的第一个硕士点就是铁道牵引电气化与自动化，学校获得的第一批博士点是：控制科学与工程、交通运输工程，这两个学科也是江西省的一流学科。

辽宁工业大学

辽宁工业大学校址在锦州。其自动化专业于 1978 年在电气工程学院，入选辽宁省一流学科名单。辽宁工业大学在第四轮学科评估中参评了 2 项，控制科学与工程的结果为 C+。

安徽工程大学

安徽工程大学校址在芜湖，原名为安徽机电学院。自动控制科学与工程学科是安徽工程大学在第四轮学科评估中唯一一个参评的学科，入选了国家一流学科名单。

专业辨析

在大学本科专业目录里，自动化类专业包含以下这些专业。

自动化

轨道交通信号与控制

机器人工程

邮政工程

核电技术与控制工程

智能装备与系统

工业智能

智能工程与创意设计

其中，自动化专业是开设最多的专业，其他专业都是特设专业。

轨道交通信号与控制主要研究的是轨道交通中的控制问题，北京交通大学开设了此专业，主要学习列车运行控制、车辆信号自动控制、铁路调度指挥系统等。

机器人工程专业开设的学校比较多，主要是研究工业机器人的结构、设计和应用等方面的技术，这也是现在的研究热点，跟人工智能的关系非常紧密。

邮政工程专业主要是原邮电部下属的学校开设的，主要是研究邮政物流行业软件系统设计、自动化设备研发等技术。

上海电力大学开设了核电技术与控制工程专业，研究核电中的仪表和控制等问题。

智能装备与系统、工业智能是 2019 年新增的专业，新工科专业。哈尔滨工业大学、北京交通大学等高校开设了智能装备与系统专业，将来开设的学校估计还会增加。这个专业关注的是控制技术与人工智能的融合，智能装备一体化是自动化发展的一个重要方向。

东北大学开设了工业智能专业，这个专业主要研究人工智能在工业界的应用。

截至 2023 年，"985 大学"中只有清华大学开设了智能工程与创意设计这个专业，这个专业是人工智能与工业设计的交叉融合。

3.5 电气类专业

专业简介

现代工业和现代社会是建立在电力基础上的，电是我们整个社会运转的能源之火。所以，社会需要大量的对电进行研究，以及对电网研发、使用和维护的人才。

电气工程及其自动化就是研究电能、电气设备和电气技术的一门科学。主要内容包括：发电，产生电能；变电，通过变电站把电压升高；输电和售电；电的储存；电机、变压器的设计，以及各种电器的设计和控制等。

大家可能会对专业名称中的"自动化"感到比较奇怪。自动化一开始不是独立产生的，而是在电气、化工等大型工业系统中产生的，对这些设备和系统进行自动控制。对于主要为发电厂、电网等企业培养人才的"电气工程"专业来说，一定要学习"自动化"的相关内容。

电气工程专业就业面比较宽，任何涉及电力的部门都需要相关人才。另外，电气工程专业最对口的就业单位如国家电网等公司这些年发展得非常好，中国的电网技术是当之无愧的世界最先进水平，国家电网有限公司在世界 500 强企业里位居前三名，所以吸引了不少学生和家长报考电气工程专业。

学科评估

电气类专业对应的一级学科为电气工程，其第四轮学科评估结果见表 3–5。

▼ 表3-5 | 电气工程评估结果

评估结果	学校名称
A+	清华大学、西安交通大学
A	华北电力大学、华中科技大学
A-	哈尔滨工业大学、浙江大学、重庆大学、海军工程大学
B+	天津大学、沈阳工业大学、上海交通大学、东南大学、南京航空航天大学、山东大学、湖南大学、西南交通大学
B	北京交通大学、河北工业大学、东北电力大学、哈尔滨理工大学、中国矿业大学、合肥工业大学、武汉大学、华南理工大学、西北工业大学
B-	太原理工大学、大连理工大学、上海电力大学、河海大学、福州大学、长沙理工大学、四川大学、三峡大学
C+	北京航空航天大学、东北大学、燕山大学、同济大学、上海海事大学、上海大学、江苏大学、广西大学、西安理工大学、新疆大学
C	辽宁工程技术大学、南京理工大学、山东理工大学、郑州大学、郑州轻工业学院、中南大学、电子科技大学
C-	中国农业大学、天津理工大学、哈尔滨工程大学、黑龙江科技大学、上海理工大学、山东科技大学、河南理工大学、湖南工业大学

有电气工程一级学科授权的高校有40所,参评了39所,另外还有一些有硕士点的学校参评,一共有84所,列入表单的有58所高校。

另外,在第二轮"双一流"学科评选中,有8所学校的电气工程学科入选了"世界一流学科",包括:清华大学、西安交通大学、华中科技大学、浙江大学、重庆大学、华北电力大学、河北工业大学、湖南大学。

在2017年,第一轮学科评选中,也是8所学校的电气工程学科入选"世界一流学科",里面有上海交通大学,没有湖南大学。虽然上海交通大学第二轮没有入选,但它的电气工程学科还是非常强的。

特色学校介绍

在电力界,有个说法叫"二龙四虎"。其中,清华大学、西安交通大学、华中科技大学、浙江大学被称为"四虎"。华北电力大学和武汉大学被称为"二龙"。"二龙四虎"都是电力强校,看学科评估结果也是一目了然,这6所大学的评估结果都是A类。

"二龙",也就是华北电力大学和武汉大学,它们都是电力系统的行业大学。在大学历史上,我国不少大学曾经隶属于各部委。原电力工业部曾经有以下16所部属院校。

武汉水利电力大学(现武汉大学)

华北电力学院(现华北电力大学)

葛洲坝水电工程学院（现三峡大学）

长沙电力学院（现长沙理工大学）

上海电力学院（现上海电力大学）

东北电力学院（现东北电力大学）

北京水利电力经济管理学院（现华北电力大学）

沈阳电力高等专科学校（现沈阳工程学院）

南京电力高等专科学校（现南京工程学院）

长春水利电力高等专科学校（现长春工程学院）

太原电力高等专科学校（现山西大学）

北京电力高等专科学校（现北京交通大学）

重庆电力高等专科学校

山东电力高等专科学校

西安电力高等专科学校

郑州电力高等专科学校

如今这些院校大部分被合并了，现在一般认为的电力系统行业独立本科院校有 7 所，包括：华北电力大学、上海电力大学、东北电力大学、长沙理工大学、南京工程学院、三峡大学和沈阳工程学院。

在介绍其他学校之前，我先介绍一下这 7 所大学。电气类专业之所以热门，跟大家想去国家电网、发电集团等大型国企就业有关。这 7 所大学电气类专业的学生在应聘这些企业时会有明显优势。在每年国家电网招聘公示的学校中，这几所大学被聘用的学生数量都排在前面。

国家电网面对应届毕业生有 3 次招聘。第一次是提前批，就是校招。第二次和第三次是秋招和春招，学生在招聘网站上报名。校招一般只招研究生，跟秋招和春招相比，少了笔试。校招的学校包括"985 大学"和"211 大学"，以及曾隶属于原电力工业部的院校。这也是曾隶属于原电力工业部的院校录取分比同层次的其他学校分数高的主要原因之一。

例如，在 2023 年的第一次招聘也是最主要的秋季招聘中，国家电网招录学生排名前 17 名的学校分别如下。

上海电力大学，共 551 人

华北电力大学（北京），541 人

华北电力大学（保定），456 人

东北电力大学，455 人

西安交通大学，428 人

三峡大学，406 人

南京工程学院，404 人

沈阳工程学院，293 人

福州大学，252 人

四川电力职业技术学院，228 人

山东大学，210 人

重庆大学，195 人

天津大学，183 人

长沙理工大学，176 人

东南大学，172 人

武汉大学，171 人

湖南大学，164 人

华北电力大学

华北电力大学有两个校区，一个在北京、另一个在河北保定。华北电力学院的前身是北京电力学院，在"京校外迁"时迁到河北。后来，它在北京又建了一个校区，总校区在保定。2005 年，北京校区成为总校区。华北电力大学长期隶属于国家电力部门管理，后来划转教育部管理，同时，它由国家电网等 12 家特大型电力集团和中国电力企业联合会组成的理事会与教育部共建。这是所有大学里的独一份，所以相关专业学生毕业后大概率会去这些企业就业。

华北电力大学的王牌专业除了电气工程外，还有能源动力。不过，一般来说，电网更多需要的是电气工程人才，能源动力人才通常就业于火电厂。另外，这几年华北电力大学也开设了新能源方面的专业。

上海电力大学

上海电力大学在上海很受学生青睐，录取分数线比不少"211 大学"还要高，从就业来看，确实不错，去电网工作的人数也不少。不过上海电力大学只有 1 个电气工程一级学科博士点。

长沙理工大学

长沙理工大学由原长沙交通学院、长沙电力学院于 2003 年合并而成。长沙电力学院曾隶属于原电力工业部，它一开始为原电力工业部培养财经人才，所以工商管理专业设有一级学科博士点，不过电气工程也是有一级博士点的。长沙理工大学现在以工科为主，现有 8 个一级学科博士点。

三峡大学

三峡大学由原武汉水利电力大学（宜昌）和原湖北三峡学院合并而成。原武汉水利电力大学（宜昌）的前身是葛洲坝水电工程学院，曾经并入过原武汉水利电力大学，成为"211 大学"。但是后来在武汉的武汉水利电力大学跟武汉大学合并，宜昌校区"丢失"了"211 大学"的名头，成了三峡大学的一部分。三峡大学的水利、土木也是它的王牌专业，现在有 4 个一级学科博士点。

东北电力大学

东北电力大学位于吉林省吉林市，它是我国创建的第一所电力工科学校，1958 年定名为吉林电力学院，现在是吉林省重点大学。东北电力大学现在有电气工程、动力工程及工程热物理（本科专业即为能源动力）和控制科学与工程 3 个博士学位授权一级学科。

南京工程学院

南京工程学院于 2000 年由南京机械高等专科学校与南京电力高等专科学校合并而成，南京工程学院在 2021 年刚获得硕士授予权，不过由于就业前景不错，录取分数线并不低。

沈阳工程学院

沈阳工程学院于 2003 年由原沈阳电力高等专科学校与辽宁商务职业学院合并组建而成，在电气工程领域有工程硕士授予权。沈阳工程学院在这几所电力学校里录取分数相对低一些，不过在东北地区的电力系统认可度也是可以的。

下面再介绍一下其他学校。

在电气工程方面，一共有 6 个国家重点实验室，分别在：清华大学、西安交通大学、华中科技大学、华北电力大学、重庆大学和河北工业大学。

清华大学

清华大学的各个工科专业都很强，其中电气工程专业还是值得讲一下。第一，电机系在清华大学里面地位很高，主要因为它是很多专业的母系，例如电子工程系、自动化系、计算机系、热能系和生物医学工程系等都是从电机系里面分出来的。第二，电机系是清华建校初期的 3 个工科专业之一，从一开始就在国内名声很大，到现在一直是国内最强的院校之一，培养了很多人才，现有电力系统及大型发电设备安全控制和仿真国家重点实验室。

西安交通大学

西交大是理工强校，很多专业都很强，如果要说最强的专业，肯定包括电气工程。原国立交通大学是我国最早创建电气类专业的学校之一，西交大有一个电力设备电气绝缘国家重点实验室，其在高压绝缘这一领域是国内最强。

重庆大学

重庆大学是"建筑老八校"之一，建筑类专业很强，但电气工程可能是重庆大学的王牌专业，也是重庆大学历史悠久的专业之一，有 1 个输配电装备及系统安全与新技术国家重点实验室。

湖南大学

湖南大学曾隶属于原机械工业部，其机械学科很好，电气工程也非常不错，建有国家电能变换与控制工程技术研究中心、电力驱动与伺服技术国防重点学科实验室、教育部输变电新技术工程研究中心等国家级科研平台。

河北工业大学

河北工业大学是河北省唯一一所"211 大学"，不过校区在天津。电气工程是河北工业大学历史悠久、实力强的学科之一，也是河北工业大学唯一的一个"双一流"学科。拥有一个省部共建电工装备可靠性与智能化国家重点实验室。

西南交通大学

西南交通大学的前身是唐山铁道学院，著名的"唐院"，曾被称为"东方康奈尔"。它原先隶属于铁道部，最强的是交通运输专业，电气工程也是它的王牌专业。在铁路上，轨道交通的电气化和通信非常重要。北京交通大学的强项是电子信息专业，而西南交通大学的强项是电气工程专业。西南交通大学的电力系统及其自动化是国家重点学科，电力电子与电力传动是国家重点（培育）学科。

沈阳工业大学

沈阳工业大学原名为沈阳机电学院，电气工程是学校获得的第一个博士后流动站，电机与电气学科是国家二级重点学科，学校里还出了相关专业的院士。在相同层次的学校里，沈阳工业大学的电气工程专业极为耀眼，非常值得报考。

哈尔滨理工大学

哈尔滨理工大学由哈尔滨科学技术大学、哈尔滨电工学院和哈尔滨工业高等专科学校合并而成，其中哈尔滨电工学院曾被称为电线电缆行业的"黄埔军校"，哈尔滨理工大学的高压绝缘、绝缘电缆技术在全国名列前茅。

专业辨析

前面我们聊了电气工程及其自动化，这是电气类专业里面学生最多、开设学校最多的一个专业，除此之外，还有其他专业也属于电气类。

根据 2022 年最新版的大学专业目录，电气类一共有 9 个专业。其中，能源互联网工程设立于 2020 年，智慧能源工程设立于 2021 年，电动载运工程设立于 2022 年，见表 3-6。

▼ 表 3-6｜电气类专业

080601	电气工程及其自动化
080602T	智能电网信息工程
080603T	光源与照明
080604T	电气工程与智能控制
080605T	电机电器智能化
080606T	电缆工程
080607T	能源互联网工程
080608TK	智慧能源工程
080609T	电动载运工程

智能电网信息工程，这是 2010 年新开设的专业。顾名思义，就是电网 + 智能信息，电网供电更智能化，能智能接入，用电设备启动，精准供电，也能远程查看用户的用电数，或者远程启动家用电器等。有了物联网的概念，大家应该很好理解。首批开设这个专业的是华北电力大学和南京邮电大学。

光源与照明是个有趣的专业，其培养方案跟电气类其他专业有很大的不同，课程设置跟光电子和微电子专业的课程更为接近，也就是说物理的内容偏多。很多学校的光源与照明专业基本和光电信息，甚至是信息工程等专业放一起，很少跟电气类专业放一起。

电气工程与智能控制是 2012 年新开的特设专业，属于应用型本科专业。电气工程与智能控制的专业跟电气工程及其自动化非常类似，最大的区别就是电气工程与智能控制更重视弱电，智能控制方面的内容也加强了。

电机电器智能化专业，我们先看电机与电器。电机与电器主要是电机与电器的设计、制造、控制等相关内容，现在再加上智能化，就是智能化的电机电器的使用。电机电器智能化专业在上海电机学院等学校开设，属于特设专业。

电缆工程也是特设专业，是河南工学院第一个开设的，也是它的王牌专业。我国是电缆生产第一大国，所以河南工学院这个专业的就业前景非常好。

能源互联网工程是 2020 年新开设的专业，是现在的发展热点。它涵盖的内容很多，包括传统的发电，也包括新能源，即太阳能、风能、水能等，也包括输配电的智能电网、智能储能、智能家居、智能建筑，甚至还包括电力交易，等等。新开设此专业的学校有上海电力大学。

智慧能源工程是 2021 年上海交通大学新开设的专业，是一个交叉学科，能源和信息类课程为其主干课程，包括电气工程、动力与能源工程、控制、计算机、材料等学科领域的内容。将信息化技术、电气工程、能源系统融合来降低碳排放、创建零碳能源系统。

电动载运工程是东南大学首先开设的，在 2022 年进入本科专业目录。这也是一个交叉学科，融合了电气工程、新能源、载运工具、人工智能、信息通信、网络安全等学科跨领域知识，目的是为将来"空天海地"载运系统的全电化、网联化和智能化培养人才。

3.6 生物医学工程类专业

专业简介

大家对医院最直观的印象是什么？

消毒水味、白大衣、打针、吃药，还有各种检查？多数时候，去看病时医生都会让患者做一些检查，例如，X 光、螺旋 CT、超声波、核磁共振……

大家也许会好奇，这些设计、生产和维修医疗仪器的人是什么专业毕业的？他们当然可以是电子类专业的毕业生，如果要说专业极为对口的，那就是生物医学工程专业。

看到这里，大家会不会很惊讶？生物医学工程竟然不是生物专业，也不是热门的医学专业，虽然这个专业一般都在医学院里。它竟然是一个工科专业，而且跟电子信息类专业非常接近。

生物医学工程是一个交叉学科，包括了理、工、医、生物等各方面的知识。只要是交叉学科，内容就很庞杂，方向也很多，一般有以下几个方向。

机械方向有生物力学、医疗机器人。

电子方向有各种电路、电子信息知识，各种电子医疗器械设计，大部分医疗器械都属于这种。

光学方向有激光或生物光子学。医用激光在整形整容中用得非常多，最简单的是祛痣、祛斑。

计算机方向在电子设备中都需要，像 CT 的全称就是"电子计算机断层扫描仪器"。

控制方向。控制是各行各业都需要的，在医疗系统，用仪器做检测或做手术都需要有系统辨识和控制。

材料方向有生物材料专业，现在非常受欢迎。

现在风口上的人工智能、AlphaGo（阿尔法围棋）、仿生眼、人工假肢，这个专业都有所涉猎。另外，当下很多人喜欢研究比较的各种机械键盘的力度、手机形状等也属于生物医学工程。

清华大学生物医学工程专业的课程包括：人体解剖与生理学、信息与生命、生物医学检测原理与传感技术、生物医学电子学、医学影像、医学图像、神经科学及神经工程基础、系统与计算神经科学、神经建模与数据分析、生物医学材料基础、组织工程学原理、生物芯片技术及其应用等。

我们从这样的课程设置中可以看出，生物医学工程专业的课程确实跨了信息、生物、医学、材料等多个学科。不过，交叉学科一般有几个弊端，第一是课程太多、太杂，学习过程中不容易聚焦；第二是各个学校虽然都使用同一个专业名称，但方向可能相差甚远。

最重要的是，原先我国缺乏优秀的医疗器械公司。不过，这几年情况有了很大的变化，可以说发展日新月异。原先生物医学工程专业的课程跟电子信息类的比较接近，很多人转行，但随着时间推移，我相信生物医学工程类专业的前景会越来越好。

饶毅教授说，21 世纪，生物专业毕业生会比较欢乐。我感觉，生物医学工程专业毕业生也会比较快乐。

学科评估

生物医学工程类专业的第四轮一级学科评估结果见表 3-7。

▼ 表 3-7 | 生物医学工程评估结果

评估结果	学校名称
A+	东南大学、华中科技大学
A	上海交通大学
A-	清华大学、北京航空航天大学、浙江大学、四川大学
B+	北京大学、天津大学、复旦大学、华南理工大学、重庆大学、电子科技大学、西安交通大学

续表

评估结果	学校名称
B	北京工业大学、北京理工大学、哈尔滨工业大学、上海理工大学、深圳大学、南方医科大学、空军军医大学（第四军医大学）
B-	首都医科大学、大连理工大学、东北大学、哈尔滨医科大学、同济大学、中国科学技术大学、中山大学、暨南大学
C+	天津医科大学、南京大学、温州医科大学、山东大学、西北工业大学、西安电子科技大学
C	太原理工大学、苏州大学、厦门大学、武汉大学、西南交通大学、湖南工业大学、国防科技大学
C-	北京邮电大学、河北工业大学、吉林大学、长春理工大学、哈尔滨工程大学、东华大学、南京航空航天大学

全国有生物医学工程一级学科博士授权的高校共 35 所，其中 32 所参评了第四轮学科评估，加上部分有硕士授权的高校，一共有 70 所。本表中列入了 49 所。

在第二轮"双一流"评选中，入选了北京协和医学院和东南大学，加上清华大学，一共有 3 所。

从评估结果来看，生物医学工程类的强校主要是两类校，一类是电子信息类的强校，另一类是医学院，但目前来看，单以生物医学工程类而言，医学院总体上排在电子信息类强校后面。

特色院校介绍

这些电子信息类强校在之前基本介绍过了，本篇主要介绍一下各学校的方向，因为生物医学工程专业是个跨多学科的专业，方向比较多。

东南大学

东南大学在 1984 年由韦钰院士创建生物医学工程及仪器系，现为生物科学与医学工程学院。1993 年被批准建立全国第一个"生物电子学"博士点；2002 年生物医学工程成为国家重点学科，入选国家"双一流"学科。在多轮生物医学工程学科全国评估中排名第一。学院目前有生物医学工程、生物信息学、脑与学习科学、智能医学工程 4 个系；开设生物医学工程、生物信息学、智能医学工程 3 个本科专业，及生物医学工程本硕连读专业。学院目前拥有生物电子学国家重点实验室、"器官芯片"学科创新国家引智基地（111）、儿童发展与学习科学教育部重点实验室、江苏省生物材料与器件重点实验室等科研基地。

华中科技大学

华中科技大学的生物医学工程系在生命科学与技术学院，生物医学工程是国家级重点学科。这个学院除了生物医学工程系之外，还有生物科学系、生物技术系、生物信息与系统生物学系、纳米医药与生物制药系。学院有武汉光电国家研究中心生物医学光子学研究部、国家纳米药物工程技术研究中心、分子生物物理教育部重点实验室、国家医疗器械监管科学研究基地等。华中科技大学的医学电子方向比较强。

清华大学

清华大学的生物医学工程系设在医学院，但跟电子信息类一起招生。清华大学的主要方向有：医疗仪器、微纳医学、医学建模与影像、神经工程与生物芯片等。

上海交通大学

上海交通大学生物医学工程学科历史可追溯至 1979 年创办的生物医学仪器专业，是国内最早创办的生物医学工程专业之一，在历次学科评估中名列前三。主要的研究方向是：医学仪器与智慧诊疗、分子与纳米医学。

北京航空航天大学

北航的生物医学工程专业在生物与医学工程学院，除了生物医学工程学科外，还有基础医学和特种医学。其科研方向是：新型医疗器械、航空航天医学工程等。

四川大学

四川大学生物医学工程学院是国际生物材料科学与工程联合会主席单位、中国生物材料学会首任理事长和学会挂靠单位、教育部生物医学工程教学指导委员会副主任单位。生物医学工程是国家重点一级学科，有生物医学材料、医学信息与仪器、医疗器械监管科学 3 个系。其科研特色是；生物材料、植入器械。提出和建立了"组织诱导性生物材料"新理论，宣告再生医学中骨诱导材料的到来；经导管微创介入人工生物心脏瓣膜、抗凝血液透析膜和透析机等先进植介入器械和人工器官实现大规模临床应用，等等。

浙江大学

浙江大学是我国最早建立生物医学工程学科、最早获得硕士授予权和博士授予权的学校，建有生物传感技术国家专业实验室、生物医学工程教育部重点实验室、浙江省心脑血管检测技术与药效评价重点实验室等科研平台。

北京大学

北大生物医学工程系是跨学部的系，由医学院和工学院共建，但是现在其行政关系在未来技术学院。可见，在北京大学，生物医学工程专业是一个融合医学、理学、工学等多学科的专业。北京大学生物医学工程学科创建于 2003 年，于 2011 年经国务院学位办批准设立生物医学工程一级学科博士点。生物医学工程系的主要研究方向为：生物材料和再生医学、医学仪器和医学成像技术、精准医学和健康生物信息学。

复旦大学

复旦大学跟北京大学有些类似，医学、理科都很强。复旦生物医学工程研究始于1972 年，方祖祥教授 1972 年开始心脏起搏器研制，王威琪院士 1975 年开始电磁血液流量计研制，赵梓光教授 1976 年研制了 20 阵元 B 超、王威琪院士研制了 60 阵元 B 超。不过其开展本科、硕士和博士培养的时间比较晚，2001 年起恢复招收生物医学工程本科生。生物医学工程是复旦"双一流"建设学科"生物医学工程与精准医疗技术"、专用集成电路与系统国家重点实验室的组成部分。主要研究方向包括：医学影像与人工智能、医学信号处理与智慧医疗超声、电生理智能诊疗方法和系统、传感系统与智慧医疗。

天津大学

天津大学生物医学工程专业创建于 1978 年，是国内首批建立该专业的 4 所大学之一，并入选首批国家级一流本科专业建设点。天津大学的生物医学工程学科在医学部的医学工程与转化医学研究院。主要研究方向为：神经科学与工程、临床医学与工程、康复医学与工程、智能医学工程、基础医学与转化医学、组织工程与再生医学、新型医学仪器等。尤其聚焦于包括神经传感与成像、神经接口与反馈、神经刺激与调控、神经仿生与智能、神经再生与修复等的神经工程基础机理与前沿技术，及其面向物理医学与康复工程、特种医学与人机工程等重大领域的工程应用研究。

华南理工大学

华南理工大学在 2004 年设立医学工程专业，2017 年成立生物医学科学与工程学院。学院重点发展前沿生物材料及高端医疗器械、纳米医学及影像医学、生物医药及干细胞治疗等方向。

西安交通大学

西安交通大学生物医学工程学科于 1978 年创建，是我国第一批创建该学科的高校之一，为国家重点学科。学院有生物医学工程和生物学 2 个一级学科，设有医学信息与智能工程、医学传感与分子诊断、医学超声与高端影像、生物分子与微纳技术、生物科学与技术 5 个研究平台，在生物医学超声与多模影像、线粒体生物医学、仿生与生物力学、生物光子学与传感、健康与康复科学、生命分析化学与仪器、生物医学信息与基因组学等重点方向开展研究。学院拥有生物医学信息工程教育部重点实验室、民政部神经功能信息与康复工程重点实验室、陕西省生物医学工程重点实验室等科研平台。

重庆大学

重庆大学也是把生物医学工程和生物学专业放在一个学院，有生物医学工程、生物工程、智能医学工程 3 个本科专业；生物医学工程为国家一级重点学科（2007）。重庆大学是国内生物力学及生物流变学的策源地及最大的人才培养基地之一。现有生物流变科学与技术教育部重点实验室、生物力学与组织修复工程学科国家"111 计划"创新引智基地、血管植入物开发国家地方联合工程实验室等科研平台。主要科研方向是：生物力学与组织修复、智能数字健康与装备、生物材料与医疗器械、分子与细胞医学工程。

电子科技大学

电子科技大学生命科学与技术学院的前身是原无线电系于 1982 年成立的生物电子学研究室，学院以神经信息、生物信息、遗传信息和医学信息为特色研究方向，构筑了从基因及分子细胞水平上开展动植物研究，从脑机制、脑成像（含 3T 科研专用磁共振系统）到脑模拟进行神经信息过程分析以及开展医学信息系统和医疗电子仪器研发的现代化研究平台。建有神经信息教育部重点实验室、神经信息科技部国际联合研究中心、"中 – 加 – 古"（CCC）脑科学合作平台、高场磁共振脑成像四川省重点实验室、中国 – 古巴神经科技转化前沿研究联合实验室。

南方医科大学

南方医科大学生物医学工程学科建设始于 1986 年，据官网介绍，是国内本科生培养规模最大的生物医学工程学科。学院开设有生物医学工程（医学影像工程、智能医学信息、智能医学仪器、医学物理师、生物医学材料等方向）本科专业与卓越创新班（本硕连续培养 30 人 / 年）。学科主要开展医学成像与分析、放射物理、医学仪器、医学信息、生物材料等方向的研究工作。

首都医科大学

首都医科大学生物医学工程学院前身是 1987 年成立的生物医学工程系，是全国最早开展生物医学工程专业教育的单位之一。学院目前设有生物力学与康复工程学学系、生物医学仪器学学系、生物医学信息学学系、临床工程学学系以及理学与生物医学工程学实验教学中心；学院现有生物医学工程、假肢矫形工程、听力与言语康复学 3 个本科专业，其中假肢矫形工程专业的开办填补了国内本科教育空白；优势学科有生物医学仪器学、生物力学，特色学科有临床工程学、康复工程学，重点学科有医学信息学。重点加大建设力度的研究方向是：医学图像处理、生物力学与康复工程学、医学信息学、神经工程与脑功能等。

专业辨析

生物医学工程类下分以下 4 个专业。

生物医学工程

假肢矫形工程

临床工程技术

康复工程

生物医学工程专业是开设最多的一个专业，其他 3 个都是特设专业。假肢矫形工程是 2003 年由首都医科大学第一个开设的专业，要求学生具备康复医学、机电技术与材料科学、假肢矫形器设计与制作相关的基本理论及技能，能在临床康复、假肢矫形工程领域从事设计与技术服务。

临床工程技术是上海健康医学院开设的一个专业，培养的学生能确保医疗仪器设备在临床使用中的有效性和安全性，主要从事医疗设备的临床应用、功能开发、技术管理、技术维护和技术培训等工作。

康复工程是上海理工大学开设的一个专业，康复医学与工程技术的交叉学科，通过研究机械、电子、计算机等综合工程技术，来预防、评估、增强、代偿或重建功能障碍者功能。

3.7 机械类专业

专业简介

机械工程是一门应用科学，主要是研究开发、设计、制造、安装、运营和维修各种机械的相关理论，并且要解决这些相关的问题。这里虽然讲的是机械，但机械跟材料、自动控制、电气等密切相关，所以在机械工程专业中这些内容也有所涉及。除了清华大学、上海交通大学、西安交通大学和东南大学等少数"985 大学"使用机械工程专业这个名称外，其他学校大多数用机械制造设计及其自动化这个专业名称，更关注设计和制造。

机械类包罗万象，根据研究的侧重点的不同，例如工艺、化工机械、车辆机械、新材料等，分出了其他的专业。这个我们在后面再仔细讨论。

我国是制造业大国，机械专业曾在很长一段时间内都是工科专业中招生数量最多的专业，开设机械专业的学校也最多。即使到现在，在工科领域里，机械专业仍是所有大学里开设第二多的专业，排第一的是计算机类专业。

学科评估

机械类专业的一级学科名称为机械工程，第四轮学科评估结果见表 3-8。

▼ 表 3-8 | 机械工程评估结果

评估结果	学校名称
A+	清华大学、哈尔滨工业大学、上海交通大学、华中科技大学
A	北京理工大学、天津大学、大连理工大学、浙江大学、西安交通大学
A-	北京航空航天大学、吉林大学、燕山大学、同济大学、南京航空航天大学、湖南大学、中南大学、华南理工大学、重庆大学、国防科技大学
B+	北京交通大学、北京工业大学、北京科技大学、太原理工大学、东北大学、上海大学、东南大学、南京理工大学、中国矿业大学、江苏大学、浙江工业大学、合肥工业大学、山东大学、武汉理工大学、西南交通大学、西北工业大学、西安电子科技大学、广东工业大学
B	中国农业大学、河北工业大学、太原科技大学、大连交通大学、沈阳建筑大学、长春理工大学、哈尔滨理工大学、哈尔滨工程大学、华东理工大学、上海理工大学、东华大学、浙江理工大学、福州大学、武汉大学、武汉科技大学、四川大学、电子科技大学、西南石油大学、西安理工大学、中国石油大学、解放军陆军工程大学
B-	北京化工大学、中北大学、沈阳工业大学、长春工业大学、厦门大学、华侨大学、南昌大学、山东科技大学、山东理工大学、河南科技大学、湖南科技大学、桂林电子科技大学、贵州大学、昆明理工大学、长安大学、兰州理工大学、兰州交通大学
C+	北京邮电大学、北京林业大学、天津工业大学、沈阳理工大学、辽宁工程技术大学、东北林业大学、江南大学、南京林业大学、杭州电子科技大学、青岛科技大学、青岛理工大学、河南理工大学、西安工业大学、西安建筑科技大学、西安科技大学、新疆大学、上海工程技术大学、重庆理工大学、火箭军工程大学
C	北方工业大学、天津科技大学、华北电力大学、石家庄铁道大学、沈阳航空航天大学、辽宁科技大学、东北石油大学、苏州大学、河海大学、南通大学、安徽工业大学、安徽理工大学、郑州大学、郑州轻工业学院、中国地质大学、武汉纺织大学、湖北工业大学、湘潭大学、长沙理工大学、广西大学、北京信息科技大学
C-	天津职业技术师范大学、华北理工大学、大连海事大学、上海海事大学、上海应用技术大学、江苏科技大学、南京工业大学、常州大学、济南大学、山东建筑大学、齐鲁工业大学、深圳大学、重庆交通大学、西华大学、陕西科技大学、青岛大学、广州大学

从参评的学校就能看出来，有机械专业的院校非常多。全国具有博士授权的高校共93 所，其中 89 所参评了第四轮学科评估。加上部分有硕士授权的高校，一共有 189 所。

在第二轮"双一流"学科评估中，共有 12 所大学的机械学科入选，包括：清华大学、哈尔滨工业大学、上海交通大学、华中科技大学、浙江大学、西安交通大学、东南大学、大连理工大学、湖南大学、重庆大学、西北工业大学、上海大学。

这里除了上海大学，其他都是理工类的"985 大学"。机械是一个非常传统的专业，因此传统的工科强校的机械专业都非常厉害，另外，原机械工业部下属的院校也很有实力。

在机械行业，有个说法是机械"五虎四小龙"。"五虎"分别指的是：清华大学、上海交通大学、华中科技大学、西安交通大学和哈尔滨工业大学；"四小龙"分别指的是：合肥工业大学、湖南大学、吉林工业大学（现已并入吉林大学）、燕山大学。"五虎"都是传统的工科强校，"四小龙"则是原机械工业部下属的 4 所重点大学。

特色学校介绍

清华大学

清华在工科方面都很强，机械也不例外，在机械领域创造了无数个国内第一，机械也是清华最早的 3 个工科专业之一。在机械方面，清华现有 4 名院士，有摩擦学国家重点实验室、先进成形制造教育部重点实验室、精密超精密制造装备及控制北京市重点实验室、生物制造与快速成形技术北京市重点实验室、高端装备创新设计制造国际合作联合实验室等各种科研平台。清华机械的研究方向主要是机械设计、制造工程和成形制造 3 个方向，总体来说，既有科学前沿，又有国家重大攻关项目。

哈尔滨工业大学

机械专业是哈工大历史最悠久的专业之一，在焊接方面实力很强，曾经发明了我国第一台弧焊机器人和第一台点焊机器人。现在有中国工程院院士 3 人，有 1 个机器人技术与系统国家重点实验室、1 个 863 机器人机构网点实验室、1 个宇航空间机构及控制技术国防重点学科实验室，等等。

上海交通大学

上海交通大学的机械专业也是上交大或确切地说原先国立交通大学（现上海交通大学加西安交通大学）历史悠久的学科之一，钱学森就是交大机械专业的毕业生。上交大在此领域有多位院士，有 10 多个国家和省部级科研平台，在航天、航空、汽车、核电、高端制造装备等有重大成果，在机器人与人工智能、智能制造与高端装备、智能网联汽车与无人驾驶、智慧能源与能源互联网等前沿方向进行研究。

西安交通大学

西交大跟上交大同宗同源，部分院士是由两校共同聘任的。西交大在机械专业有近 10 位院士，跟其他名校一样，既做国家重大项目，也做前沿科研。主要聚焦航空航天、机器人与智能系统、设计科学与基础部件、医工交叉、先进制造、精密工程、装备智能诊断与控制、新能源装备与质量工程等领域，重点是高端装备、智能制造等领域，其特色和优势是摩擦学与转子动力学、机械故障诊断、高速高精加工与装备、3D（三维）打印、MEMS 传感器、微纳制造及生物制造。西交大有机械制造系统工程国家重点实验室、快速制造国家工程研究中心、高端制造装备协同创新中心、装备运行安全保障与智能监控国家地方联合工程研究中心等数十个国家和省部级科研平台。

华中科技大学

华中科技大学于 1952 年创建，其机械系由原武汉大学、湖南大学、南昌大学、广西大学等相关海内外精英打造而成，机械学院是华科大规模大、实力雄厚的学院之一。研究方向主要是数字化和智能化设计与制造、机器人化智能制造、高端电子器件制造、高端仪器和医疗装备、扶增材制造、超精密加工、仿生／生物制造、共融机器人等，有智能制造装备与技术国家重点实验室等 8 个国家级的平台。

吉林大学

吉林大学的机械专业的前身是 1955 年的长春汽车拖拉机学院机械制造系。长春汽车拖拉机学院后改名为吉林工业大学，在 2000 年并入吉林大学。长春汽车拖拉机学院是配套中国一汽而建的，首任校长是一汽的厂长，它由原交通大学、原华中工学院和原山东工学院的相关专业组建而成，1955 年就在全国招收研究生，曾是原机械工业部下属院校。所以，吉林大学的车辆工程专业非常强。吉林大学的"机械与仿生工程学科群"是重点建设的学科群，有汽车仿真与控制国家重点实验室、工程仿生国家地方联合工程实验室、数控装备可靠性教育部重点实验室等 14 个部省级科技创新平台。

湖南大学

湖南大学的机械专业是湖南大学历史悠久的学科之一，不过在院系调整的时候，湖南大学机械专业的主力去了华中科技大学，留下了一个教研组，到了 1958 年再次招生。湖南大学也曾隶属于原机械工业部，所以机械工程学科为国家重点学科。现在湖南大学有汽车车身先进设计制造国家重点实验室、国家高效磨削工程技术研究中心等 2 个国家级科研基地，以及特种装备先进设计与仿真教育部重点实验室、汽车电子控制教育部工程技术研究中心等 10 多个国家级和省部级的科研平台。

合肥工业大学

合肥工业大学也曾隶属于原机械工业部，1945 年就设有机械专业，并且很早就有汽车专业，经常被人称为汽车界的"黄埔军校"。合肥工业大学跟其他大学相比，发展不算快，它作为原机械工业部下属的重点大学，比湖南大学更早进入重点大学行列，但在 2000 年才获得机械工程一级学科博士点，在 2005 年即"211 工程"的最后一年入选。合肥工业大学现在拥有汽车技术与装备国家地方联合工程研究中心、安徽省数字化设计与制造重点实验室、机械工业绿色设计与制造重点实验室、航空结构件成形制造与装备安徽省重点实验室等多个省部级重点实验室。合肥工大主要的科研方向为：智能机器人及成套装备、高档数控机床、新能源汽车与智能网联汽车、噪声源识别与控制、摩擦学及摩擦学设计、绿色制造与智能再制造、制造过程监测与控制、生物质低碳技术与装备等。

燕山大学

燕山大学也是原机械工业部下属的院校，1978 年被确定为全国重点院校。其机械工程学院源于哈尔滨工业大学重型机械系。在评选"211 大学"的时候，燕山大学忙着从齐齐哈尔搬到河北秦皇岛，错过了"211 大学"的评选。不过燕山大学的机械实力不弱，在第四轮学科评估中获得 A−，和湖南大学一个等级。现在燕山大学有国家冷轧板带装备及工艺工程技术研究中心、极端条件下机械结构和材料科学国防重点学科实验室等多个国家级和省部级的科研平台。

江苏大学

江苏大学的前身是镇江农机学院，也曾是原机械工业部直属的院校，1978 年成为全国重点大学，1981 年成为全国首批博士、硕士学位授予单位。江苏大学的强项是农用机械，车辆工程专业也很厉害。学校有高端装备关键结构健康管理（激光先进制造）国际联合研究中心，拥有光子制造科学与技术、农业装备再制造 2 个江苏省重点实验室、激光冲击波加工技术中国机械工业重点实验室等科研平台。

除了这 5 所原机械工业部下属的重点院校外，还有一些机械部的其他院校也可以关注一下。

河南科技大学

河南科技大学在洛阳，我国第一拖拉机厂就落户洛阳。河南科技大学的原名叫洛阳拖拉机制造学校，主要为第一拖拉机厂培养人才。河南科技大学的轴承专业很厉害。

兰州理工大学

在甘肃的高校里兰州理工大学非常好，它一开始主做重型机械。在机械专业方面，其最强的是流体机械、阀门等。

车辆工程专业学校介绍

在机械类专业里，还有一个很热门的专业：车辆工程。这个专业的学校跟机械工程的强校有些不同。

前面所说的清华大学、吉林大学、湖南大学、重庆大学、合肥工业大学、江苏大学等的车辆工程专业都很不错，另外还有一些学校值得关注。

同济大学

同济大学最初是由德国人创办的，同济大学跟德国的联系比较紧密，德国比较好的技术，同济大学也同样优越。德国的汽车专业好，同济大学的汽车专业也很不错。同济大学的汽车专业设立于 1988 年，虽然设立较晚，不过发展很快，主要关注新能源汽车。

北京理工大学

北京理工大学是"国防七校"之一，是国内第一家做坦克的高校，自然在车辆工程方面很具实力。在北京理工大学中，机械与车辆学院是最大的学院。北京理工大学的特色是坦克、特种车辆的传动技术、动力与推进，还有新能源汽车，等等。

西南交通大学

西南交通大学原先是铁道部的大学，前身是唐山铁道学院，以铁道为特色。它的车辆工程专业特色主要是轨道车、火车机车和城市轨道车。

长安大学

长安大学在陕西，原名西安公路交通大学，是亚洲第一所公路交通方面的大学。长安大学也是国内最早开设车辆工程专业的大学之一，车辆工程专业也是长安大学最好的专业之一。长安大学该专业主要的强项是商用车。

专业辨析

机械类专业是个大类，下面有 19 个专业。

机械工程

机械设计制造及其自动化

材料成型及控制工程

机械电子工程

工业设计

过程装备与控制工程

车辆工程

汽车服务工程

机械工艺技术

微机电系统工程

机电技术教育

汽车维修工程教育

智能制造工程

智能车辆工程

仿生科学与工程

新能源汽车工程

增材制造工程

智能交互设计

应急装备技术与工程

机械工程是最初的专业名称。每个大类的专业都是从最初的一个专业发展起来的，机械工程就是这样的专业。该专业研究和解决跟机械相关的全部理论和实际问题，包括机械设计、制造、安装、使用和维护等。现在除了少数"985 大学"，一般高校都不开设这个专业了。

机械设计制造及其自动化是现在学校开设数量最多的一个机械类专业，主要是研究机械和机电产品的设计、制造、运行控制等技术。这个专业加强了电子、自动化和计算机相关课程内容。

材料成型及控制工程是一个机械制造工艺相关的专业，跟铸造、焊接、锻压等有关。在材料类专业里面，有复合材料成型工程专业和焊接技术与工程专业。这些专业有一定的相通性。

过程装备与控制工程研究的是化工石油机械。化工、石油企业用的机械非常多和复杂，需要专门培养人才。要求学生掌握控制科学与工程、化工原理及化工工艺、仪器仪表和计算机等相关知识。

机械电子工程，主要培养机电一体化人才，与机电这类系统相关的学习内容会比较多。

智能制造工程则是更进一步，更向人工智能靠拢，电子信息类的东西学得更多。不过，是不是真的多需要看学校的课程及培养方案。有时候，学校不同，即便是相同的专业名称，课程也不太相同。

微机电系统工程，微机电系统（MEMS）跟集成电路、精密加工有很大的关系。对于这方面有两个培养和研究路径：一个是从集成电路专业开始研究；一个是从机械这头开始研究，二者殊途同归。

车辆工程是常见的机械类专业。机械类分支繁多，车辆曾经是机械产品的集大成者，技术含量高，能吸纳的就业人数也多，所以车辆工程成了机械大类里很热门的一个专业。该专业需要学习车辆的各个部件、外壳、底盘的设计、制造，以及汽车内涉及电子、信息相关的知识。

智能车辆工程是车辆工程专业的升级版。我们现在的汽车跟原先有很大的不同，智能化、电子化、互联网化，所以电子信息、控制、计算机等知识需要大大加强。所以，学生们在选择车辆工程专业的时候要注意，看看学校的课程，是传统的机械类课程居多，还是电子信息类课程居多。在新一代车辆的设计制造中，电子信息的部件要多于机械部分，机械部分变得少而且简单。因此，现在的车企，招电子信息、计算机类专业的人才反而比传统车辆工程、机械类专业招的人更多一些。

新能源汽车工程专业在 2018 年进入大学本科专业目录，重点是培养新能源汽车工程领域的专业人才。现在的新能源汽车都是智能车辆，因此，跟智能车辆工程的专业区别应该不会太大。

工业设计是机械、电子等专业跟设计专业的交叉，主要是机械和设计专业的交叉。我们设计一个产品，不单单是设计出外形，更重要的是这个设计能否符合产品的功能需求、可靠性要求、流通运输需求以及回收需求，所以搞设计的人也需要了解机械结构、机电结构等。在艺术类专业里有个产品设计专业，这两个专业有交叉、相似之处，不过工业设计是工学学位，产品设计是艺术学学位。

仿生科学与工程，这是一个比较新的专业，也是一个交叉学科，与生物医学工程的某些研究内容相同。

另外几个专业：汽车服务工程、机械工艺技术、微机电系统工程、机电技术教育、汽车维修工程教育则是偏向职业教育，在此不多作介绍。

增材制造工程、智能交互设计、应急装备技术与工程这 3 个专业是 2020 年新增的专业，都是特设专业。增材制造工程专业另一个名字是 3D 打印技术，时至 2023 年已有多所学校开设该专业。智能交互设计专业开设的院校有北京邮电大学等。应急装备技术与工程专业开设的学校有辽宁工业大学等。

3.8 航空航天类专业

专业简介

航空航天虽然放在一起谈，但二者不完全一样。

在介绍这些专业之前，先说一下航空和航天的区别。所谓"航空"，就是人类在地球大气层中的活动，所使用的飞行器一般有飞机、无人机、直升机、飞艇和气球等；所谓"航天"，就是人类出了地球大气层，到太空中去活动，所使用的是航天器及其运载火箭。航空和航天最大的区别是飞行高度不同，一般认为距离地球高度 100 千米之内为航空，距离地球高度 100 千米之外是航天。

飞机等航空器和航天器的制造要求不一样。对于飞机等航空器，要求的是安全、可靠，以及舒适、性价比高。对于航天器，因为很少载人，所以更重要的是推力大，这样能搭载的东西多，材料和性能要满足科研的要求和太空环境的要求。所以，虽然大家经常把航空和航天连一起说，这两者的区别还是比较大的。目前在我国，航天的水平要高于航空的水平。

除了航空航天的区别之外，还有狭义的航空航天专业和广义的航空航天类专业的区别。

狭义的就是教育部发布的大学本科专业目录，里面包括了 11 个航空航天类专业，主要是对航空航天器的原理和设计、结构和制造、发射、维护等方面进行研究，涉及的内容非常多，有力学、数学、材料、机械、电子电路和自动控制等交叉学科。

还有一种广义的航空航天类专业。学了此类专业后，也可以进入航空航天领域工作。这些专业的需求量或许比狭义的航空航天类专业的需求量还大。例如，航天科技集团招聘网站里面的专业需求如下。理科有物理学、数学；工科有力学、机械、材料、化工、能动、电气、仪器、测绘、信息与通信、电子科学与技术、集成电路、光学、计算机、软件工程、控制、人工智能、兵器科学、航空宇航，等等。

从数量上来看，电子信息类专业人才的需求量最大。

毋庸置疑，21 世纪，人类的征途就是"星辰大海"。2003 年我国神舟五号成功发射，中国航天员杨利伟进入太空，揭开了中国探索太空的新篇章。这些年从载人飞船、到空间站、探月工程（登月工程），以及对太阳系和太阳系以外的太空进行的探索活动如火如荼，也引起了很多学生和家长的兴趣，航空航天类报考热度持续在上升。

学科评估

航空航天类专业的一级学科名称为航空宇航科学与技术，其第四轮学科评估结果见

表 3–9。

▼ 表 3-9 │ 航空宇航科学与技术评估结果

评估结果	学校名称
A+	北京航空航天大学、西北工业大学
B+	哈尔滨工业大学、南京航空航天大学、国防科技大学
B	北京理工大学、空军工程大学
B–	清华大学、沈阳航空航天大学、海军航空大学（原海军航空工程学院）
C+	上海交通大学、火箭军工程大学
C	南京理工大学、西安交通大学、航天工程大学（原装备学院）
C–	中国民航大学、浙江大学

全国有博士授权的高校共 12 所，全部参评，加上部分有硕士点的院校，一共有 25 所高校参评。

我国的航天领域比航空领域发展好，航天基本跟国防相关，而且航空航天的投入非常大，所以我国原先有专门的部委、大学和科研单位，以及相关的企业来做这件事。

因此，我们看到航空航天专业并不是越顶尖的名校就越好，因为这类专业需要积淀，除了一些行业校，大部分的名校都没有此类专业，只是这几年才开设了相关专业。

在第二轮"双一流"的评选中，北京航空航天大学、国防科技大学、哈尔滨工业大学、西北工业大学、南京航空航天大学这 5 所高校入选。另外，清华不参与评选，可以自己认定，于是它把航空宇航也认定进"双一流"学科了。

在第一轮"双一流"评选中，有北航、国防科技大学入选，另外复旦大学入选了机械及航空航天制造工程。在第二轮"双一流"评选中，复旦大学去掉了这一学科。

特色学校介绍

原航空航天工业部下属高校

我国航空航天类大学有几个来源：第一，原航空航天工业部下属的院校；第二，国防七校（还有部分相关的军校）；第三，原民航总局下属的院校。

在我国历史上，曾经有一个航空航天工业部，成立于 1988 年，在之前是航空工业部和航天工业部，到 1993 年该部撤销，转为了几大国企。该部曾经有以下 11 所直属大学。

哈尔滨工业大学

北京航空航天大学

西北工业大学

南京航空航天大学

南昌航空学院（现南昌航空大学）

沈阳航空学院（现沈阳航空航天大学）

郑州航空工业管理学院

华北航天工业学院（现北华航天工业学院）

成都航空职业技术学院

桂林航天工业高等专科学校（现桂林航天工业学院）

西安航空技术高等专科学校（现西安航空学院）

前面 4 所大学，大家都比较熟悉，哈尔滨工业大学、北京航空航天大学和西北工业大学是"985 大学"，南京航空航天大学是"211 大学"，它们现在都是工信部直属大学。

哈尔滨工业大学

哈尔滨工业大学在学科评估中只排在第二档，其实在航天方面，哈尔滨工业大学能排第一档。它缺少航空方面，所以总体评估结果不如北京航空航天大学和西北工业大学。

北京航空航天大学

北京航空航天大学创建于 1952 年，由原清华大学、北洋大学、厦门大学、四川大学、重庆大学等 8 所院校的航空系合并组建，1959 年成为为全国重点高校。它的航空、航天都非常强，尤其现在，北京航空航天大学位于北京，在吸引学生和师资方面比其他学校有优势，而且就业也有优势，良性循环之下，北京航空航天大学将来会更强。

西北工业大学

西北工业大学的航空航天专业来源有两个。第一个，1952 年，原先的交通大学、浙江大学、南京大学的航空工程系在南京组建华东航空学院，1956 年迁到西安，1957 年并入西工大。第二个，原 1952 年创建的中国人民解放军军事工程学院（哈尔滨军事工程学院）的航空工程系在 1970 年并入西工大。西工大有航空、航天和航海 3 个领域，不过总体来说，西北工业大学的航空最强。

南京航空航天大学

南京航空航天大学于 1952 年创建，1978 年成为全国重点大学，1997 年进入"211工程"。作为国防七校之一，又是在南京，不论是学科水平还是城市的加成，南航都很受学生欢迎，在江苏理工类高校里，它的录取分数线一般排在第三位，在南京大学和东南大学的后面。

后面 7 所大学被划归给地方管理。

南昌航空大学

南昌航空大学在 1952 年创建，跟北京航空航天大学、南京航空航天大学同一年成立，是航空工业部的第三重点大学。不过，目前南昌航空大学还没有博士点。

沈阳航空航天大学

沈阳航空航天大学也是在 1952 年创建。那一年，国内一共创建了 6 所航空学校。沈阳航空航天大学的发展较好，现在已经有了博士点。

郑州航空工业管理学院

郑州航空工业管理学院，顾名思义，是一所文科类大学，最强的专业是会计，为航天工业部培养会计人才，当然也有一些航天类的专业。

北华航天工业学院

北华航天工业学院，创建于 1978 年，原先是航天部的职工大学，后来转为专科，再后来升格为本科，现在有航空宇航专业硕士点。

成都航空职业技术学院

成都航空职业技术学院，很早是一所重点中专，现在是高职高专，但自动化、航空电子 2 个正在与成都信息工程大学联合培养应用型本科生。

桂林航天工业学院

桂林航天工业学院，这个学校本科专业多于高职高专专业。

西安航空学院

西安航空学院，在 2012 年升为本科学校，航空航天类专业设置比较齐全。

国防校

刚才讲的是原航空工业部下属的院校，"国防七校"也有航空航天专业。工信部下属 7 所大学，合称为"国防七校"，前文中我们已经介绍了其中的 4 所大学，还剩下北京理工大学、南京理工大学和哈尔滨工程大学。

北京理工大学

北京理工大学的强项领域是各种坦克、火箭、导弹，所以北京理工大学有宇航学院，包括飞行器设计与工程、航空航天工程、飞行器动力工程、武器发射工程、探测制导与控制技术和工程力学，专业比较齐全，水平也很高。

南京理工大学

南京理工大学跟北京理工大学类似，也有火箭专业，有火箭就有探测制导与控制，虽然名义上没有航空航天类专业，但事实上，这个专业去航空航天领域工作毫无问题。

哈尔滨工程大学

哈尔滨工程大学的前身是哈军工的部分院系，主体是海军工程系，另外有一部分导弹工程系，所以现在有航天与建筑工程学院，包括航天工程系、工程力学系和土木与环境工程系。

"985及211大学"

随着航空航天专业越来越热，现在不少著名高校都开设了航空航天专业。但这些学校进入这个领域比较晚，师资不够，实践也不足，大部分以力学为主，而不是以飞行器的设计为重点。

清华大学

清华大学的航天航空学院，从名称来看把航天放在航空的前面，表明航天是其重要发展方向。清华大学的重点研究方向主要是力学和小卫星。

复旦大学

复旦大学的航空航天系创建时间非常短，但在第一轮"双一流"评选中入选了一流学科，第二轮"双一流"评选的时候，复旦大学没有把航空航天放进去。

上海交通大学

上海交通大学跟清华大学一样原先有过航空专业，在院系调整时被拆分出去了。清华大学的航空系被拆分到北航，上海交通大学的航空专业被拆分到西北工业大学，所以，上海交通大学跟清华在差不多的时间内复建了航空航天专业。

西安交通大学

西安交通大学的航天航空学院，学院名称跟清华大学的一样，重点研究方向也主要是力学加航天，其实就因为学校在力学方面强。另外，西安交通大学的能源动力专业很强，在火箭中，这是发动机部分，而且西安是航天发动机的研发制造中心，因此，西安交通大学的能源动力专业毕业生也可以去航天部门工作。

浙江大学

浙江大学的航空航天学院跟上海交通大学的航空航天学院同时间创建，当年浙江大学也有航空专业，在院系调整时被分拆到西北工业大学。浙江大学的重点研究方向也主要是力学、小卫星等。

中南大学

中南大学创建航空航天学院也算比较早，主要着力在控制方向。

吉林大学

吉林大学机械与航空航天学院，这个学院原先是机械工程学院，刚改名没几年。航空航天可包涵的内容很多，吉林大学的汽车工程专业非常厉害，航空航天从事的工作跟汽车有相似之处，可以互通。

民航局下属的大学

前面讲了原航空航天工业部的直属学校、国防校，这些都属于国防部门的学校。航空还有一部分是民用，我国民航局下属也有学校。

民航局有以下 4 所直属大学。

中国民航大学

中国民用航空飞行学院

上海民航职业技术学院

广州民航职业技术学院

前两所是本科，后两所是大专。中国民航大学也有航空航天专业，还有飞行员、空乘等专业，主要就业单位是民航部门。

中国民用航空飞行学院则主要是培养飞行员，跟上面说的学校不一样，上面的学校主要培养的是设计、制造或维修飞机、火箭的人。

专业辨析

航空航天类有以下 11 个专业。

航空航天工程专业

飞行器设计与工程专业

飞行器制造工程专业

飞行器动力工程专业

飞行器环境与生命保障工程专业

飞行器质量与可靠性专业

飞行器适航技术专业

飞行器控制与信息工程专业

无人驾驶航空器系统工程专业

智能飞行器技术

空天智能电推进技术

航空航天工程是一个很大的专业，包括了飞机、火箭、导弹、宇宙飞船等各种飞行器的原理、设计、结构、制造、使用和维护等各个方面。每一个飞行器都是人类的一个大工程，涉及很多专业和学科，所以航空航天工程专业研究得比较宏观。

飞行器设计与工程专业主要侧重研究飞行器的总体设计、结构设计等。

飞行器制造工程专业则是研究加工制造，因为飞行器的速度快，在太空，电磁辐射多，温度低，环境恶劣，所以飞行器的制造工艺要求要比普通的机械装置要高得多。

飞行器动力工程专业主要研究航空、航天发动机。

飞行器环境与生命保障工程专业从名字就可以看出来，就是设计、测试飞行器的内部环境，使得这环境适合飞行员和宇航员的生存。

飞行器适航技术专业除了要学习航空飞行器的知识外，还需要学习适航的法规、政策及管理知识。

其他的专业都是特设专业，开设的学校不是很多，我们从专业名称也能明白它是做什么的，在此就不一一介绍了。

3.9 材料类专业

专业简介

对于人类社会来说，材料非常重要，人类的发展史就是一部材料的使用史。从木头到金属材料，再到现在的新型复合材料、功能性材料等反映了科技的发展。材料的研发是国家重要的战略方向，从"双一流"入选的高校数量也能看出来，材料科学与工程学科入选了30所高校，远超其他学科。因此，很多高校在材料方面都布下"重兵"，招生数量不少。

材料专业涉及的知识非常庞杂，课程内容非常多，经常是本科阶段无法学完的。因此，如果要读材料专业，最好一开始就做好读硕士，甚至读博士的准备。

材料类专业所学内容庞杂有时也是好事，例如考研的时候，可以转到半导体、微电子、生物类、化学类等专业。材料成型可以转到机械方向，做机器人等。

材料在各行各业都有应用，因此就业范围很广。现在比较热门的就业领域有：半导体材料、电子材料、高分子材料以及航空航天方面的材料。

随着国家制造业的升级，不少企业对新材料的研发越来越重视，材料专业的就业也在好转，对材料类专业有兴趣的学生也越来越多。

学科评估

材料科学与工程的第四轮学科评估结果见表 3-10。

▼ 表 3-10 | 材料科学与工程评估结果

评估结果	学校名称
A+	清华大学、北京航空航天大学、武汉理工大学
A	北京科技大学、哈尔滨工业大学、上海交通大学、浙江大学、西北工业大学
A-	北京理工大学、北京化工大学、天津大学、东北大学、中国科学技术大学、中南大学、华南理工大学、四川大学、西安交通大学
B+	北京工业大学、大连理工大学、吉林大学、燕山大学、复旦大学、同济大学、华东理工大学、东华大学、上海大学、南京大学、苏州大学、南京工业大学、山东大学、郑州大学、华中科技大学、重庆大学、国防科技大学
B	南开大学、河北工业大学、哈尔滨工程大学、东南大学、南京航空航天大学、南京理工大学、江苏大学、合肥工业大学、厦门大学、武汉科技大学、湘潭大学、湖南大学、中山大学、西南交通大学、电子科技大学、昆明理工大学、西安理工大学、西安建筑科技大学
B-	天津工业大学、天津理工大学、中北大学、太原理工大学、沈阳工业大学、江苏科技大学、南昌大学、青岛科技大学、济南大学、河南科技大学、武汉大学、中国地质大学、陕西科技大学、兰州理工大学、中国石油大学、广东工业大学
C+	太原科技大学、大连交通大学、长春理工大学、长春工业大学、哈尔滨理工大学、浙江工业大学、安徽工业大学、华侨大学、福州大学、景德镇陶瓷大学、武汉工程大学、湖北大学、西南科技大学、贵州大学、西安电子科技大学、西安工业大学、兰州大学、青岛大学
C	北京交通大学、华北电力大学、内蒙古工业大学、佳木斯大学、中国矿业大学、常州大学、河海大学、江南大学、浙江理工大学、中国计量大学、安徽大学、南昌航空大学、中国海洋大学、海南大学、深圳大学、桂林电子科技大学、桂林理工大学、西南石油大学
C-	北京印刷学院、华北理工大学、沈阳理工大学、辽宁科技大学、沈阳化工大学、沈阳建筑大学、江西理工大学、山东科技大学、河南理工大学、湖北工业大学、暨南大学、广西大学、长安大学、上海工程技术大学、安徽建筑大学、沈阳大学、重庆理工大学、海军工程大学

全国有材料科学与工程一级学科博士授权的高校共 93 所，其中 89 所参评了第四次学科评估，加上部分有硕士授权的高校，一共有 172 所参评。上表入选了 122 所高校。

在第二轮"双一流"评选中，材料科学与工程学科入选的学校有：北京航空航天大学、北京理工大学、北京科技大学、南开大学、天津大学、吉林大学、东北师范大学、哈尔滨工业大学、复旦大学、上海交通大学、华东理工大学、东华大学、南京大学、苏州大学、东南大学、浙江大学、安徽大学、中国科学技术大学、南昌大学、郑州大学、华中科技大学、武汉理工大学、中南大学、中山大学、华南理工大学、四川大学、西安交通大学、西北工业大学、上海科技大学、中国科学院大学，一共 30 所。

从参评的学校数量来看，材料类学科开设的学校很多，但跟其他一些工科相差不多。不过，从"双一流"入选的学校数量来看，远超其他学科，可见国家对材料学科的重视。

材料学科的特点是材料类型非常多，所以各学校擅长的材料方向不一样，大家在填报志愿的时候，要了解不同学校的方向，尤其是读研的时候，一定要仔细研究。

材料类的强校分两种。一种是常规的"985 大学"，它们科研平台好，经费充足，师资力量强，学科水平高。另外一种是行业院校。行业院校通常对某类材料、某个行业内的材料精耕多年，底蕴深厚，学科水平很高，而且由于毕业多年的校友遍布全行业，在就业方面优势明显。

特色学校介绍

清华大学的材料类专业是国内最强，但不再介绍了，因为清华工科排第一的学科太多。下面介绍一些其他有特色的学校。

行业院校

北京航空航天大学

北京航空航天大学属于航空航天类行业性院校。无论航空航天都要面对极端环境，对材料的要求非常高，航空航天也是最愿意尝试各种新型材料的领域。北航的材料科学与工程学院起源于 1954 年成立的航空冶金系。材料科学与工程学科是国家首批一级重点学科，材料学院下设材料科学系、材料物理与化学系（包含材料物理中心和材料化学中心）、高分子及复合材料系、材料加工工程与自动化系。拥有材料科学与工程一级学科博士点，下设材料学、材料物理与化学、材料加工工程 3 个二级学科博士点，微纳米技术和材料结构失效与安全工程 2 个自主设置学科博士点。设有大型金属构件增材制造国家工程实验室、高性能纤维检测评价中心、大型整体金属构件激光直接制造教育部工程研究中心、空天先进材料与服役教育部重点实验室、特种功能材料与薄膜技术北京市重点实验室、北京市聚合物基复合材料重点实验室、"民航安全技术和鉴定"重点实验室、高温结构材料与涂层技术工信部重点实验室等平台。其科研特色是：超常服役环境金属智能材料、新型磁性功能材料、高性能非平衡材料科学与技术、高性能金属材料激光制备与成型、先进高温材料与涂层技术、增材制造。

哈尔滨工业大学

哈尔滨工业大学也属于航空航天类的行业院校。其材料科学与工程学院始建于 1952

年，是我国培养金属材料及热加工工艺领域高级专业人才的重要发源地，是全国首批博士学位授权点、全国首批博士后流动站、全国首批"双一流"建设重点学科。它最强的方向是焊接。学院现有先进焊接与连接国家重点实验室、金属精密热加工国家级重点实验室、空间环境材料行为与评价技术国家级重点实验室等平台。材料科学与工程专业、材料成型及控制工程专业、焊接技术与工程专业及材料物理专业 4 个本科专业均已入选国家一流本科专业"双万"计划。本科生在工科试验班（智能装备集群）招生入学；大二年级择优进入"先进材料与智能成形"大类，大三年级分先进材料与改性、光电信息材料与器件、先进功能材料与器件、先进凝固及智能化、先进塑性成形及智能化、智能焊接与先进连接、先进电子封装制造、增材制造等专业方向。

西北工业大学

西北工业大学也是航空航天类的行业院校。西北工业大学材料学院源于 1938 年 7 月成立的国立西北工学院机械工程系与矿冶工程系，1956 年西北工学院设立第四机械系，成为材料学院的主体，由金属热处理、锻造、铸造、焊接和非金属材料 5 个专业方向逐步发展到今日。学院有材料科学与工程国家一级重点学科和材料学、材料加工工程国家二级重点学科。其科研特色是：超高温结构复合材料、高性能金属材料及凝固成形等。现又发展了纳米能源材料、先进润滑与密封材料、超导材料、材料基因工程等新学科方向，以及先进核能材料研究等。学院在陶瓷基复合材料、碳/碳复合材料、高性能金属材料及凝固成形、高能射线探测材料与器件、高温隐身材料、大型复杂难变形构件成形技术、高性能复杂金属构件增材成形技术与装备等方面取得一系列重大成果。学院建立了凝固技术国家重点实验室、超高温结构复合材料国家级重点实验室等科研平台。

上海交通大学

上海交通大学曾隶属于原第六机械工业部，也就是负责船舶工业等的部委，船舶工程专业是上海交通大学的王牌专业之一，世界排名第一。金属热处理也是造船中很重要的一个技术，因此上海交通大学是中国最早建立材料科学与工程学科的高校之一，1952 年设立金属热处理专业。材料科学与工程是国内首批国家重点一级学科，并在国内首批设立硕士点、博士点和博士后流动站。2017 年被列为教育部双一流重点建设学科。

中南大学

中南大学原隶属于冶金工业部，其材料科学与工程学院原名金属工艺系，1962 年更名为特种冶金系，冶金行业院校特点一目了然。学院是国家首批硕士点、博士点、一级学科博士点、工程博士点和博士后流动站授权单位，拥有材料科学与工程国家一级重点学科，以及材料学、材料物理与化学、材料加工工程3个国家二级重点学科，具有材料学、材料物理与化学、材料加工工程、材料计算科学与虚拟工程、新能源与电子信息纳米材料与器件、先进无机材料科学与工程6个二级学科博士点。学院现设有材料学系、材料加工工程系、材料物理系和材料化学系、实验中心等二级机构和10余个科学研究所，并与粉末冶金研究院共建"粉末冶金国家重点实验室"和"轻质高强国家级重点实验室"，拥有教育部"有色金属材料科学与工程重点实验室"和湖南省"有色、稀有金属材料科学与工程重点实验室"以及科技部"中俄新材料产业化技术中心"和"中澳轻金属国际研究中心"。

东北大学

东北大学隶属于原冶金工业部，材料科学与工程学院最强的方向是金属结构材料，以及金属功能材料和陶瓷材料；拥有轧制技术及连轧自动化国家重点实验室、先进钢铁材料技术国家工程研究中心、材料各向异性与织构教育部重点实验室、材料电磁过程研究教育部重点实验室、电磁冶金技术及装备国家地方联合工程实验室等科研基地。材料科学与工程一级学科是国家重点一级学科；现设有材料科学与工程、材料成型及控制工程、材料物理、材料科学与工程（中外合作办学）4个本科生专业，设有材料工程、材料学、材料加工工程、材料物理与化学4个硕士和博士研究生专业，以及材料科学与工程一级学科博士后流动站。

北京科技大学

北京科技大学原名北京钢铁学院，隶属于原冶金工业部，中间曾经考虑改名叫北京材料科技大学或者中国材料科技大学，通过这两个名字就可以领略北京科技大学材料学科之强。在前几次学科评估中，北京科技大学的材料学科在全国高校中排名全在前三。材料科学与工程学科是首批国家一级重点学科和国家一级学科博士点，所属的3个二级学科也全部是首批国家重点学科。学院有材料学系、材料加工与控制工程系、材料物理与化学系、无机非金属材料系、粉末冶金与先进陶瓷研究所。

武汉理工大学

武汉理工大学由原武汉工业大学、武汉交通科技大学、武汉汽车工业大学合并组建而成，武汉工业大学原名武汉建筑材料工业学院，隶属于国家建筑材料工业局。合并后的武汉理工大学横跨建材建工、汽车、交通三个领域。其材料学科也有这个特色，尤其是建筑材料特色更为明显，1958 年开设了全国最早的硅酸盐工程专业。材料科学与工程为国家重点一级学科，有一级学科博士点和博士后流动站，以及材料科学与工程学术型学位授权点和材料与化工（材料工程）专业型硕士学位授权点。学院有材料科学与工程、无机非金属材料工程、复合材料与工程、高分子材料与工程、材料物理、材料化学、新能源材料与器件、材料成型及控制工程 8 个本科专业；拥有材料复合新技术国家重点实验室、硅酸盐建筑材料国家重点实验室、光纤传感技术国家工程实验室、材料研究与测试中心、特种功能材料技术教育部重点实验室、绿色建筑材料及制造教育部工程研究中心等科研基地。

北京化工大学

北京化工大学的材料特色是：高分子（聚合物）材料，另外兼顾复合材料、无机非金属材料和金属材料。材料科学与工程学院是全国首批硕士、第二批博士学位授予学科和首批博士后流动站建设单位；材料学为国家重点学科，高分子化学与物理为国家重点（培育）学科；材料科学与工程学科在全国第四轮学科评估中位列 A 类（排名前 10%），进入"绿色化学化工及材料"一流学科群重点建设行列。与兄弟学院共建有"化学资源有效利用"国家重点实验室和"有机无机复合材料"国家重点实验室。拥有国家碳纤维领域唯一的"碳纤维国家工程技术研究中心"，建有"碳纤维及功能高分子材料"教育部重点实验室、生物医用材料北京实验室、天然高分子医用材料教育部重点实验室等 9 个省部级研究基地。

燕山大学

燕山大学曾隶属于原机械工业部，原机械工业部下属高校的材料专业也有其特色，一般而言，金属材料和热处理方向比较好。学院现有材料科学与工程博士学位授权一级学科和博士后科研流动站。下设材料学、材料物理与化学、材料加工工程、亚稳材料制备技术与科学、大型铸锻件材料与制造技术和高分子材料 6 个博士学位授权二级学科专业。其中材料学为国家重点学科，材料物理与化学为河北省重点学科，金属材料工程专业为第三批高等学校特色专业。学院建有亚稳材料制备技术与科学国家重点实验室、燕山大学材料综合实验教学示范中心（国家级）、亚稳材料设计与性能调控学科创新引智基地（国家"111"计划）、金属产品工艺及性能优化控制河北省重点实验室和"亚稳材料科学"河北省协同创新中心。学院现有金属材料工程、无机非金属材料工程、材料物理和高分子材料与工程 4 个本科专业，其中金属材料工程、无机非金属材料工程专业 2019 年入选国家首批一流本科专业"双万计划"建设点名单。材料物理和高分子材料与工程专业

2020 年入选国家第二批一流本科专业"双万计划"建设点名单。

东华大学

东华大学原名中国纺织大学，隶属于原纺织工业部。它开设了新中国第一个化学纤维专业。现拥有高分子科学与工程系、复合材料系、无机非金属材料系、化学纤维研究所和青年科学中心等机构；开设高分子材料与工程、无机非金属材料与工程、复合材料与工程以及功能材料（新能源与光电材料方向）4 个本科专业，拥有 4 个一流本科专业建设点；有一级学科博士点、博士后流动站。材料学为首批国家重点学科。依托学院建有纤维材料改性国家重点实验室、纤维材料先进制造技术与科学创新引智基地（"111"计划）、高性能纤维及制品教育部重点实验室（B）、先进玻璃制造技术教育部工程研究中心、国家级材料科学与工程实验教学示范中心等科研基地。

其他院校

浙江大学

浙江大学材料学科跟上海交通大学一样，起源于 1952 年的铸造和金相热处理专业（时属机械系）和 1958 年开始招生的硅酸盐专业（时属化工系）。1978 年，浙江大学组建了我国高校中的第一个材料科学与工程学系。1985 年，浙江大学建立了首个国家重点实验室——高纯硅及硅烷国家重点实验室（硅材料国家重点实验室前身）。2007 年，浙江大学材料科学与工程学科被评为国家重点一级学科，其中材料学、材料物理与化学为国家重点二级学科。材料学院建有半导体材料、材料物理、高温合金、功能复合材料与结构、金属材料、无机非金属材料等 6 个研究所和 1 个电子显微镜中心，并拥有硅材料国家重点实验室、表面与结构改性无机功能材料教育部工程研究中心、电池新材料与应用技术研究浙江省重点实验室、新型信息材料技术研究浙江省重点实验室、磁性材料浙江省工程实验室以及浙江省电子显微镜中心。科研方向有：信息材料、能源材料、生物医用材料、先进结构材料、材料微纳结构表征技术等方面。

中国科学院大学

中国科学院大学相当于是中科院的教育一面，很多学科实力超群。不过，它只入选了 2 个"双一流"学科：化学和材料科学与工程。在前面我讲过，各个学科都可以搞材料，因此中科院跟材料相关的研究所非常多，例如，沈阳金属所、上海硅酸盐研究所、苏州纳米所、半导体所、宁波材料技术与工程研究所、大连化学物理研究所。另外，还有物理所。物理所在锂电池这一领域就是国内最强。其实力普通高校都比不了。

四川大学

四川大学有 2 个学院跟材料相关：高分子科学与工程学院、材料科学与工程学院，因此，高分子材料是四川大学的王牌专业；有高分子材料工程国家重点实验室。在材料科学与工程学院则有：材料科学系、金属材料系、无机材料系和新能源材料系。材料科学与工程为全国重点一级学科，也是国家"双一流"建设学科。优势及特色研究方向为：稀土钒钛功能新材料、无机光电功能材料与器件、光伏发电系统与新型显示组件、高效能量转换与致密存储材料技术、材料基因工程与增材制造技术、高端装备关键材料技术、前沿新材料等。

苏州大学

苏州大学的材料学科是在 1975 年原苏州丝绸工学院的化学纤维专业基础上发展起来的，材料科学与工程为一流学科，有高分子材料与工程、材料科学与工程、功能材料等本科专业，2022 年新增化学 + 新能源材料与器件专业。材料科学与工程学院下设高分子科学与工程系、材料科学与工程系。现有新型功能高分子材料国家地方联合工程实验室、环保功能吸附材料制备技术国家地方联合工程实验室、智能纳米环保新材料及检测技术国际联合研究中心、江苏省有机合成重点实验室、江苏省先进功能高分子材料设计及应用重点实验室、江苏省新型高分子功能材料工程实验室等实验平台。

郑州大学

郑州大学的化学、化工是王牌专业，因此高分子材料是它的优势方向。材料科学与工程学院设有材料科学与工程、高分子材料与工程和材料化学 3 个本科专业和 1 个（材料科学与工程学院）国际化班。材料科学与工程专业、高分子材料与工程入选国家一流本科专业建设点，其中材料科学与工程专业是国家级特色专业。学院现有先进高分子材料研究所、高分子加工研究所、先进轻合金研究所、高温功能材料研究所、低碳环境材料研究所和绿色选冶与加工研究中心 6 个研究所（中心）。学院有材料科学与工程一级学科博（硕）士点；材料与化工和机械（原先进制造领域）专业学位博士点；材料物理与化学、材料学、材料加工工程、高分子化学与物理 4 个二级学科博士点；材料学、材料加工工程、包装材料与工程、高分子化学与物理、皮革化学与工程 5 个二级学科硕士点；材料与化工专业学位硕士点。材料加工工程为国家级重点学科，材料学、皮革化学与工程河南省重点建设学科，并设有材料科学与工程博士后流动站。

专业辨析

在大学本科目录下面，材料类专业有以下 17 个专业。

材料科学与工程

材料物理

材料化学

冶金工程

金属材料工程

无机非金属材料工程

高分子材料与工程

复合材料与工程

粉体材料科学与工程

宝石及材料工艺学

焊接技术与工程

功能材料

纳米材料与技术

新能源材料与器件

材料设计科学与工程

复合材料成型工程

智能材料与结构

材料科学与工程，这就是材料类学科的第一个专业名称，以材料学、物理学、化学和工程学为基础，研究材料的理论和应用，材料的物理和化学原理，以及工艺、性能和用途，等等。

材料物理和材料化学，都是偏理论的专业，物理和化学是材料的基础。材料物理的课程跟物理系的课程有不少重合，需要学四大力学，另外还要学物理化学、无机化学等化学课程，还有一些材料专业课。材料化学的课程跟材料物理的主要区别是化学课程增多，要学四大化学，物理课程减少，其他的材料专业课等都没有太多变化。

金属材料工程，就是研究金属材料的性能、工艺等。无机非金属材料工程，主要研究的是如陶瓷、玻璃、硅酸盐等材料的性能和工艺。

高分子材料与工程主要学习高分子材料的物理、化学和材料特性。类似的，复合材料与工程、宝石及材料工艺学、功能材料等主要是学习这些特殊材料的物理化学和材料特性。

冶金工程也可以被理解为金属材料加工，研究把金属材料从矿石或者废旧金属里提炼出来并加工成符合性能指标的材料的相关内容，包括钢铁冶金、有色金属等冶金。

焊接技术与工程，焊接是金属工艺中很重要的一种，所以很多学校把它作为一个独立的专业招生。大家请注意，机械专业里的材料成型也包括焊接。

近些年，材料专业里面还包括了一些新型材料、新工艺以及交叉学科。

智能材料与结构是 2020 年哈尔滨工业大学新开设的专业，针对的是一些特殊材料，例如电子皮肤等。

粉体材料科学与工程，这是一种特殊的材料，微观是颗粒，宏观是颗粒集合体。超细颗粒会有一些特殊的性质，纳米材料也有纳米粉体材料。这种材料的制备、性能比较特殊。

纳米材料与技术，这是一个研究热点。当材料的尺度小到一定程度后，性能就会发生巨变。现在有纳米半导体薄膜、纳米陶瓷和纳米生物医学材料等。

新能源材料与器件，这也是热点。在能源动力类专业里，有新能源科学与工程专业，主要是风能、太阳能、水力发电等。在材料类专业里面，新能源材料与器件研究这些新能源所用的材料，例如太阳能电池材料与器件、锂离子电池等。

材料设计科学与工程，这是个上海大学的特设专业，其特色是按照"材料基因组工程"来培养人才。材料基因组工程的含义是根据需求，倒推出符合要求的材料出来。跟传统的材料研究相比，是一种逆向思维，一种革命性的做法。

复合材料成型工程，这个专业有关材料工艺方面的内容。机械类专业里面有材料成型专业，其主要针对的是金属材料。

不少工科专业大类里其实也包括材料专业。例如纺织类的非织造材料与工程就是材料，所以东华大学的材料专业也比较强。电子科学与技术中的微电子学有个很大的方向就是材料；光电子学里面也包括光电材料的研究等。

3.10 土木类专业

专业简介

土木是个很有中国建筑特色的词。在中国文学中，一般把造房子，尤其皇帝造房子，称为大兴土木。中国的房子大部分是以土为基础，用木头造的，所以叫土木。

现代人造房子很复杂，有的人负责外形设计，有的人负责里面的结构，还有的人负责里面的环境营造（注：这就是原来的暖通空调专业，以及现在环境学院的给排水专业）。例如现在的摩天大厦，牢固不牢固，能抗多少级风，能顶多少级地震，这都是土木专业出身的结构工程师来判断的。以及，房子内部的环境是否舒适、是否健康，甚至有些车间内部的环境是否能满足生产工艺的要求（例如芯片车间，医院的手术室等），这也是由土木专业出身的建筑设备工程师负责的。

所以，土木专业要学一大半的力学内容，因为力学是用来计算这些东西的。2021 年，深圳赛格广场大楼晃动，没有地震，风也不是很大，设计这栋房子的土木专家们就紧张了，因为他们对建筑物的质量要终身负责，一定要找出原因出来才行。

除了力学，土木专业还要学习不少工程知识，像混凝土结构、土木工程材料、钢结构、工程设计和施工等内容。典型的工科专业有力学理论，也有工程上的技术要点，还有一些工程管理的思维。

不过土木专业不单单是建房子，还包括各种工程项目，像公路、铁路、管道、隧道、桥梁、运河、堤坝、港口、电站、飞机场、海洋平台、给水排水以及防护工程，等等。所以，土木工程专业里面也会细分专业方向，例如桥梁、隧道、地下、海岸等。

我国是基建强国，这 20 多年来，我国的地铁长度、高铁长度、桥梁数量、摩天大楼的数量等都是世界第一。这其中，土木专业的毕业生功不可没。下面就来聊聊土木类专业。

学科评估

土木类专业对应的一级学科为土木工程，第四轮学科评估结果见表 3-11。

▼ 表 3-11 | 土木工程评估结果

评估结果	学校名称
A+	同济大学、东南大学
A	清华大学、北京工业大学、哈尔滨工业大学、浙江大学
A-	天津大学、大连理工大学、河海大学、湖南大学、中南大学、西南交通大学、解放军陆军工程大学
B+	北京交通大学、石家庄铁道大学、沈阳建筑大学、上海交通大学、中国矿业大学、山东大学、武汉大学、华中科技大学、长沙理工大学、华南理工大学、重庆大学、西安建筑科技大学、广州大学
B	北京科技大学、北京建筑大学、南京工业大学、合肥工业大学、福州大学、青岛理工大学、郑州大学、中国地质大学、武汉理工大学、四川大学、重庆交通大学、长安大学、兰州理工大学、兰州交通大学

评估结果	学校名称
B-	太原理工大学、东北大学、上海大学、苏州科技大学、安徽理工大学、华侨大学、山东科技大学、山东建筑大学、广西大学、成都理工大学、西安理工大学、西安科技大学、三峡大学
C+	北京航空航天大学、河北工业大学、辽宁工程技术大学、东华大学、浙江工业大学、华东交通大学、湖北工业大学、湖南科技大学、深圳大学、昆明理工大学、西安交通大学、天津城建大学、安徽建筑大学、广东工业大学
C	北方工业大学、华北水利水电大学、吉林大学、吉林建筑大学、哈尔滨工程大学、上海理工大学、南京航空航天大学、南京林业大学、厦门大学、中南林业科技大学、汕头大学、桂林理工大学、贵州大学、宁波大学
C-	中国农业大学、内蒙古工业大学、东北电力大学、燕山大学、南京理工大学、中国海洋大学、济南大学、河南理工大学、武汉科技大学、南华大学、西北工业大学、烟台大学、扬州大学

全国有土木工程一级学科博士授权的高校共 56 所，参评了 54 所，加上有硕士点的高校，一共有 134 所。

在第二轮"双一流"评选中，土木工程入选高校包括：同济大学、东南大学、上海交通大学、哈尔滨工业大学、浙江大学、武汉大学、重庆大学、北京工业大学、广西大学，清华大学肯定也会在里面，一共 10 所。

第二轮"双一流"评选比第一轮多了 2 所学校：浙江大学和武汉大学。

另外，土木工程专业是一个行业属性很强的专业，除了教育部有学科评估外，住建部也有认证，一般认为首次通过住建部认证的时间越早，学校水平就越高，见表 3-12。

▼ 表 3-12 | 土木工程类专业评估通过学校和有效期情况统计表
（截至 2022 年 6 月，按首次通过评估时间排序）

序号	学校	专业	本科合格有效期	首次通过评估时间
1	清华大学	土木工程	2021.5—2027.12（有条件）	1995.6
2	天津大学	土木工程	2021.5—2027.12（有条件）	1995.6
3	东南大学	土木工程	2021.5—2027.12（有条件）	1995.6
4	同济大学	土木工程	2021.5—2027.12	1995.6
5	浙江大学	土木工程	2021.5—2027.12（有条件）	1995.6
6	华南理工大学	土木工程	2018.5—2024.12（有条件）	1995.6
7	重庆大学	土木工程	2021.5—2027.12（有条件）	1995.6

序号	学校	专业	本科合格有效期	首次通过评估时间
8	哈尔滨工业大学	土木工程	2021.5—2027.12（有条件）	1995.6
9	湖南大学	土木工程	2021.5—2027.12（有条件）	1995.6
10	西安建筑科技大学	土木工程	2021.5—2027.12（有条件）	1995.6
11	沈阳建筑大学	土木工程	2020.5—2026.12（有条件）	1997.6
12	郑州大学	土木工程	2017.5—2023.5	1997.6
13	合肥工业大学	土木工程	2020.5—2026.12（有条件）	1997.6
14	武汉理工大学	土木工程	有效期至2020.5	1997.6
15	华中科技大学	土木工程	2021.5—2027.12（有条件） （2002.6至2003.6不在有效期内）	1997.6
16	西南交通大学	土木工程	2021.5—2027.12（有条件）	1997.6
17	中南大学	土木工程	2020.5—2026.12（有条件） （2002.6至2004.6不在有效期内）	1997.6
18	华侨大学	土木工程	2017.5—2023.5	1997.6
19	北京交通大学	土木工程	2017.5—2023.5	1999.6
20	大连理工大学	土木工程	2017.5—2023.5	1999.6
21	上海交通大学	土木工程	2017.5—2023.5	1999.6
22	河海大学	土木工程	2017.5—2023.5	1999.6
23	武汉大学	土木工程	2017.5—2023.5	1999.6
24	兰州理工大学	土木工程	2020.5—2026.12（有条件）	1999.6
25	三峡大学	土木工程	2016.5—2022.5 （2004.6至2006.6不在有效期内） （因疫情推迟入校考查）	1999.6
26	南京工业大学	土木工程	2019.5—2025.12（有条件）	2001.6
27	石家庄铁道大学	土木工程	2017.5—2023.5 （2006.6至2007.5不在有效期内）	2001.6
28	北京工业大学	土木工程	2017.5—2023.5	2002.6
29	兰州交通大学	土木工程	2020.5—2026.12（有条件）	2002.6
30	山东建筑大学	土木工程	2019.5—2025.12（有条件）（2018.6至2019.5不在有效期内）	2003.6
31	河北工业大学	土木工程	2020.5—2026.12（有条件） （2008.5至2009.5不在有效期内）	2003.6
32	福州大学	土木工程	2018.5—2024.12（有条件）	2003.6
33	广州大学	土木工程	2021.5—2027.12（有条件）	2005.6

续表

序号	学校	专业	本科合格有效期	首次通过评估时间
34	中国矿业大学	土木工程	有效期至 2021.5	2005.6
35	苏州科技大学	土木工程	2021.5—2027.12（有条件）	2005.6
36	北京建筑大学	土木工程	2016.5—2022.5（因疫情推迟入校考查）	2006.6
37	吉林建筑大学	土木工程	2017.5—2023.5（2016.6 至 2017.5 不在有效期内）	2006.5
38	内蒙古科技大学	土木工程	2016.5—2022.5（因疫情推迟入校考查）	2006.6
39	长安大学	土木工程	2016.5—2022.5（因疫情推迟入校考查）	2006.6
40	广西大学	土木工程	2016.5—2022.5（因疫情推迟入校考查）	2006.6
41	昆明理工大学	土木工程	2017.5—2023.5	2007.5
42	西安交通大学	土木工程	有效期至 2020.5	2007.5
43	华北水利水电大学	土木工程	2018.5—2024.12（有条件）（2017.6 至 2018.5 不在有效期内）	2007.5
44	四川大学	土木工程	2017.5—2023.5	2007.5
45	安徽建筑大学	土木工程	2017.5—2023.5	2007.5
46	浙江工业大学	土木工程	2018.5—2024.12（有条件）	2008.5
47	陆军工程大学	土木工程	2018.5—2024.12（有条件）	2008.5
48	西安理工大学	土木工程	2019.5—2025.12（有条件）（2018.6 至 2019.5 不在有效期内）	2008.5
49	长沙理工大学	土木工程	2020.5—2026.12（有条件）	2009.5
50	天津城建大学	土木工程	2020.5—2026.12（有条件）	2009.5

信息来源：住建部网站。

从学科评估和住建部的认证情况来看，首先，建筑类强校的土木专业都不错；其次，水利、矿冶、铁道、公路方向强的行业院校，土木工程专业也很强。

特色学校介绍

建筑类学校

先说一下"建筑老八校"，清华大学、东南大学、天津大学、同济大学、原哈尔滨建筑大学（已并入哈尔滨工业大学）、华南理工大学、原重庆建筑大学（已并入重庆大学）和西安建筑科技大学。这 8 所高校是我国院系调整后最早开设建筑类专业、最早通过住建部认证的高校。近些年，又加了"建筑新四军"的说法。但对"建筑新四军"说法不一，有的说是：浙江大学、大连理工大学、湖南大学、南京大学，也有人将沈阳建筑大学、华中科技大学、深圳大学或者上海交通大学包括在内。土木是基建的基础，建筑类强校的土木工程专业都不差。

同济大学

同济大学可以说是以土木专业立校。在院系调整的时候，原先交通大学、大同大学、圣约翰大学、震旦大学、之江大学、上海市立工业专科学校、华东交通工业专科学校、中华工商专科学校等土木、建筑相关的专业全部调整到同济大学，后来又将中央美术学院建筑组调入。同济大学是国内土木建筑领域规模最大、学科最全的工科大学。同济大学的土木工程一级学科，还有结构工程、岩土工程、桥梁与隧道工程、防灾减灾工程及防护工程等 4 个二级学科全是全国重点学科，是全国唯一一个拥有 4 个二级重点学科的一级国家重点学科。在软科世界大学排行榜上，同济大学的土木工程多年位居世界第一。

清华大学

清华大学的土木专业是清华最早的工科专业，1926 年就创建，在 1932 年，清华有工学院时，一开始有 3 个系：土木、机械和电机系。清华大学土木专业在全球名声很大，在一些世界大学排行榜上，清华大学土木专业也是常年位居第一。清华的特色研究方向是：土木工程安全与耐久、土木工程防灾减灾、城镇化与基础设施建设、交通工程理论与实践、工程建设信息化等领域。

东南大学

东南大学的土木工程专业设立很早，在 1923 年由茅以升创建。土木工程、给排水科学与工程都是国家特色专业。东南大学有智慧建造与运维国家地方联合工程中心、国家预应力工程技术研究中心、玄武岩纤维生产及应用技术国家地方联合工程研究中心、国家装配式建筑产业基地、混凝土及预应力混凝土教育部重点实验室等国家级科研平台。

哈尔滨工业大学

哈尔滨工业大学土木工程学院的历史可以追溯到 1920 年创立的哈尔滨中俄工业学校铁道建筑科，是哈尔滨工业大学建校伊始的两个专业之一。现在有"寒区低碳建筑技术开发与利用"国家地方联合工程研究中心，以及"结构工程灾变与控制"教育部重点实验室、"土木工程智能防灾减灾"工信部重点实验室等 9 个省部级重点实验室。科研优势方向有：高性能与低碳结构工程、城市工程抗灾韧性与多灾害防御、寒区城乡基础设施建设、智能土木工程、海洋土木工程。

天津大学

天津大学的结构工程二级学科为国家重点学科，现有有大型地震工程模拟研究设施国家重大科技基础设施、水利工程仿真与安全国家重点实验室、港口水工建筑技术国家工程实验室 3 个国家级平台基地，还有多个省部级科研平台。

华南理工大学

华南理工大学地处广州，科研特色是亚热带建筑结构，其土木工程学院和建筑学院共建了一个亚热带建筑科学国家重点实验室。

重庆大学

重庆大学的土木工程科研方向跟重庆周边地区的环境有很大关系，其主要研究领域为高性能结构体系、桥梁与山区路基路面工程、特殊岩土力学与山区岩土工程、工程动力灾变与安全防控、智能建造与运维、建筑环境与绿色营造。现有库区环境地质灾害防治国家地方联合工程研究中心、高性能风电设施及其高效运行国际合作基地、低碳绿色建筑人居环境质量保障学科创新基地、山地城镇建设与新技术教育部重点实验室、钢结构与建筑工业化协同创新中心等科研平台。

浙江大学

浙江大学的土木工程专业是国家一级重点学科，现有国家级海洋土木工程国际联合研究中心，软弱土与环境土工教育部重点实验室等多个省部级科研基地。

湖南大学

在 20 世纪院系调整时，湖南大学曾经改名为中南土木建筑学院，以原湖南大学土木系为基础并入了原武汉大学、南昌大学、广西大学等高校的土木、建筑专业，1958 年又改名为湖南大学，重新成为文理工型大学。不过，湖南大学的土木、建筑类的专业一直很强。

大连理工大学

大连理工大学的土木工程系创建于 1949 年，1955—1985 年曾改名为水利工程系。其土木工程专业一直位于国内高校的第一梯队内。结构工程是国家二级重点学科。现有桥梁与隧道技术国家地方联合工程实验室、海岸和近海工程国家重点实验室、消防与应急救援国家工程实验室、重大土木水利工程防灾减灾国家"111"学科创新引智基地、海洋基础工程与结构安全及污染防治国家 111 学科创新引智基地、海洋油气工程教育部国际合作联合实验室等各类科研平台。

西安建筑科技大学

西安建筑科技大学在建筑老八校中是唯一一所"双非"大学，但在建筑界的地位很稳固，原因是它出身不凡。在院系调整时，它由原东北工学院、西北工学院、青岛工学院和苏南工业专科学校的土木、建筑、市政系（科）整建制合并而成。其结构工程是国家二级重点学科。

沈阳建筑大学

沈阳建筑大学的土木工程是国家特色专业，国家级一流学科。

苏州科技大学

苏州科技大学由原苏州城建环保学院与原苏州铁道师范学院合并组建而成，原苏州城建环保学院是原建设部直属院校。土木工程学院是苏州科技大学最强的学院，现有一级学科硕士点。

其他学校

北京工业大学

很多家长和学生可能没有想到北京工业大学的土木工程很强，原因是北京工业大学在创校时，当时的北京建筑工程学院（现北京建筑大学）、北京工业学院（现北京理工大学）、北京师范大学部分相关专业的老师和学生转入北工大，创建了土建系。北工大土木工程的主要培养方向有：建筑工程、地下建筑工程、桥梁与隧道工程、土木工程施工与管理、城市轨道工程 5 个方向。现在有城市与工程安全减灾教育部重点实验室和工程抗震与结构诊治北京市重点实验室等科研平台。北京作为首都，大型工程非常多，北京工业大学在很多工程项目中都有重大贡献。

中南大学

中南大学由原湖南医科大学、长沙铁道学院与中南工业大学于 2000 年 4 月合并组建而成。原中南工业大学的前身为中南矿冶学院，原长沙铁道学院的前身为中南土木建筑学院中的部分院系。现有高速铁路建造技术国家工程研究中心、重载铁路工程结构教育部重点实验室、轨道交通安全关键技术国际合作联合实验室、装配式建筑湖南省工程技术研究中心、先进建筑材料与结构湖南省工程技术研究中心等多个科研平台。

河海大学

曾任河海大学校长的茅以升先生是土木桥梁专家，其土木最强的方向是桥梁、隧道等，拥有岩土力学与堤坝工程教育部重点实验室。

西南交通大学

西南交通大学的前身为唐山铁道学院，在新中国成立前，培养了国内大量的土木人才，是中国土木人才的一个重要培养基地。主持和重点参与了中国第一座自主设计建造的现代化大桥——钱塘江大桥、滇缅公路、成渝铁路、第一座公铁两用的长江大桥——武汉长江大桥、世界海拔最高的铁路——青藏铁路，以及被誉为"新世界七大奇迹之一"的超级工程——港珠澳大桥等这些跨时代工程。现有陆地交通地质灾害防治技术国家工程研究中心、高速铁路线路工程教育部重点实验室、交通隧道工程教育部重点实验室等多个研究机构。

北京交通大学

北京交通大学跟西南交通大学的历史非常像，本来它们也曾是一家，在土木领域也比较强。北京交通大学的土木工程专业是国家一流专业，也是北京市重点学科。2022 年在软科世界一流学科排名中土木工程学科全球排名第 35 位，中国高校排名第 11 位。

中国矿业大学

中国矿业大学是国内第一所培养矿山土木工程专业技术人才的大学。

广西大学

广西大学的土木工程是广西历史最悠久的工科专业，也是它最强的专业。现有省部共建特色金属材料与组合结构全寿命安全国家重点实验室、水沙科学与水利水电工程国家重点实验室水网运河与智能建造研究中心、西部陆海新通道重大基础设施全寿命安全与耐久学科创新引智基地（111 基地）等 10 多个科研平台。

石家庄铁道大学

石家庄铁道大学前身是中国人民解放军铁道兵工程学院，系当时全军重点院校。原先中国修铁路的是部队里的铁道兵，一边打仗一边铺铁路，一些艰苦卓绝的铁路工程都是由铁道兵铺就的。所以，石家庄铁道大学的土木工程专业是它最强的专业，土木工程专业为国家级特色专业。

兰州交通大学

兰州交通大学土木工程学院是由唐山铁道学院（现西南交通大学）的铁道建筑系和铁道桥梁与隧道系成建制迁兰组建而成。土木工程专业现有一级学科博士点，是国家一流学科。

北京建筑大学

北京建筑大学于 1936 开设土木工程专业，是北京历史上悠久的土木工程专业之一。

1958年开始招收工民建专业本科生；1986年获批结构工程硕士点；2012年作为支撑学院之一获批"建筑遗产保护理论与技术"特需博士项目，开始招收博士生；2012年获批北京市一级重点学科；2018年获得土木工程一级学科博士授予点。2019年获批设立土木工程学科博士后科研流动站。主持和参与了新中国成立初期的十大建筑、亚运主要场馆、奥运主要场馆等国家及北京市重大工程的建设，为首都乃至国家建设做出了巨大的贡献。其土木工程专业为北京市土木工程一级重点学科，也是国家级特色专业。

专业辨析

土木类专业分为以下12个专业。

土木工程

建筑环境与能源应用工程

给排水科学与工程

建筑电气与智能化

城市地下空间工程

道路桥梁与渡河工程

铁道工程

智能建造

土木、水利与海洋工程

土木、水利与交通工程

城市水系统工程

智能建造与智慧交通

建筑环境与能源应用工程原名为供热、供燃气、通风及空调工程，改名后内涵更扩大，成为涉及生理学、心理学、气象学、生态学、城市规划、建筑设计、社会学和美学等的交叉学科。

给排水科学与工程，顾名思义，就是研究供水的整个循环过程，从源水的采集、净化、输送，到废水的排放、收集、处理等内容。

建筑电气与智能化虽然属于土木类专业，其实更多涉及电子线路、控制、计算机、通信等。这个专业主要研究建筑供配电与照明、建筑设备管理、公共安全、信息设施与信息化应用、建筑节能等专业知识和技术。

智能建造是新工科专业，同济大学首先设立。它融合了土木工程、机械设计制造及其自动化、电子信息、控制和工程管理等学科。

智能建造与智慧交通，包括了两方面：建造和交通，由山东大学在 2021 年首先设立，融合了数学、软件工程、控制科学与工程、机械工程、交通土木工程等专业。

其余专业看名字就一目了然，不再一一介绍。

CHAPTER 4 医学类热门专业：勇做救死扶伤的生命卫士

4.1 临床医学类专业

专业简介

医生是一个古老而崇高的职业，救死扶伤，是人类的"守护神"。人类预期寿命的增长，新生儿死亡率的下降，跟医学科学技术的发展有密切关联。

很多学生希望将来成为医生，当个"白衣天使"。

不过，在填报医学专业时要小心。在讲航空航天类专业时，我曾经说过，不是航空航天类专业才可以从事航空航天类的工作，很多其他专业也同样可以，像北京航空航天大学里绝大部分的专业都可以从事此类工作。

但医学专业不是这样。成为医生需要获得执业医师资格证，而考取执业医师资格证是有条件的。只有临床医学、中医学、口腔医学和预防医学的人可以考证，不同的证可从事不同的岗位。例如，口腔医学的学生考完证只能当牙医，不能当全科医生或其他专科医生。

做律师也需要考证，而且要求本科学法学或研究生读法律硕士，就是说如果本科没有读法学，研究生读也是可以的。执业医师证的要求更严格，研究生必须攻读以上4个专业的专硕才行，而专硕只允许本专业的本科生报考，不允许跨考。

所以，如果要想当医生，大家的志愿一定要填好，否则回天无力，读到博士也可能无法成为医生。我曾经开过玩笑：填错医门深似海，从此医生是陌路。

临床医学专业学习内容较多，需要学生刻苦学习，而且培养出一位医生不容易，培养周期很长，学医的同学要耐得住寂寞才行。

学科评估

临床医学的第四轮学科评估结果见表 4-1。

▼ 表 4-1 | 临床医学评估结果

评估结果	学校名称
A+	上海交通大学、浙江大学
A	北京协和医学院、复旦大学
A-	北京大学、首都医科大学、华中科技大学、中南大学、中山大学、四川大学
B+	中国医科大学、哈尔滨医科大学、南京医科大学、山东大学、重庆医科大学、海军军医大学（第二军医大学）、空军军医大学（第四军医大学）
B	郑州大学、武汉大学、西安交通大学、南方医科大学、天津医科大学、大连医科大学、吉林大学、同济大学
B-	南开大学、河北医科大学、山西医科大学、苏州大学、温州医科大学、安徽医科大学、南昌大学、广州医科大学、昆明医科大学
C+	徐州医科大学、济南大学、暨南大学、汕头大学、广西医科大学、兰州大学、宁夏医科大学、新疆医科大学、青岛大学
C	锦州医科大学、延边大学、江苏大学、南通大学、厦门大学、新乡医学院、广东医科大学、贵州医科大学
C-	河北大学、内蒙古医科大学、浙江中医药大学、蚌埠医学院、河南大学、西南医科大学、遵义医学院、青海大学、石河子大学

全国具有临床医学一级学科博士授权的高校共 52 所，其中 48 所参评第四轮学科评估，再加上部分有硕士授权的高校，一共有 86 所。本表中列入了 58 所。

在第二轮"双一流"评选中，临床医学入选的高校有：北京协和医学院、天津医科大学、复旦大学、上海交通大学、浙江大学、山东大学、郑州大学、华中科技大学、中山大学、广州医科大学、空军军医大学，共 11 所大学。加上北京大学，一共有 12 所大学。

医学院建设有一定门槛，所以相对来说，国内开设医学院的高校数量要少一些。临床医学专业又是医学生培养中最重要的一个专业，学科实力强的学校都是那些原卫生部直属的高校和老牌的医学院等。有些被"985 大学"合并的医学院进步比较快，当然也有些医学院合并后有点退步，需要针对具体情况进行分析。

不过，医学专业的就业跟师范专业的就业比较类似，有一定的区域性，除了那

些有全国知名的医学院之外，如果想在本地就业，可以优先选择本区域内或省内的
医学院。

特色学校介绍

表4-2是1981年我国公布的首批高校博士授予点，在医学里面，共有26所高校获
得了博士点，这是我国最好的医学院。40多年过去，学校发展有快有慢，但这些医学院
仍然是最好的一批医学院。

▼ 表4-2 | 全国医学高校首批博士点数量

排名	高校	数量
1	上海第一医学院（复旦大学医学院）	21
2	中国协和医科大学（北京协和医学院）	15
3	北京医学院（北京大学医学部）	13
4	同济医科大学（华中科技大学同济医学院）	7
4	中山医学院（中山大学医学院）	7
6	四川医学院（四川大学华西医学中心）	6
6	上海第二医学院（上海交通大学医学院）	6
8	湖南医学院（中南大学湘雅医学院）	5
9	北京中医学院（北京中医药大学）	4
9	哈尔滨医科大学	4
11	北京第二医学院（首都医科大学）	3
11	上海中医学院（上海中医药大学）	3
13	浙江医科大学（浙江大学医学院）	2
13	河南医学院（郑州大学医学院）	2
13	苏州医学院（苏州大学医学部）	2
13	中国医科大学	2
13	白求恩医科大学（吉林大学白求恩医学部）	2
13	南京药学院（中国药科大学）	2
18	重庆医学院（重庆医科大学）	1
18	成都中医学院（成都中医药大学）	1

续表

排名	高校	数量
18	西安医学院（西安交通大学医学部）	1
18	山东医学院（山东大学医学院）	1
18	天津医学院（天津医科大学）	1
18	沈阳药学院（沈阳药科大学）	1
18	南京医学院（南京医科大学）	1
18	南京中医学院（南京中医药大学）	1

注：本表中所列学校名称为获批博士点时的名称。

另外，原卫生部有 11 所直属医学院，几乎代表了国内医学院的最高水平。分别为以下医学院。

北京协和医学院

四川大学华西医学中心（原为华西大学）

中国医科大学

北京大学医学部（原为北京医科大学）

复旦大学上海医学院（原为上海医科大学）

中山大学中山医学院（原为中山医科大学）

华中科技大学同济医学院（原为同济医科大学）

中南大学湘雅医学院（原为湖南医科大学）

吉林大学白求恩医学部（原为白求恩医科大学）

山东大学齐鲁医学院（原山东医科大学）

西安交通大学医学部（原西安医科大学）

这里面，北京协和医学院仍然属于国家卫健委的高校，中国医科大学划归辽宁省管理，其他的医学院则并入各"985 大学"。

除了国家卫健委直属院校外，我国曾经还有 4 所军医大学：第一军医大学至第四军医大学。现在第一军医大学不再是军校，转成普通医科大学，就是在广州的南方医科大学。其余的 3 所军医大学分别改名为：海军军医大学、陆军军医大学和空军军医大学。其中，海军军医大学、空军军医大学是"211 大学"。

我国医科大学进入"211 工程"的除了两所军医大学外，还有天津医科大学。

上面是综述，下面分别介绍一些临床医学比较强的、不是原卫生部直属的学校。

上海交通大学

上海交通大学医学院的前身是上海第二医科大学，在 2005 年跟上海交通大学合并，合并之后发展很快，附属医院也特别强，有 12 家附属医院，做手术总量达到上海市的 1/3。一般说来，附属医院强，临床医学就不会差。

现上海交通大学有临床医学一级学科博士学位授权点、博士后流动站。临床医学八年制（法文班）、临床医学八年制（4+4 硕博班）、临床医学五年制（儿科学方向）、临床医学五年制（英语班）是学院的特色班级。临床医学进入全球前 1‰ 学科。据官网介绍，2021 年 5 月起，其临床医学引文数排名首次进入全球前百位，为国内第一位。U.S.News 世界大学 2022 年排行榜，临床医学、外科学、胃肠病学和肝病学、公共事业，环境和职业健康 4 个学科排全国高校首位。

浙江大学

浙江大学医学院的前身为浙江医科大学，1999 年，与浙江大学合并。浙江大学拥有 7 家附属医院，临床医学为一级学科博士点，国家临床重点专科 45 个。临床医学专业是国家级特色专业，首批国家级一流本科专业建设点，浙江大学是全国首个临床医学博士后培养项目试点单位（全国仅两家），同时是教育部、原卫生部批准的首批卓越医学人才培养项目试点高校。内科学（传染病）、外科学（普外）、肿瘤学、儿科学是国家重点学科；病理学与病理生理学、妇产科学、眼科学、药物分析学是国家重点（培育）学科。

首都医科大学

首都医科大学建校于 1960 年，它既不是原卫生部直属院校，也不是"211 大学"，为什么发展这么快呢？临床医学本质是一个实践科学，一般附属医院特别强的话，临床医学都不会太差。而首都医科大学有 20 所附属医院，而且都是非常顶级的医院。首都医科大学有 60 个国家临床重点专科（含中医），有 5 个国家医学中心、6 个国家临床医学研究中心。国家重点学科有：外科学（神外）、耳鼻咽喉科学、眼科学、儿科学、内科学（心血管病）、神经病学；国家重点（培育）学科：内科学（消化系病）、影像医学与核医学。

南京医科大学

南京医科大学的前身是国立江苏医学院，是首批博士、硕士学位授权单位，有国家临床重点专科 29 个。南京医科大学在 2022 年进入了第二轮"双一流"高校名单，在没进入之前，南京医科大学的录取分数线就很高，进入"双一流"之后，在全国的录取分数线更高了一些。内科学（心血管病）、劳动卫生与环境卫生学、药理学为国家重点学科；国家重点（培育）学科有：病理学与病理生理学。

哈尔滨医科大学

哈尔滨医科大学的一个源头是伍连德博士于 1926 年创办的滨江医学专门学校。伍连德博士在瘟疫史上非常著名，他在 20 世纪初的中国成功扑灭了一场鼠疫。哈尔滨医科大学有国家重点学科 2 个、国家重点培育学科 1 个、省级重点学科（群）21 个、国家级区域医疗中心 2 个、国家临床重点专科建设项目 40 个、国家住院医师规范化培训示范基地 1 个、国家住院医师规范化培训重点专业基地 9 个。

重庆医科大学

在表 4-2 里可以看到，重庆医科大学也是第一批就获得了博士、硕士学位授予权的医学院。学校创建于 1956 年，师资来自现复旦大学上海医学院，其临床医学专业首批通过了教育部的专业认证，内科学（传染病）、神经病学、儿科学、临床检验诊断学是国家重点学科。

海军军医大学和空军军医大学

它们是军校，但都招非军籍的学生，非军籍的学生就等同于普通院校的学生，只是管理上比普通院校要严格、准军事化。海军军医大学位于上海，有全国唯一一家肝癌研究中心，在临床上最有名的是烧伤、心脏、肝胆外科，另外其骨科、脑外、肾脏病方向也很不错。

空军军医大学

空军军医大学位于西安，在 1959 年就是全国重点大学之一。我曾听西安高校的教授说，在西安的高教界，空军军医大学被当作"985 大学"来对待，学科水平很高。空军军医大学有国家重点和培育学科 19 个、国家重大科研基础设施 1 个、国家重点实验室 2 个、国家临床医学研究中心 2 个、国家临床重点专科军队建设项目 23 个、全军医学专科中心 35 个等。

郑州大学

郑州大学医学院的前身是河南医科大学，是河南省最早和最好的医学院。现在郑州大学的附属第一医院的规模非常大，病床数超 10 000 张。临床医院水平高，临床医学专业就不会差。临床医学专业是教育部首批卓越医生教育培养计划——"五年制临床医学人才培养模式改革"和"临床医学硕士专业学位研究生培养模式改革"

的试点高校，是国家级一流专业和河南省名牌专业。拥有省部共建食管癌防治国家重点实验室、互联网医疗系统与应用国家工程实验室、国家远程医疗中心等国家级科研平台。

南方医科大学

南方医科大学前身为中国人民解放军第一军医大学，后划给广东省，更名为南方医科大学。南方医科大学是全国首批开设八年制临床医学专业（本硕博连读）的8所高校之一，能开设8年制的医学院水平都很高。南方医科大学是全国首批卓越医生、卓越医生（中医）教育培养计划试点高校。有5个国家重点及培育学科、6个国家中医药管理局重点学科。国家重点学科有：人体解剖与组织胚胎学、内科学（消化系病）、中西结合临床；国家重点（培育）学科有：病理学与病理生理学、外科学（骨外）。

天津医科大学

天津医科大学是唯一一所医科"211大学"，它创建于1951年，是国家最早批准试办八年制的2所医学院校之一，也是首批试办七年制的15所院校之一。现有国家重点学科5个，天津市重点学科18个；临床医学进入ESI全球排名前1‰。

广州医科大学

广州医科大学在第二轮"双一流"评选中入选，其钟南山院士团队荣获2020年国家科学技术进步奖创新团队奖。广州医科大学创办于1958年，有1个国家医学中心、1个国家临床医学研究中心、1个国家重点实验室等平台。拥有1个国家重点学科、7个省部级重点学科。据官网介绍，其呼吸科排名全国第一、变态反应排名全国第三、小儿外科排名全国第四、胸外科排名全国第五、小儿内科排名全国第六、精神医学排名全国第六。

专业辨析

临床医学类下面分为以下7个专业。

临床医学

麻醉学

医学影像学

眼视光医学

精神医学

放射医学

儿科学

临床医学包罗万象，其他学科其实都是临床医学里分出来的，都属于临床医学，单独拿出来招生，一般是社会缺此类人才。

麻醉学是用药物或其他方法使病人整个机体或部分机体暂时失去知觉，消除病人手术疼痛的一种医学手段。现代麻醉学不单单在于术期间使用，还有危重病人、疼痛诊疗都需要用到麻醉学。现在医疗系统内还是比较缺乏麻醉师的。

医学影像学是应用医学成像技术对人体疾病进行诊断的学科，随着医疗技术的发展，也可以在影像下进行微创诊断和介入治疗。

眼视光医学是现代光学和眼科学的结合，用现代光学技术、药物等多种途径来解决视觉障碍。

精神医学是研究人类各种心理障碍、精神病的病因、发病机制、临床特点和防治方法的一门临床学科。大家注意将精神医学与心理学专业区分开，精神医学是医学专业，学成并考取对应的资格证书后是可以当医生的，而心理学专业学成后，只能做心理咨询师，不能当医生。

放射医学主要研究放射线对人体的作用、损伤与修复等方面的基本知识和技能，进行放射诊断、放射治疗、放射损伤的修复等，放射线仪器有：X 光机、CT 机等，另外在肿瘤治疗中也可以使用放射性物质。放射医学跟医学影像学有些接近，不过单独开设放射医学专业的学校比较少，例如吉林大学、苏州大学等。

儿科学顾名思义就是培养儿科大夫，儿科大夫数量较少，缺口较大，所以单独招生。

4.2 口腔医学类专业

专业简介

在医学专业的选择上，很多学生倾向于选择口腔医学。原因觉得口腔医学比临床医学轻松，主要的工作是拔牙、补牙，医患压力不大，也几乎没有急诊或危重病人；而且就业的机会也比较多，如果去不了公立医院，可以去私人诊所，甚至自己也可以开诊所；工作轻松、收入高。因此，在很多医学院里口腔医学的分数线比临床医学的高。

这里面有两个误区：第一，口腔医学不单单是拔牙、补牙。口腔医学专业是一门研究牙齿及其周围口腔颌面部软、硬组织的发生、发育，及其疾病的病因、发病机理、诊断与治疗等的临床医学科学。口腔和颌面部的疾病都归它管，例如颌面部的畸形矫正、口腔溃疡、肿瘤和白斑等。口腔医学在国内外都是跟临床医学分开培养。

第二，虽然口腔医学录取分数线高，但口腔医学并不是医院特别重要的科室，临床医学才是一个医院最重要的部门，疑难杂症、危重病人都在临床医学，医学最前沿的研究和进展也都在临床医学，所以对一些学生来说，口腔医学和临床医学的职业成就感不一样。

大家在报考的时候要考虑清楚这些问题。

学科评估

口腔医学第四轮学科评估结果见表 4-3。

▼ 表 4-3 | 口腔医学评估结果

评估结果	学校名称
A+	北京大学、四川大学、空军军医大学（第四军医大学）
B+	上海交通大学、南京医科大学、武汉大学、中山大学
B	首都医科大学、中国医科大学、浙江大学、山东大学
B-	天津医科大学、吉林大学、哈尔滨医科大学、同济大学
C+	大连医科大学、广西医科大学、重庆医科大学、西安交通大学
C	安徽医科大学、华中科技大学、中南大学、昆明医科大学
C-	南开大学、河北医科大学、温州医科大学、兰州大学、南方医科大学

全国具有口腔医学一级学科博士学位授予权的高校共 16 所，其中 15 所参评了第四轮学科评估，加上部分有硕士学位授予权的高校，一共有 39 所。

在第二轮"双一流"评选中，口腔医学学科入选的大学有：上海交通大学、四川大学和武汉大学，再加上北京大学，一共有 4 所大学入选。

开设口腔医学专业的高校比开设临床医学专业的高校要少。在临床医学里介绍过的原卫生部直属医学院，还有一些老牌的医学院都不错。只是有的临床医学专业更强一些，有的口腔医学专业更强一些。

本篇主要介绍一下上篇没介绍过的医科大学。

特色学校介绍

北京大学

北京大学医学部的前身是北京医科大学。北京医科大学在 1954 年是全国仅有的 6 所重点大学之一，1981 年我国首批确定博士学位授予单位时，北医获得了 13 个博士点，它一直是我国最好的医学院之一。北医在 1946 年到 1952 年期间，属于北大，在院系调整时，从北大独立出去，像屠呦呦 1951 年入学属于北大，在 1955 年毕业时，就是北医毕业生。2000 年，北医再次跟北京大学合并。

北大医学部拥有 3 个国家一级重点学科，12 个国家二级重点学科，3 个全国重点实验室，1 个国家工程研究中心，5 个国家临床医学研究中心，3 个国家级国际联合研究中心，3 个国家医学中心，1 个前沿科学中心，1 个国家医学攻关产教融合创新平台，68 个省部级设置的实验室、国际科技合作基地、研究（室、中心）。

四川大学

四川大学华西医学中心的前身是我国最早的医学综合性大学，也是我国现代高等医学教育的发源地之一。在医学界有这个说法："北协和、南湘雅、东齐鲁、西华西、中同济"，这是我国之前医学界的五大名校。华西医学中心是中国西部最大的国家级医疗中心、疑难危急重症诊疗中心、国家级医学人才培养基地、国家级医学科技创新体系基地及国家级重大公共卫生事件医疗救治中心。华西医院连续 10 年名列"中国最佳医院排行榜"综合排名全国第二，连续 7 年名列"中国医院科技量值综合榜"排名第一，牵头建设全球首支非军方 Ⅲ 类国际应急医疗队。华西口腔医院是中国首家口腔专科医院，名列"中国最佳医院排行榜"全国口腔医院第一，连续 7 年名列"中国医院科技量值综合榜"口腔医学第一。有医学国家级重点学科 16 个，国家临床重点专科项目 45 个，其口腔医学更是全国著名。

武汉大学

武汉大学的发展历程跟上海交通大学的有点像。原来上海最好的医学院跟复旦合并，上交大跟上海第二医科大学合并，合并之后，上交大医学院发展迅速，现在已经位于医学院的第一方阵。武汉最好的医学院跟原华中理工大学合并成华中科技大学，武汉大学合并了湖北医科大学，这些年发展也很好，尤其口腔医学专业，在湖北省位列第一，全国也是排在前列。

中山大学

中山大学医学院的前身是中山医科大学，原卫生部直属的全国重点医学院校之一。中山大学医学院最强的是基础医学，属于国内第一方阵，在病原生物学与热带病防治、干细胞生物学与组织再生、神经疾病基础与神经生物学、心血管病理生理学基础、代谢性疾病病理生理学基础、免疫学基础与免疫治疗以及肿瘤免疫等研究领域有特色。临床医学和法医学是国家级特色专业，有临床医学分子诊断国家地方联合工程实验室、科技部临床与转化医学国际合作联合实验室、干细胞与再生医学国家地方联合工程研究中心、生物安全三级实验室 4 个国家级科研平台。

中国医科大学

中国医科大学是中国共产党最早创建的院校，是唯一以学校名义走完红军二万五千里长征全程并在长征中继续办学的院校。中国医科大学是原卫生部直属医学院，2000 年改为省部共建学校。中国医科大学培养了原卫生部不少领导和专家，被誉为"红色医生的摇篮"。有基础医学、临床医学、口腔医学、公共卫生与预防医学、药学、护理学、生物学 7 个一级学科博士学位授予权；国家重点学科 5 个，国家重点（培育）学科 1 个；国家临床重点专科建设项目 42 个。国家重点学科分别为：劳动卫生与环境卫生学、内科学（内分泌与代谢病）、内科学（呼吸系病）、外科学（普外）、皮肤病与性病学；国家重点（培育）学科为：影像医学与核医学。

山东大学

山东大学齐鲁医学院的前身就是"北协和、南湘雅、东齐鲁、西华西、中同济"的"东齐鲁"。其一流学科方向是"临床医学与重大疾病"，还有心血管病学、生殖医学、药学优势特色学科，以及精准肿瘤学、脑与类脑科学等 6 个山东大学高峰学科建设项目。软科中国大学本科专业排名中，生物医学科学（基础医学）排名全国第二，临床药学和临床医学分别排名全国第四和第七。在临床医学领域，有 7 个临床学科位列复旦大学版中国最佳临床专科排行榜前十名，13 个临床专科跻身全国二十强。2022 年，公共卫生学院入选教育部 18 所高水平公共卫生学院建设行列，临床医学学科入选新一轮"双一流"建设名单。

吉林大学

吉林大学白求恩医学部的前身是创建于 1939 年 9 月的晋察冀军区卫生学校，国际主义战士诺尔曼·白求恩参与了学校的创建和教学工作。学部有生物学、基础医学、临床医学、口腔医学、公共卫生与预防医学、药学、护理学、公共管理等 8 个一级学科博士学位授予点。现有二级学科国家重点学科 1 个、吉林省重中之重学科 1 个、吉林省优势特色重点学科 6 个。药理学与毒理学、临床医学进入 ESI 前 1‰。

同济大学

同济大学本来是有医学院的，就是现在华中科技大学里的同济医学院，但奈何迁到了武汉。2000 年，同济大学合并了原上海铁道大学，上海铁道大学的医学院就成了同济大学医学院。合并之后，同济大学医学院的发展非常迅速，毕竟它位于"985 大学"

的平台。据同济大学医学院官网介绍，其医学学科的整体水平已跻身全国医学院校前10%。2022 年进入教育部直属优质医学院校名单（共 18 所院校入选）。同济大学医科连续 3 年位居 QS 全球医学排名 301 ～ 350 位，中国第 12 位。2022 年泰晤士高等教育中国学科评级中：生物医学工程 A，药学 A，临床医学 A-，基础医学 A-，护理学 B+。2022 年临床医学学科首次进入 ESI 全球前 1‰，5 个医学相关学科进入 ESI 全球前 1%：生物学与生物化学、分子生物学与遗传学、神经系统学与行为学、免疫学、药理学和毒理学。康复物理治疗专业 2021 年入选国家一流本科专业建设点，在 2022 "软科中国大学专业排名" 中专业等级 A+。

大连医科大学

现在的大连医科大学是 1978 年在大连市复办的，是辽宁省一流大学重点建设高校。学校现有国家重点学科 1 个、辽宁省一流建设学科 4 个。6 个学科进入 ESI 全球机构前 1%。有博士后科研流动站 4 个、博士学位授权一级学科 4 个、博士专业学位授权类别 1个，以及国家一流本科专业建设 "双万计划" 国家级 6 个、省级 9 个。

广西医科大学

广西医科大学是全国建校较早的 22 所医学院校之一，是全国最早定点招收外国留学生、港澳台学生和华侨学生的 8 所医学院校之一。学校建有目前为止广西最大的临床医学实践教学平台——临床技能培训中心。广西医科大学是国家首批硕士、第二批博士学位授权单位。现有 5 个一级学科博士学位授权点和 4 个博士后科研流动站。学校现有1 个国家重点（培育）学科、16 个国家临床重点专科、2 个国家中医药管理局重点专科。学校在广西常见病、多发病的防治研究方面具有明显特色优势，在地中海贫血防治、区域高发肿瘤防治、蛇毒研究、心血管疾病防治、药物创制研究、器官移植、断指再植、外周血造血干细胞移植等研究领域达到国际国内领先水平。

西安交通大学

西安交通大学医学部前身是西安医科大学，原卫生部直属医学院。医学部现有生物学、基础医学、临床医学、公共卫生与预防医学、药学、口腔、护理学 7 个一级学科博士学位授权点，3 个博士专业学位授权点，6 个一级学科博士后科研流动站，拥有 4 个国家重点学科（生理学、法医学、泌尿外科和皮肤病与性病学），25 个国家临床重点专科，2 个国家级疑难病症诊治能力提升工程项目（呼吸系统疾病和心脑血管疾病）。临床医学、药理与毒理学、生物与生物化学、神经科学与行为学、分子生物学与遗传学、免疫学等 6 个学科进入 ESI 全球前 1% 行列。

华中科技大学

华中科技大学同济医学院是一所具有 110 余年办学历史的医学名校，是我国现代医学教育的发源地之一，是国家教育部、国家卫计委首批共建的 10 所部属高校医学院之一，是全国首批试点八年制医学教育院校，是全国首批卓越医师教育培养计划实施院校，是中德医学教育人才培养模式创新实验区，是全国首批同时拥有国家级基础医学、临床医学、预防医学三大实验教学示范中心的 2 所院校之一。设有 15 个本科专业、67 个硕士学位授权点、10 个博士学位授权一级学科、64 个博士学位授权点、6 个博士后科研流动站；拥有 9 个国家重点学科、5 个国家重点（培育）学科、61 个国家级临床重点专科。在教育部第四轮学科评估中，公共卫生与预防医学、生物医学工程、临床医学、生物学、公共管理进入 A 类，其中公共卫生与预防医学、生物医学工程进入 A+。临床医学、药理学与毒物学、生物学与生物化学、神经科学与行为科学、免疫学、分子生物与遗传学等全部 12 个医学及相关学科进入 ESI 国际学科排名前 1%。临床医学持续保持 ESI 国际学科排名前 1‰，药理学与毒理学进入前 1‰。基础医学、临床医学、公共卫生与预防医学入围国家一流学科建设名单。

中南大学

中南大学湘雅医学院是我国第一所中外合办医学院，当年协和医学院创建时还借鉴了湘雅医学院的管理模式。学院现有一级学科博士点 8 个、一级学科硕士点 9 个、一级学科专业学位授权点 7 个。拥有国家级科研平台 15 个，包括 3 个国家临床医学研究中心（老年疾病、精神心理疾病、代谢性疾病）、3 个国家工程研究中心、3 个国家工程实验室、2 个国家国际科技合作基地、4 个全国创新引智基地；省部级科技创新平台（省部级实验室）29 个。拥有病理性与病理生理学、遗传学、药理学、精神病与精神卫生学、神经病学、胸心外科学、内科学（内分泌与代谢病学）、耳鼻咽喉科学、普通外科学（培育）国家重点学科 9 个，80 个国家临床重点专科；生物学与生物化学、神经科学与行为科学、分子生物与遗传学、免疫学、社会科学总论、精神病学与心理学、微生物学 7 个医学学科 ESI 排名居全球前 1%，临床医学、病理学与毒理学进入 ESI 全球学科排名前 1‰。

安徽医科大学

安徽医科大学是安徽省最早的高等学校之一，是安徽省第一所高等医科院校，其前身是 1926 年始创于上海的东南医科大学，1949 年内迁安徽。学校有临床医学、药学、基础医学、公共卫生与预防医学 4 个博士学位授权一级学科，45 个博士学位授权二级学科；建有药学、临床医学、公共卫生与预防医学、基础医学 4 个博士后科研流动站。药学、公共卫生与预防医学、临床医学、生物学、基础医学 5 个学科为安徽省高等学校高峰学科。护理学、生物医学工程、心理与脑科学为安徽省高峰培育学科立项建设。临床医学、药理学与毒理学、分子生物学与遗传学、生物与生物化学、免疫学、神经科学与行为学、社会科学总论、环境和生态学 8 个学科进入 ESI 全球排名前 1%。

昆明医科大学

昆明医科大学的前身是创建于 1933 年的东陆大学医学专修科，1981 年成为全国首批硕士学位授权单位，1998 年成为博士学位授权单位，是国家首批中西部高校基础能力建设工程院校。有一级学科博士学位授权点 5 个、博士专业学位授权点 2 个、一级学科硕士学位授权点 8 个、硕士专业学位授权点 7 个。设立了临床医学、基础医学、药学、口腔医学、公共卫生与预防医学 5 个博士后科研流动站。药理学与毒理学、神经科学与行为学、生物学与生物化学 3 个学科进入 ESI 全球排名前 1%。

河北医科大学

河北医科大学的初名是北洋医学堂，1894 年由直隶总督兼北洋大臣李鸿章于天津创办，是中国近代第一所官办西医院校。其在抗日战争时期被迫停办，1946 年复校。1995 年，原河北医学院、河北中医学院、石家庄医学高等专科学校三校合并为河北医科大学。学校建有基础医学、临床医学、中西医结合、生物学 4 个博士后科研流动站，拥有 6 个博士学位授权一级学科和 47 个博士学位授权二级学科。有国家重点学科 1 个（中西医结合基础）、国家重点培育学科 1 个（法医学）、国家中医药管理局重点学科 1 个（中西医结合基础）、国家级临床重点专科 16 个、河北省"双一流"建设学科 4 个、河北省国家重点学科培育项目支持学科 1 个、河北省强势特色学科 4 个、河北省重点学科 12 个。

温州医科大学

温州医科大学 1958 年开始招收五年制本科学生，1978 年招收硕士研究生，是全国首批硕士学位授权单位，具有博士学位授予权。现有临床医学、基础医学、药学、生物医学工程一级学科博士点和临床医学、医学技术专业学位博士点；设有临床医学和药学一级学科博士后科研流动站。学校位列 ESI 全国高校综合排名第 70 位，临床医学、药理学与毒理学、生物学与生物化学、分子生物学与遗传学、材料科学、化学、神经科学与行为学、免疫学、工程学 9 个学科进入 ESI 全球排名前 1%，其中临床医学、药理学与毒理学进入 ESI 全球排名前 1‰。拥有 1 个全国重点实验室、1 个国家工程技术研究中心、1 个国家发改委工程研究中心、1 个省部共建国家重点实验室、1 个国家临床医学研究中心（眼科疾病）。据官网介绍，附属眼视光医院稳居全国眼科专科医院第一名。眼视光医学是温州医科大学的特色。

兰州大学

兰州大学医学教育始于 1932 年甘肃学院医学专修科，2004 年整体并入兰州大学。医学学科现有临床医学、基础医学 2 个一级学科博士后流动站，临床医学、基础医学、药学 3 个一级学科博士学位授权点，临床医学、药理学与毒物学 2 个学科进入 ESI 全球前 1%。国家临床重点专科（9 个）：消化内科、重症医学科、老年病科、心血管内科、骨科、神经外科、普通外科、泌尿外科、急诊医学科。

4.3 中医学类专业

专业简介

这几年，国家在中医方面投入持续加大，不少学生也想学中医专业。下面来讲讲中医相关的问题。

大家选择中医专业的原因不外乎以下几个。第一，热爱中医，因为中医就是传统文化的一部分，很多热爱中医的人小时候背过《黄帝内经》，被里面的哲学思想吸引。另外，我们在生活中也会用到一些中医疗法，很多人因此受益，内心自然亲近中医。第二，客观评估自己的实力，明确自己考西医很难考上好学校，但选择中医相对容易考上好学校。第三，自己不太擅长物理和化学。之前文科生也可以学中医，但 2024 年开始，考中医学也必须要学物理和化学。但西医相关的专业，对物理、化学要求比较高，而中医学相关专业对这两门的要求相对低一些，这对于物理化学偏弱但又想学医学的学生来说，是个不错的选择。

不过，中医学比西医更像一门经验科学，除了需要背诵大量的典籍外，还需要通过大量的坐诊获取经验。所以，中医学的学习也是比较艰苦而漫长的，大家要有这个心理准备。

学科评估

中医学第四轮学科评估的结果见表 4-4。

▼ 表 4-4 │ 中医学评估结果

评估结果	学校名称
A+	北京中医药大学、上海中医药大学
A-	南京中医药大学
B+	天津中医药大学、黑龙江中医药大学、广州中医药大学、成都中医药大学
B	辽宁中医药大学、浙江中医药大学、山东中医药大学、湖南中医药大学
B-	长春中医药大学、安徽中医药大学、福建中医药大学
C+	首都医科大学、江西中医药大学、河南中医药大学、湖北中医药大学、广西中医药大学
C	贵阳中医学院、陕西中医药大学、甘肃中医药大学
C-	厦门大学、云南中医学院、河北中医学院

全国有中医学一级学科博士授权的高校共 20 所，全部参评了第四轮学科评估，加上部分有硕士授权的高校，一共 37 所。

在"双一流"评选中，最大的赢家是中医药大学，一共入选了北京中医药大学、天津中医药大学、上海中医药大学、南京中医药大学、广州中医药大学、成都中医药大学6 所中医药大学。

不过这 6 所中医药大学不全是中医学入选，有些学校是中药学入选。

北京中医药大学：中医学、中西医结合、中药学

天津中医药大学：中药学

上海中医药大学：中医学、中药学

南京中医药大学：中药学

广州中医药大学：中医学

成都中医药大学：中药学

不管入选的是不是中医学，这些中医药大学的中医学都很厉害。

特色学校介绍

在中医界内，有个"中医老四校"的说法。这是指在 1956 年，北京、上海、广州和成都同时建立的 4 所中医高校，即现在的北京中医药大学、上海中医药大学、广州中医药大学和成都中医药大学。这也是中医教育的顶尖水平的象征。

除了这些中医药大学之外，一些综合性院校也开设了中医类专业。这些学校的平台

比较好，发展很快，也值得大家关注。另外，一些西医医学院也开设中医学专业，在此就不多介绍了。

北京中医药大学

北京中医药大学是中医药大学里面唯一一所"211大学"，中国中医教育的最高学府，是热爱中医的学生们的心中"圣殿"。中医药大学9年本博贯通培养的领军人才培养计划班，录取分数线不输那些顶尖的西医医学院。2018年，学校成为教育部新一届高等学校中医学类、中西医结合类专业教学指导委员会主任委员单位。

学校是全国高等中医药院校中首批建立博士学位点和博士后科研流动站的单位之一，有中医学、中药学、中西医结合3个博士后科研流动站。有3个一级学科博士学位授权点，42个二级学科博士学位授权点；7个一级学科硕士学位授权点，47个硕士学位授权点。拥有5个专业学位类别，10个博士专业学位授权点、14个硕士专业学位授权点。为全国中医、中药学专业学位研究生教育指导委员会秘书处，以及中医学与中西医结合学科评议组召集人所在单位。

学校现有一级学科国家重点学科2个，涵盖二级学科国家重点学科15个，国家中医药管理局重点学科48个。一级学科国家重点学科有：中医学、中药学；二级学科国家重点学科有：中医基础理论、中医诊断学、方剂学、中医内科学、中医临床基础、中医医史文献、针灸推拿学、中医外科学、中医妇科学、中医骨伤科学、中医儿科学、中医五官科学、民族医药、中药学、中西医结合基础。

上海中医药大学

上海中医药大学也是非常著名的中医药大学，是上海市重点建设的高水平大学。学校是国家教育部"人才培养模式创新实验区"和"特色专业点"建设高校，有中医学、中药学、中西医结合3个一级学科及中医1个专业学位类别（领域）博士学位授权点，有3个博士后流动站。博士学位授予专业覆盖全部中医药学科。

学校有国家重点学科4个：中医外科学、中药学、中医内科学及中医骨伤科学；国家重点学科（培育）2个：中医医史文献学、针灸推拿学；国家中医药管理局重点学科38个；上海市高峰高原学科4个。中医学、中药学两个学科连续入选国家"双一流"建设学科高校名单并进入培优建设行列；在第四轮学科评估结果中，中医学、中药学、中西医结合3个学科全部进入A+档，是全国中医院校中唯一取得3个A+学科的高校。

南京中医药大学

南京中医药大学虽然不属于"老四校"，但建校时间也比较早，创建于 1954 年，一开始是中医进修学校，后升格为本科院校，也是属于最早的一批中医药大学。据官网介绍，它为新中国高等中医药教育培养输送了第一批师资、编撰了第一套教材、制订了第一版教学大纲，被誉为"高等中医教育的摇篮"。

学校现有国家"双一流"建设学科 1 个，国家重点学科 3 个，国家重点（培育）学科 2 个，江苏高校优势学科 4 个，"十四五"省重点学科 8 个，国家中医药管理局中医药重点学科 33 个。学校是全国首批博士学位、硕士学位授予单位，有 4 个一级学科博士学位授权点、1 个博士专业学位授权点、3 个博士后科研流动站。2020 年至 2022 年，中药学连续在软科中国最好学科排名榜位列第一。2016 年起，学校连续 7 年在《中国大学评价》中综合排名位列全国中医药院校第一。

广州中医药大学

广州中医药大学的中医学学科是国家"双一流"建设学科，也是国家一级重点学科，有广东省高水平大学建设重点学科 6 个（中医学、中西医结合、中药学、临床医学、药学、疫病防治与应急管理学），另有国家中医药管理局重点学科 25 个。临床医学、药理学与毒理学、化学、生物与生物化学农学、分子生物学与遗传学 6 个学科进入 ESI 全球排名前 1% 行列。学校设有 3 个博士一级学科学位授权点、1 个博士专业学位授权类别、3 个博士后科研流动站。

学校有中医类国家级重点实验室——中医证候全国重点实验室和省部共建中医湿证全国重点实验室，以及国家医学攻关产教融合创新平台等国家级科研平台 10 个。其第一附属医院是国家重大疫情救治基地、是"全国区域中医（专科）诊疗中心最多的医院之一"；第二附属医院连续 9 年蝉联"中国中医医院·竞争力 100 强"榜首，连续 4 年位列全国中医医院科技量值第一。

成都中医药大学

该校是全国首批中医药学博士、硕士学位授权点，首批临床医学（硕士、博士）专业学位试点单位。现有一级学科博士学位授权点 3 个、二级学科博士学位授权点 29 个，博士后流动站 3 个。现有国家"双一流"建设学科 1 个（中药学），国家重点学科 4 个（中药学、针灸推拿学、中医五官科学、中医妇科学），四川省"双一流"建设学科 2 个（中药学、中医学），省部级重点学科 44 个，ESI 全球前 1% 学科 2 个（药理学与毒理学、临床医学）。

学校为国家培养了新中国第一位中药学博士、第一位中药学博士后和第一位五官科学博士。学校现有省部共建西南特色中药资源国家重点实验室、国家级实验教学示范中心、国家中医药虚拟仿真实验教学中心、中药饮片炮制国家地方联合工程研究中心、国家中药种质资源库（四川）等重点实验室。

天津中医药大学

学校有中药学国家"双一流"建设学科、中医内科学和针灸推拿学2个国家级重点学科、23个国家中医药管理局重点学科、9个天津市重点学科、2个天津市一流学科、3个天津市顶尖学科、3个优势特色学科群、6个服务产业特色学科群。拥有中医学、中药学、中西医结合3个博士后科研流动站，中医学、中药学、中西医结合3个一级学科博士学位授权点，16个二级学科博士学位授权点，1个中医博士专业学位授权点。

学校拥有国家中医针灸临床医学研究中心、组分中药国家重点实验室、国家级国际联合研究中心——中意中医药联合实验室、科技部创新人才推进计划创新人才培养示范基地、方剂学教育部重点实验室、现代中药发现与制剂技术教育部工程研究中心等科研平台。针对新型冠状病毒肺炎，学校研发了中药新药"宣肺败毒方"，研发了"清感饮"系列茶药。张伯礼院士荣获"人民英雄"国家荣誉称号；组分中药国家重点实验室获得"全国抗击新冠肺炎疫情先进集体"荣誉称号。

黑龙江中医药大学

黑龙江中医药大学建校也比较早，始建于1954年。有博士学位授予权一级学科4个、二级学科31个；博士专业学位授权点1个。学校设有中医学、中药学、中西医结合、药学4个博士后科研流动站，是国家第一类特色专业（中药学、药物制剂和针灸推拿学）和首批第二类特色专业（中医学）建设点。有国家重点学科4个、国家中医药管理局重点学科21个。

学校拥有东北三省唯一一家药物安全性评价中心（GLP实验室），建立了黑龙江中医药大学中药材GAP中心，现为"省医药工业校企合作专业委员会"牵头单位。

辽宁中医药大学

辽宁中医药大学成立于1958年，是首批博士、硕士授予权高校，首批有条件接收外国留学生、港澳台学生高校，首批国家中医药服务出口基地、首批国家中医临床研究基地。中医药主干学科全部位列省一流学科，拥有1个国家重点学科、26个国家中医药管理局中医药重点学科、4个辽宁省高等学校一流学科、21个辽宁省中医药重点学科；有 3 个博士后科研流动站、1 个博士后科研工作站和 2 个辽宁省博士后创新实践基地；有 3 个一级博士学位授权学科、16 个二级学科博士学位授权点、1 个博士专业学位授权点。

福建中医药大学

福建中医药大学创建于 1958 年，创办时间也是比较早的。学校有中医学、中西医结合和中医博士专业学位 3 个博士学位授权点；有中医学、中西医结合等 2 个博士后科研流动站。康复物理治疗（PT）和康复作业治疗（OT）分别通过世界物理治疗联盟（WCPT）、世界作业治疗联盟（WFOT）国际教育标准认证。2017 年 5 月，中药学通过教育部专业认证。2019 年 3 月，护理学通过教育部专业认证。2020 年 3 月，临床医学通过教育部专业认证。学校有 20 个国家中医药管理局重点学科，中医学、中西医结合 2 个学科入选福建省第二轮"双一流"建设主干学科。ESI 临床医学学科保持全球排名前 1%。

浙江中医药大学

浙江中医药大学是浙江省重点建设高校，始创于 1953 年；1998 年获得博士学位授予权。学校是全国首批招收和培养中医药研究生、在浙江省属高校中首批获得博士学位授予权和博士后科研流动站的院校。学校现有博士学位点覆盖中医学、中西医结合、中药学 3 个一级学科；专业学位包括中医博士与硕士、临床医学硕士、口腔医学硕士、公共卫生硕士、护理硕士、中药学硕士、公共管理硕士、生物与医药硕士、药学硕士和医学技术硕士 10 个专业学位点。建有中医学、中药学、中西医结合 3 个博士后科研流动站。学校建有血液病、免疫风湿病国家中医临床研究基地，国家中医药管理局重点研究室 3 个、国家中医药科研实验室（三级）10 个等科研平台。

山东中医药大学

山东中医药大学拥有的国家重点学科在省属高校中是最多的，首批获得硕士、博士学位授权。有 3 个博士学位授权一级学科，9 个硕士学位授权一级学科，3 个国家重点学科，有中医学、中药学、中西医结合 3 个博士后科研流动站。在 2021 软科中国最好学科排名中，中医学位列第 6，中西医结合位列第 5，临床医学、药理学与毒理学进入 ESI 全球前 1% 行列。现有 1 个教育部重点实验室、1 个国家中医心血管疾病临床医学研究分中心、3 个国家级区域中医诊疗中心、6 个国家中医药管理局三级重点实验室、2 个国家中医药管理局重点研究室、2 个全国学术流派传承工作室，拥有国家中医临床研究基地、国家重大新药创制平台（山东）中药单元平台。

湖南中医药大学

湖南中医药大学 1960 年为本科院校，是全国首批设立国家级重点学科的高校，也是全国首批招收博士研究生、留学生及港澳台学生的中医药院校。现有博士后科研流动站 2 个、一级学科博士学位授权点 3 个、二级学科博士学位授权点 23 个、博士专业学位授权点 1 个。2018 年，中医学入选"国内一流建设学科"，中西医结合、药学入选"国内一流培育学科"；2022 年，中医学入选湖南省"十四五"世界一流培育学科，药学、中西医结合学科入选湖南省"十四五"重点学科。建有国家重点学科 1 个、国家中医药管理局重点学科 23 个。中医诊断学继续保持在全国中医药院校中的领先地位，中医内科学、中医五官科学、针灸推拿学、中西医结合基础、中西医结合临床、药学等国内地位稳步提升。

厦门大学

厦门大学里有中医系，这是为数不多的、设在综合性大学的中医系。其来源是，厦门大学于 1956 年开办中医海外函授，东南亚地区的大部分中医都是厦大校友。2002 年开设全日制本科，本科阶段只有中医专业。2009 年获得一级学科硕士学位授权，研究方向集中在中医内科、针灸以及中药等几个方向。

暨南大学

暨南大学中医学院成立于 2016 年，前身是医学院中医学系，学科有中医学、中西医结合。设有 11 个教研室：内经教研室、中医内科学教研室、中药方剂学教研室、针灸推拿学教研室、中医诊断学教研室、中医外科骨伤科学教研室、中医基础理论教研室、中医妇科学教研室、中医临床基础教研室、中医五官科学教研室及中医儿科学教研室。拥有中西医结合博士学位授权一级学科点，中西医结合博士后科研流动站，中医学、中西医结合硕士学位授权一级学科点，中医硕士专业学位授权类别 1 种。

专业辨析

在中医类下面，分为以下 13 个专业。

中医学

针灸推拿学

藏医学

蒙医学

维医学

壮医学

哈医学

傣医学

回医学

中医康复学

中医养生学

中医儿科学

中医骨伤科学

中医学是相对西医来说的，主要是学习传统医学，另外也学习现代医学知识，例如，解剖学、生理学、病理学和免疫学等，跟临床医学类似，包括中医内科、外科等各种方向。

藏医学、蒙医学、维医学、壮医学、哈医学、傣医学、壮医学、哈医学和回医学属于民族医学，只有少量学校开设。

针灸推拿学是开设比较多的专业，这也是中医被全世界接受度最高的一个方向。

中医康复学、中医养生学、中医儿科学、中医骨伤科学分别是 2016 年 2018 年开设的特设专业，这几个专业也是中医用得比较多、疗效比较好的方向。

4.4 护理学类专业

专业简介

如果单论就业，护理学的就业非常好，可以说在所有医学专业中，护理学最好就业，全世界的护士岗位都比较紧缺。因此，护理学就业对学历要求不高，原先是中专，现在是大专，但现在越来越多的医院对护士学历的要求在提高，不少三甲医院已经要求护士要本科或以上学历。现在护理学的硕士、博士学位也不少见。

学历提高，原因第一是现在高学历的人多，第二是护理要求的专业知识也越来越多。

护理学专业主要的课程有：人体解剖学、生理学、医学伦理学、护理心理学、护理学导论、药理学、健康评估、护理学基础、急危重症护理学、内科护理学、外科护理学、妇产科护理学、儿科护理学和精神科护理学等。

不过，很多人并不喜欢学护理学。原因是护士工作劳累，很多工作都是杂事、琐事，对专业性要求不高，"985 大学"毕业的护士跟大专毕业的护士工作内容类似，成就感不高。

随着科技的发展，生活水平的提高，"老龄化"社会的到来，对护士的需求会越

来越多，而且护理的技术含量也越来越高，从学科前景来说，护理专业还是值得考
虑的。

学科评估

护理学的第四轮学科评估结果见表 4-5。

▼ 表 4-5 | 护理学评估结果

评估结果	学校名称
A+	中南大学、海军军医大学（第二军医大学）
A-	北京协和医学院、首都医科大学、四川大学
B+	北京大学、上海交通大学、南京医科大学、南京中医药大学、浙江大学、山东大学
B	天津医科大学、哈尔滨医科大学、复旦大学、华中科技大学、中山大学、南方医科大学
B-	中国医科大学、吉林大学、武汉大学、重庆医科大学、西安交通大学、空军军医大学（第四军医大学）
C+	天津中医药大学、山西医科大学、苏州大学、浙江中医药大学、安徽医科大学、郑州大学、广西医科大学
C	华北理工大学、大连医科大学、温州医科大学、广州医科大学、青岛大学
C-	延边大学、杭州师范大学、福建中医药大学、南昌大学、成都中医药大学、新疆医科大学

全国有护理学一级学科博士授权的高校共 23 所，其中 22 所参评了第四轮学科评估，
加上部分有硕士授权的高校，一共 59 所高校参评。

在第二轮"双一流"中，护理学入选了一所学校：四川大学。如果加上北京大学，
就有 2 所大学。

不过，护理学跟其他学科不一样，因为就业还没那么"卷"，所以工作中对学校层
次没那么看重，反而是一些"985 大学"的护理学专业的学生会觉得事业成就感低。从
长远来说，医院对护士的学历和素质要求也在慢慢提高，但目前来说，名校的护理专业
跟普通学校的护理专业区别没其他学科大。

特色学校介绍

护理学属于医学院校的一个重要组成部分，大家一般根据医学院校的平台来报考。
前面在临床医学、口腔医学两篇里介绍了一些不错的医学院，下面介绍几所护理学的强
校，然后再介绍一些没有介绍过的、区域性的医学强校。

北京协和医学院

协和医学院是我国医学院的高峰，之前都没有介绍它，有意在护理学这里介绍。北京协和医学院的本科招生只有 2 个专业，一个是放在清华大学招生中的 8 年制医学博士，另一个就是护理专业。协和是中国现代护理事业和护理领军人才培养的"摇篮"，护理学院前身北京协和医学院护士学校在 1920 年创校之初，就开办了护理专业，把当时世界上先进的护理管理理念、制度方法和人才培养模式带到了中国，培养了 8 位南丁格尔奖章获得者王琇瑛、陈路得、林菊英、黎秀芳、刘淑媛、吴欣娟、李红和蒋艳，以及 4 位中华护理学会理事长聂毓禅、陈坤惕、黄人健和吴欣娟。

中南大学

美国医学博士爱德华·胡美受美国耶鲁大学部分校友联谊会（后称雅礼协会）的委托，来长沙办医、办学，于 1906 年，创办了雅礼医院（湘雅医院前身）。1911 年，雅礼医院开办了雅礼护病学校，护理教育从此开始。湘雅护理是中国最早的 2 个护理专业博士学位授权点之一；获得中国首批护理专业一级学科博士点、中国首批护理学博士后科研流动站。湘雅护理一直处在国内顶尖方阵内。

四川大学

四川大学华西护理学始于 1915 年，是我国最早创办和开设护理高等教育的院校之一，是全国护理学仅有的 2 个国家"双一流"学科之一，是我国首批护理学一级学科博士点、博士后流动站及一流本科专业建设点。华西护理在 2016—2019 年连续四年中国科技量值护理学排名全国第一，2020 年上海软科"中国最好学科"护理学排名全国第一，在 2021 年 QS 世界大学学科排名中进入全球护理学 101 ～ 150 强。

苏州大学

苏州大学苏州医学院的前身是 1912 年张睿和张詧创办的私立南通医学专门学校。苏州医学院曾隶属于核工业部，其特色是核医学和放射医学、核技术和生物技术为特色的医工结合，是国务院首批可以授予博士、硕士、学士三级学院的院校之一。苏州大学医学部护理学院 1985 年开始成人护理学专升本科教育，1997 年建立护理系，现为一级学科博士、硕士学位授权点，江苏省重点学科，江苏省特色专业，为江苏省护理学会副理事长、苏州市护理学会理事长单位，临床护理为国家级重点专科。学院以心血管护理、急危重症救治和慢病护理作为专业特色。

南昌大学

南昌大学江西医学院（医学部）的前身是创办于 1921 年的江西公立医学专门学校，

即江西医科大学，也就是饶毅教授的母校。现有国家一流专业建设点8个，一级学科博士点6个（临床医学、基础医学、药学、公共卫生与预防医学、护理学、口腔医学），一级学科硕士点8个。南昌大学护理学院于1999年开始招收首届护理本科生，2021年被授予一级学科博士授权点。

青岛大学

青岛大学青岛医学院的前身是山东大学医学院，院系调整时，山东大学从青岛搬到济南，山东大学医学院独立建院，成立青岛医学院，是我国创建最早的36所高等医学院校之一。青岛大学护理教育始于1946年，1995年开始招专科生，1998年开始招本科生，是国务院批准的首批有硕士学位授予权的高等医学院校之一，现在有一级学科博士点和博士后流动站。临床医学、口腔医学、医学检验技术、药学、预防医学、护理学、医学影像学专业获批国家级一流本科专业建设点，临床医学和基础医学获评山东省高水平建设学科。

福建医科大学

福建医科大学创建于1937年，是我国建校较早的公立本科医学院校之一。现有国家级特色专业4个，国家级一流专业建设点11个；有临床医学、基础医学、口腔医学、公共卫生与预防医学、药学、护理学等博士学位授权一级学科6个，临床医学、口腔医学等博士专业学位授权点2个；硕士学位授权一级学科9个，硕士专业学位授权点9个。现有临床医学和基础医学2个博士后科研流动站，4个博士后工作站。护理学院创建于1985年，形成了本科—硕士—博士完整的人才培养体系，现有护理学专业和助产专业。2022年护理学科在"软科中国最好学科"排名中，居全国第9位。

山西医科大学

山西医科大学的前身是国立山西大学医学院，1953年独立建校。学校是全国第三批、山西省首批博士学位授权单位，全国首批硕士学位授权单位。学校现有1个国家重点学科——生理学；2个教育部重点实验室——细胞生理学实验室、煤炭环境致病与防治重点实验室；1个省部共建协同创新中心——分子影像精准诊疗协同创新中心；1个国家卫生健康委重点实验室——尘肺病重点实验室；21个国家临床重点专科——重症医学、泌尿外科学、中医护理学、骨科学、肾病学、普通外科学、老年病学、急诊医学、风湿免疫学、护理学、病理学、眼科学、心血管内科、神经外科、呼吸内科等。现有4个一级学科设有博士后科研流动站——临床医学、公共卫生与预防医学、特种医学、生物学。6个一级学科博士学位授权点——特种医学、临床医学、公共卫

生与预防医学、基础医学、护理学、药学；2 个博士专业学位授权点——临床医学、
口腔医学。护理专业为教育部首批国家"本科教学工程"地方高校本科专业综合改革
试点专业。

汕头大学

汕头大学医学院是全国首批卓越医生教育培养计划试点高校，广东省高水平重点学
科建设项目高校。现有 3 个博士学位授权一级学科、1 个二级学科，5 个硕士学位授权
一级学科，4 个专业学位，3 个博士后科研流动站。拥有 1 个国家级重点学科，4 个省级
重点学科。汕头大学在人才培养方面有特色，尤其是全英班，可以参加美国执业医师考
试，受学生青睐。护理学也有全英班，选拔优秀护生赴境外交流、学习。学校连续 15 年
全国执业医师资格考试通过率居全国前列，其中 2021 年总通过率 92%、理论考试通过
率 94.01%、实践技能通过率 98.19%，均列全国前 5%。连续 10 年选派全英班学生参加
美国执业医师考试（USMLE）Step–1，平均通过率超过 91%。

延边大学

延边大学医学院和护理学院是分开的，医学院前身是 1948 年 10 月 1 日成立的延
边医科专门学校。学院现有基础医学、临床医学 2 个一级学科博士学位授权点，基础
医学、临床医学、预防医学、生物学 27 个二级学科硕士学位授权点，朝医学学科是
国家中医药管理局重点学科。护理学院前身是延边卫生学校，成立于 1951 年。1988
年开始护理大专教育，2001 年开始护理本科教育，2004 年开始护理研究生教育，现
为国家一流本科专业建设点。护理学学科是延边大学"十四五"期间重点学科，有 1
个护理学硕士一级学位授权点，1 个护理专业硕士学位授权点。师资具有汉、英、韩
三语特色。

石河子大学

石河子医学院前身是中国人民解放军第一兵团卫生学校，1949 年建校于甘肃天水。
临床医学为国家级特色专业，为教育部"卓越医生教育培养计划"五年制试点单位，临
床医学为国家级一流专业，口腔医学、预防医学、护理学、医学检验技术为省级一流专
业。目前拥有疾病模型实验动物学博士点 1 个，基础医学、临床医学、护理学、公共卫
生与预防医学 4 个一级学科授权点，临床医学、口腔医学、护理学和公共卫生硕士 4 个
专业学位授权领域。学院现有新疆地方与民族高发病教育部重点实验室 1 个，国家卫生
健康委中亚高发病防治重点实验室 1 个，科技部"新疆地方性高发病国家国际科技合作
基地"1 个等各类平台。

新疆医科大学

新疆医科大学是新疆唯一一所省部委共建的医学高等院校。学校始建于 1954 年，1956 年 7 月建成招生。现有 6 个国家级特色专业、6 个自治区级重点专业、9 个国家级一流本科专业建设点、7 个自治区级一流本科专业建设点。有 5 个一级学科博士学位授权点、2 个专业博士学位授权点；13 个一级学科硕士学位授权点、8 个硕士专业学位授权点；4 个博士后科研流动站、4 个博士后科研工作站。

山东第一医科大学

山东第一医科大学于 2019 年由原泰山医学院、山东省医学科学院、山东省立医院、山东省千佛山医院等组建而成。山东省医学科学院实力很强，所以山东第一医科大学现在发展极快。现有 1 个博士学位授权一级学科、8 个硕士学位授权一级学科、8 个硕士专业学位授权类别、94 个硕士学位授权点。临床医学、药理学与毒理学、生物及生物化学、分子生物学与遗传学、神经科学与行为学、化学、免疫学、微生物学 8 个学科居 ESI 全球排名前 1%，其中临床医学进入 ESI 全球排名前 0.83‰。中国医学科学院科技量值排名居全国独立医学院校第 7 位。

徐州医科大学

徐州医科大学的前身是南京医学院（南京医科大学）分迁至徐州成立南京医学院徐州分院，1960 年定名为徐州医学院，2016 年更名为徐州医科大学。现有基础医学博士学位授权一级学科和临床医学博士专业学位授权点；生物学、生物医学工程、基础医学、临床医学、公共卫生与预防医学、药学、护理学 7 个硕士学位授权一级学科和电子信息、生物与医药、临床医学、口腔医学、公共卫生、护理、药学、医学技术、公共管理 9 个硕士专业学位授权点，具备硕士研究生推免权，设有生物学、临床医学 2 个博士后科研流动站和临床医学博士后科研工作站。学校以麻醉学出名，有江苏省麻醉学重点实验室。

遵义医科大学

遵义医科大学原位于大连，即大连医学院，1969 年搬迁至贵州省遵义市。2021 年获批博士学位授予单位。遵义医科大学除了在遵义有校区之外，在珠海也有校区。现有国家级一流本科专业 8 个，临床医学专业认证获 7 年有效期，是目前贵州省高校医学专业认证以来的最好成绩；护理学专业认证获 6 年有效期，口腔医学专业高质量通过认证。现有临床医学专业博士学位授权点 1 个、一级学科硕士学位授权点 8 个。

专业辨析

护理学类专业下有 2 个专业：护理学和助产学。助产学是 2016 年增设的。助产学毕业生主要就是在产房工作，如果要当助产士，除了护士证，还需要助产证。助产士的要求比普通护士高，因为产妇分娩前后，大部分的工作是由助产士来做的。

4.5 药学类专业

专业简介

药学专业研究的是药物的研究开发、生产使用及流通中的各种相关问题。学生毕业后可从事药物研究与开发、药物生产、药物质量控制、药物临床应用和监督管理等工作。

药学是一门交叉学科，包括医学、化学和生物学 3 方面的内容，主要课程有：药物化学、药剂学、药理学、药物分析、药事管理学、天然药物化学、生药学、生物药剂学与药物动力学、无机化学、有机化学、分析化学、物理化学、生物化学、微生物学与免疫学、人体解剖学、生理学和临床医学概论等。

医疗健康行业是国民生产中一个很重要的行业，在发达国家，个人在医疗健康上的花费不少，美国有 19 家药企进入了世界 500 强企业。药学专业毕业生在国外的待遇也非常不错，可以做临床药剂师，或者去药厂做药学研发等。

我国长久以来对医生、医院比较重视，药学的发展相对来说要迟缓一些。但随着人们生活水平的提高，大众对身体健康越来越重视，大大促进了药学专业的发展，我国新药的研制也进入了一个新的发展阶段。将来，药学专业还是大有可为的，屠呦呦就是药学专业毕业的，是中国首位诺贝尔医学奖获得者。

学科评估

药学和中药学的第四轮学科评估结果见表 4-6。

▼ 表 4-6 | 药学、中药学评估结果

评估结果	药学	中药学
	学校名称	学校名称
A+	北京协和医学院、中国药科大学	黑龙江中医药大学、上海中医药大学
A	北京大学、沈阳药科大学、浙江大学	
A-	复旦大学、上海交通大学、山东大学、中山大学、四川大学、海军军医大学（第二军医大学）	天津中医药大学、南京中医药大学

续表

评估结果	药学	中药学
	学校名称	学校名称
B+	首都医科大学、哈尔滨医科大学、华东理工大学、苏州大学、中国海洋大学、武汉大学、华中科技大学、中南大学、空军军医大学（第四军医大学）	北京中医药大学、中国药科大学、江西中医药大学、成都中医药大学
B	南开大学、天津医科大学、中国医科大学、吉林大学、南京医科大学、浙江工业大学、安徽医科大学、郑州大学、广东药科大学、西安交通大学、南方医科大学	沈阳药科大学、浙江中医药大学、暨南大学、广州中医药大学
B-	河北医科大学、辽宁中医药大学、延边大学、黑龙江中医药大学、南京中医药大学、温州医科大学、厦门大学、暨南大学、重庆医科大学、新疆医科大学	北京协和医学院、辽宁中医药大学、长春中医药大学、安徽中医药大学、湖北中医药大学
C+	天津中医药大学、大连医科大学、南京工业大学、江南大学、江苏大学、徐州医科大学、浙江中医药大学、湖南中医药大学、广西医科大学、贵州医科大学、兰州大学	河南中医药大学、海军军医大学（第二军医大学）、空军军医大学（第四军医大学）、山东中医药大学
C	天津科技大学、山西医科大学、南昌大学、山东中医药大学、汕头大学、广州医科大学、成都中医药大学、遵义医学院、昆明医科大学、烟台大学	温州医科大学、贵阳中医学院、陕西中医药大学、甘肃中医药大学
C-	北京化工大学、同济大学、安徽中医药大学、济南大学、新乡医学院、湖北中医药大学、广州中医药大学、西南交通大学、青岛大学、成都学院	首都医科大学、福建中医药大学、湖南中医药大学、广西中医药大学、南方医科大学

全国有药学博士授权的高校共 41 所，其中 37 所参评了第四轮学科评估，加上部分有硕士授权的高校，一共有 104 所。本表中列出了 72 所高校。

全国有中药学博士授权的高校共 24 所，第四轮学科评估参加了 22 所，加上部分有硕士授权的高校，一共有 43 所。本表中列出了 30 所高校。

在第二轮"双一流"评估中，药学入选了：北京协和医学院、复旦大学、上海交通大学、浙江大学、中山大学、暨南大学 6 所大学，加上北京大学，一共是 7 所大学。

中药学入选了：北京中医药大学、天津中医药大学、上海中医药大学、南京中医药大学、中国药科大学、成都中医药大学 6 所大学。

从"双一流"的数量看，国家对中药学非常重视。入选的药学学科都属于最好的西医医学院，同样的，入选的中药学学科都属于最强的中医药大学，另加一所中国药科大学。

特色学校介绍

北京协和医学院

北京协和医学院的另一面是中国医学科学院，其药物研究所是我国药物研究和药学培养人才的重镇，药学学科为国家一级重点学科。药物所下设合成药物化学、天然药物化学、药理学、药物分析、生物合成、药物筛选、药物晶型、药物制剂、药物代谢、新药开发、安全评价等研究科室，学科齐全。有天然药物活性物质与功能国家重点实验室，国家药物及代谢产物分析研究中心、国家新药开发工程技术研究中心、"重大新药创制"科技重大专项药物创新综合性平台等各级科研平台，同时拥有 6 家所属企业。

中国药科大学

这是唯一一所药学类的"211 大学"，药学院是中国药科大学历史最悠久的学院，由四系（药物化学系、药物制剂系、药物分析系、药理系）和一中心（药学实验教学中心）组成。药物化学、药剂学、药理学和药物分析 4 个二级学科均为国家重点学科。学院拥有 6 个二级学科博士点（包括全国唯一的药物代谢动力学博士点）。药理学与毒理学学科在 2023 年 ESI 排名全球前万分之 1.45，位列全球第 17 位、亚洲高校第 1 位。在 2023 US News 世界大学排行榜中，药理学与毒理学学科位列全球第 7 位。建有教育部"抗感染新药创制工程研究中心"、国家药品监督管理局"药物制剂及辅料研究与评价重点实验室"、与国家禁毒办公室共建"禁毒关键技术联合实验室"、江苏省"药物分子设计与成药性优化重点实验室"、江苏省"纳米药物制备与生物活性评价公共技术服务中心"、江苏省"缓释智能制剂及关键功能性辅料开发与评价工程研究中心"、江苏省"半合成抗生素研究中心"、江苏省"新型神经药物制剂技术中心"等重大科研平台 11 个。

北京大学

北京大学药学院是全国重点药学院（系）之一，是国家最早建立的高等药学院校之一，其前身为北京大学中药研究所，始建于 1941 年，是国内唯一培养六年制本硕连读的药学专业的学院，药学是国家一级重点学科，药物化学、生药学及药理学为 3 个国家二级重点学科。药学院有 7 个系，包括化学生物学系、药物化学系、天然药物学系、药剂学系、分子与细胞药理学系、药事管理与临床药学系和药物分析学系。在天然产物靶点发现与生物合成、小分子药物合成新方法、大分子药物精准修饰、药物递送系统等领域有科研优势。

复旦大学

复旦大学药学院也是我国历史最悠久的药学院之一，创建于 1936 年。据复旦官网介绍，历史最悠久的药学院有 5 所：中国药科大学、沈阳药科大学、北京大学、复旦大学和四川大学。其药学学科是教育部重点建设学科，涵盖 7 个二级学科，包括药物化学、微生物与生化药学、药理学、药剂学、生药学、药物分析学和临床药学。药剂学为国家重点学科。据复旦官网介绍，复旦药学在 QS 排名上曾列国内高校第一，也曾列国内高校第二，仅次于北大药学院。

上海交通大学

上海交通大学药学院成立于 2000 年 2 月 26 日，历史不长，但发展极快。药学院里的药学一级学科包含药剂学、药理学、药物化学、药物分析学、微生物与生化药学、生药学、临床药学、药事管理 8 个二级学科。学院拥有药物化学生物系、药剂学系、生药学及天然药物系、药物分析系、临床药学系、药理与毒理学系、生物技术与微生物系、药物设计生物学系。药学院拥有细胞工程及抗体药物教育部工程研究中心、药学交叉（pharm X）中心（筹）、民族医药研究中心、靶点发现和新药筛选中心、生物大分子递药系统研究中心等管理机构。拥有国家中医药管理局三级实验室、国家"重大新药创制"技术平台、"临床评价研究技术平台 - 临床药物动力学和药物代谢组"建设点、上海市高校生物技术和抗体药物重点实验室、上海市手性药物分子工程重点实验室、上海市大分子生物药物公共技术服务平台等科研平台。

浙江大学

浙江大学药学院也有悠久的历史。学院设有 2 个系和 1 个实验教学中心、6 个研究所和 3 个研究中心。药物分析学为国家重点培育学科，药理学为浙江省高校重点学科。现有药物制剂技术国家地方联合工程实验室、抗肿瘤创新药物教育部工程研究中心、浙江省先进递药系统重点实验室、中 - 印尼生物技术联合实验室、教育部长三角绿色制药协同创新中心药效评价中心、浙江省抗肿瘤药物临床前研究重点实验室、食品药品安全浙江省国际科技合作基地等。

暨南大学

暨南大学唯一入选"双一流"学科的就是药学。药学院成立于 2001 年，有药学、中药学、生物制药学 3 个系、13 个研究机构、1 个实验教学中心和 1 个公共研究平台。另外，国际学院开设了全英授课的药学本科专业。现有中药现代化与创新药物研究国际合作联合实验室、中药药效物质基础及创新药物研究广东省重点实验室等 9 个省部级及以上科研平台。学院目前在研创新药物研究项目 20 余项，多个新药品种处于临床试验阶段，成功转化多个原创性新药品种，转化合同金额近 12 亿元。

沈阳药科大学

沈阳药科大学创建于 1931 年的瑞金，前身是中国工农红军卫生学校调剂班。学校跟随红军长征，"马背上的药箱"精神与光荣传承至今，是我国 3 所药科类大学中排第二位的药科大学。有国家基础学科拔尖学生培养计划 2.0 基地、国家理科基础科学研究与教学人才培养基地、国家生命科学与技术人才培养基地。药剂学为国家级重点学科，中药分析学为国家中医药管理局重点学科，中药分析学和中药药理学为辽宁中医药管理局重点学科。学校在创新药物设计与发现、智能药物递送系统开发、药物筛选和活性评价、药物分析新技术与新方法、中药资源开发与利用、药品监管科学研究等领域成绩斐然，粉体学、前药自组装纳米制剂、淋巴递送和示踪剂、国际化药品质量标准研究、脑科学和药物遗传学研究、毒理代谢、计算机辅助药物设计等多领域处于国际领先技术水平。

华东理工大学

华东理工大学药学院成立于 2004 年 9 月，由华东理工大学与中国科学院上海药物研究所合作共建。华东理工大学和上海药物研究所属于强强联合，华东理工大学在化学工程、制药工程、生物工程方面比较强，上海药物研究所的创新药物研究实力很强。学院拥有上海市化学生物学重点实验室、上海市新药设计重点实验室、上海市细胞代谢光遗传学技术前沿科学研究基地、制药工程与过程化学教育部工程研究中心、国家工程教育实践中心、现代生物医药产业联合学院等科研平台，研究内容涵盖了化学药物、生物药物、天然药物、农药和制药工程 5 个领域。其中药学为上海高校一流学科，农药学为上海市重点学科。

中国海洋大学

中国海洋大学医药学院擅长的领域是海洋药物研究和开发，研制出我国第一个现代海洋新药——藻酸双酯钠（PSS）等 4 个海洋药物及系列海洋功能制品。学院有青岛海洋科学与技术试点国家实验室——海洋药物与生物制品功能实验室、国家海洋药物工程技术研究中心、海洋药物教育部重点实验室、山东省糖科学与糖工程重点实验室、山东省海洋药物研究开发协同创新中心、山东省海洋药物技术创新中心等科研基地。

广东药科大学

广东药科大学创建于 1958 年，全国 3 所药科大学之一，是华南地区最早开办药学系列专业的大学。有药学、药物制剂、制药工程、临床药学、药物化学、药事管理、药物分析 7 个本科专业。其中，药学专业是国家特色专业；药物制剂专业是国家特色专业。学校建有教育部糖脂代谢病重点实验室等科研平台。

以下是对于中药学较强的高校的介绍。

黑龙江中医药大学

黑龙江中医药大学创建于 1954 年，在中医药大学里面有一定影响力，药学创建于 1972 年，是教育部高等学校中药学类专业教学指导委员会主任委员单位、药学类专业教学指导委员会副主任委员单位。学院有中药学、中药资源与开发、药物制剂、制药工程、生物技术、食品科学与工程、药学、中药制药、药物分析 9 个本科专业。中药学、药物制剂是国家第一类特色专业。在中药血清药物化学研究、中药天然药物药效物质基础研究等方面处于国际先进水平。

上海中医药大学

上海中医药大学的中药学是国家一级重点学科。中药学院下设中药创新药物研发上海高校工程研究中心、"中药药效物质" E– 研究院，以及 8 个教研室、9 个实验室。学院现有中药学博士点，中药学、方剂学、药理学、药剂学、生药学和中药学专业硕士点；设置本科专业有四年制中药学专业、四年制中英合作办学药学专业、两年制中药学（专升本）专业。2023 年 2 月，校企合作研发的首个经典名方中药复方制剂苓桂术甘颗粒获批上市。

南京中医药大学

南京中医药大学的中药学院建于 1960 年，是全国创建最早的开展中药学教育的院校之一。中药学为国家重点学科，药理学与毒理学学科、化学学科进入 ESI 全球排名前 1%。中药资源化学、中药炮制学、中药药理学、中药药剂学、中药化学和药用植物学 6 个学科为国家中医药管理局重点学科。据官网介绍，南京中医药大学的中药学连续几年在软科排行榜上排第一。学院有 5 系，包括中药资源与鉴定系、中药炮制与制剂系、药理学系、药物化学与分析系、生物制药与食品科学系。学院与附属江苏康缘药业共建中药制药过程新技术国家重点实验室，有国家发改委中药资源产业化与方剂创新药物国家地方联合工程研究中心、教育部中药炮制规范化及标准化工程研究中心、国家中医药管理局中药资源循环利用重点研究室、江苏省中药资源产业化过程协同创新中心，中药品质与效能国家重点实验室培育建设点、江苏省中药药效与安全性评价重点实验室、江苏省方剂高技术研究重点实验室、江苏省中药高效给药系统工程技术研究中心、江苏省海洋药用生物资源研究与开发重点实验室、江苏省中药炮制重点实验室、江苏省中药功效物质重点实验室、江苏省经典名方工程研究中心等科研平台。

天津中医药大学

天津中医药大学中药学院开设中药学、中药资源与开发、药学、药物制剂学、临床药学、临床药学（中外合作办学）6个本科专业，下设基础化学、分析化学、药物分析、中药炮制、中药鉴定、中药资源、药理、药物化学和药物制剂9个教研室。中药学科入选国家"双一流"建设学科，为天津市重中之重学科。中药学拔尖学生培养基地入选教育部基础学科拔尖学生培养计划2.0基地；中药学专业为教育部高等学校特色专业；中药资源与开发专业为天津市优势特色专业。学院拥有省部共建组分中药国家重点实验室、科技部中意中医药联合实验室等科研平台。

北京中医药大学

北京中医药大学中药学院于1985年成立中药研究所，最早实行院所合一的管理体制，目前设有12个学系（部）、15个研究室（中心）、2个教育部工程研究中心、4个北京市级重点实验室（中心）、2个国家中医药管理局重点研究室、4个学术机构及综合办公室。现拥有中药学、中药制药、药学3个本科专业，中药学一级学科硕、博学位授权点（包含中药资源学、中药炮制学、中药鉴定学、中药化学、中药分析学、中药药理学、中药药剂学、临床中药学、民族药学9个二级硕、博学位授权点）。"清开灵"是由北京中医药大学研发的。

成都中医药大学

成都中医药大学的中药学立足西南特色中药资源，是"双一流"学科，也是国家重点学科。成都中医药大学培养了新中国第一位中药学博士、第一位中药学博士后。现有省部共建西南特色中药资源国家重点实验室、中药饮片炮制国家地方联合工程研究中心、国家中药种质资源库（四川）等各类科研基地。学校中药学院拥有中药学基地班（国家理科基础科学研究和教学人才培养中药基础基地）、中药学、制药工程、中药资源与开发、药学、药物制剂等多个本科专业。

江西中医药大学

江西中医药大学药学院的前身江西药科学校成立于1951年。中药学、药学、中药制药专业入选首批国家级一流本科专业建设点；中药学、药学、药物制剂、中药资源与开发、中药制药5个专业均在江西省专业综合评价工作中排名第一。2013年，学院获得中药学博士学位授权点，2015年获批中药学博士后科研流动站。毕业生中涌现出了中国工程院院士、中国中医科学院院长黄璐琦等一大批知名校友。

专业辨析

药学类下分以下8个专业。

药学

药物制剂

临床药学

药事管理

药物分析

药物化学

海洋药学

化妆品科学与技术

中药学类下分以下6个专业。

中药学

中药资源与开发

藏药学

蒙药学

中药制药

中草药栽培与鉴定

药学制剂是药学的一个分支，它主要研究的是根据药物特性，把药物做成片剂、粉剂、胶囊等形态，让它的药效达到最大、毒性最小，能顺利到达靶器官。

临床药学一般是五年学制，比普通的药学专业要多一年学制。它主要研究药物在人体内代谢过程中发挥最高疗效的理论与方法，是医学和药学的桥梁，关注药物和人之间的作用。

药事管理，顾名思义是药学相关的管理学，培养的是能够从事药品质量监督管理、医药企业管理、医院药房和社会零售药店管理等工作的高级技术应用性人才。

药物分析是分析化学中的一个分支，利用信息科学、生物学、新材料科学等知识对药物进行分析研究、对药物的质量进行控制和管理等。

　　药物化学是药学的一个重要基础，从化学也就是分子水平来研究药物的化学结构、物理化学性质，药物在体内的吸收、运输、分布和代谢等。

　　海洋药学就是研究海洋药物。

　　化妆品科学与技术研究的是化妆品配方、工艺、化妆品分析检测、安全和功效评测等技术。

　　中药学的各专业看名称就大概知道做什么，这里不一一介绍了。

　　需注意区分，在工学大类下，有一个化工与制药类专业。工程类的制药关心的不是药学本身，而是如何把药制造出来，跟化学和化工的关系一样。化学研究的是化学本身，化工研究的是围绕化学产业的非化学部分，反而物理、机械和控制等相关内容更多一些。

农学类热门专业：
民生之源，国家之本，社会之基

动物医学类专业

专业简介

动物医学不属于医学类专业，而是属于农学类。

现在养宠物的人越来越多，据报道，中国已经是宠物数量为世界第一的宠物大国。随着宠物的增加，宠物医院应运而生，因此农学类里的动物医学也变得比较热门。现在各个大学的本科专业都叫动物医学，之前称为兽医学，在研究生目录里仍然被称为兽医学。

动物医学这个专业属于农学大类，在很多方面跟医学相像，学制有的是 4 年，有的是 5 年。一般动物医学专业包括：基础兽医学、预防兽医学和临床兽医学。临床兽医学学制一般是 5 年。临床兽医学类似于临床医学，是给宠物检查、看病的。基础兽医学研究的是病理、药理，预防兽医学研究的是疫苗、防疫和检疫等。

主要的课程有：兽医学、动物解剖学、动物组织胚胎学、动物生理学、基础生物化学、兽医病理生理学、兽医药理学、兽医微生物学、兽医免疫学、兽医临床诊断学、兽医内科学、兽医外科学、动物传染病学、动物寄生虫学、兽医产科学、中兽医学，等等。

因此，去宠物医院当宠物医生只是动物医学就业途径的其中一个，畜牧业农场、畜禽疾病防治工作的就业岗位更多。

另外，现在动物医学专业跟生物、医学的关系很紧密，不少人在读硕、读博或者做研究的时候会转向生物、基础医学等领域。例如高福院士，病原微生物专家、曾担任国家疾病预防控制中心主任，他就是动物医学专业出身。

我有位朋友是某农业大学的老师，他经常说动物医学专业是世界上最好的专业，毕业后无论想直接就业还是想继续做科研，都有足够宽广的空间。

学科评估

动物医学的一级学科是兽医学，其第四轮学科评估结果见表 5-1。

▼ 表 5-1 | 兽医学评估结果

评估结果	学校名称
A+	中国农业大学、华中农业大学
A-	华南农业大学、扬州大学
B+	吉林大学、东北农业大学、南京农业大学、西北农林科技大学
B	吉林农业大学、浙江大学、河南农业大学、四川农业大学
B-	山西农业大学、山东农业大学、湖南农业大学、甘肃农业大学
C+	内蒙古农业大学、沈阳农业大学、黑龙江八一农垦大学、广西大学
C	河北农业大学、江西农业大学、青岛农业大学、西南大学
C-	北京农学院、福建农林大学、新疆农业大学、石河子大学

在第二轮"双一流"评选中，中国农业大学和华中农业大学的兽医学入选了一流学科。从学科评估结果来看，入选的大部分都是农业类大学。

特色学校介绍

中国农业大学

中国农业大学的动物医学院设置有基础医学系、预防医学系、临床医学系，有博士授权一级学科兽医学，多年教育部的学科评估排名都是全国第一。本科设五年制动物医学专业，授农学学士学位，学术型研究生授农学硕士学位、农学博士学位，专业型研究生授兽医硕士学位、兽医博士学位。学院建设有农业部动物流行病学与人畜共患病重点实验室、农业部兽药残留及违禁添加物检测重点实验室、农业部动物产品质量安全化学性危害因子风险评估实验室（北京）、农业部兽药安全监督检验测试中心（北京）、教育部中国农业大学动物疫病快速诊断技术实验室、国家兽药安全评价中心、国家动物海绵状脑病检测实验室、国家动物寄生原虫实验室、国家兽药残留基准实验室、国家级兽药安全评价（环境评估）实验室、动物源食品安全检测技术北京市重点实验室等省部级重点实验室。2007 年至今，学院本科毕业生平均就业率超过 95%，其中平均深造率超过

55%，主要从事动物疫病防控诊疗、兽医药品研究开发、兽医行政管理监督、动物性产品检验检疫、相关学科教学研究等方面工作。

华中农业大学

华中农业大学的动物医学专业和动物科学专业在一个学院，名为"动物科学技术学院、动物医学院"。这个学院是华中农业大学历史最悠久和最王牌的学院，畜牧学和兽医学都是 A+ 学科，并且都入选了"双一流"学科。学院下面有 9 个系，分别为：动物遗传育种系、动物营养与饲料科学系、动物繁殖与特种经济动物学系、智能养殖学系、基础兽医学系、预防兽医学系、临床兽医学系、兽药科学系、公共卫生学系。有 10 个国家级平台：农业微生物资源发掘与利用全国重点实验室（联合）、国家家畜工程技术研究中心、国家生物育种产教融合创新平台（生猪）、动物育种与健康养殖前沿科学中心、国家数字畜牧业（生猪）创新分中心、国家兽药残留基准实验室、国家兽药安全评价实验室、国家生物产业基地华中农业大学实验动物中心、动物疫病防控国家工程实验室、国家动物结核病专业实验室（武汉）。

华南农业大学

华南农业大学的兽医学院在 1952 年办校时就创建，由原中山大学、岭南大学和广西大学的畜牧兽医系合并而成。学院 1952 年开始招收动物医学专业本科生，2002 年在国内首先设置动物医学专业小动物疾病防治方向，2004 年设置动物医学专业动物药学方向，2005 年设置动物药学专业。其科研特色是：热带、亚热带地区动物疾病基础理论和综合防控关键技术研究。预防兽医学为国家重点学科。建有国家兽药残留基准实验室（华南农业大学）、国家兽药安全评价（环境评估）实验室（华南农业大学）、国家兽医微生物耐药性风险评估实验室、国家禽流感专业实验室（广州）、国家非洲猪瘟区域实验室（广州）、人兽共患病防控制剂国家地方联合工程实验室、动物生物安全三级实验室（ABSL-3）7 个国家级科研平台。

扬州大学

扬州大学兽医学院（比较医学研究院）历史悠久，也是 1952 年就组建，实力强大，有院士、千人和"杰青"等各类人才。学院设动物医学、动植物检疫和实验动物学和兽医公共卫生等 4 个本科专业，设基础兽医学、预防兽医学、临床兽医学、兽医生物信息学、人兽共患病学、兽医公共卫生、实验动物学与比较医学 7 个二级学科博士学位授权点。预防兽医学为国家、农业部重点学科，兽医学为江苏省重点一级学科。有农业部畜禽传染病学重点开放实验室、教育部禽类预防医学省部共建重点实验室、江苏省动物预防医学重点实验室、江苏省人兽共患病学重点实验室、教育部新型兽用疫苗工程研究中心、江苏省转基因动物制药工程研究中心和江苏省实验动物种子供应站。兽医药理及毒理学实验室被农业部确定为 4 个全国新兽药特殊毒性试验单位之一。

吉林大学

吉林大学的兽医教育起源于 1904 年在河北保定成立的马医学堂，它是中国第一所兽医学校。动物医学学院历经解放军兽医大学、农牧大学和军需大学，军需大学 2004 年并入吉大。预防兽医学为国家重点学科，基础兽医学为国家重点（培育）学科，"人与动物共有医学"为国家首批"双一流"自主建设学科。学院拥有人畜共患传染病重症诊治全国重点实验室、世界动物卫生组织（OIE）亚太区食源性寄生虫病协作中心、人兽共患病教育部重点实验室、动物胚胎工程吉林省重点实验室、吉林省兽药工程研发中心、动物疫病诊断与防治中心、吉林省"人兽共患病"重大需求协同创新、吉林省转化生物学与健康工程中心、吉林省动物生物工程研究中心 8 个省部级科研平台。

东北农业大学

动物医学学院创建于 1948 年，是东北农业大学建校最早设立的院系之一。学院现设有基础兽医系、预防兽医系、临床兽医系、动物药学系 4 个系，动物医学、动物药学两个专业，动物医学为 5 年制。兽医学科是国家"211 工程""双一流"重点建设学科。1998 年首批获一级学科博士点，2000 年首批获兽医专业学位授权点。动物医学专业入选首批国家级一流本科和黑龙江省优势特色学科专业建设行列，动物药学专业入选黑龙江省一流本科专业建设行列。以周琪院士为代表的一批毕业生，先后完成了世界首例克隆大鼠、首例克隆猴、首例基因敲除猪等国际重大成果。

南京农业大学

南京农业大学动物医学院的前身是原中央大学、金陵大学和部分原浙江大学的畜牧兽医专业，是我国最早的畜牧兽医系之一。兽医学为国家重点学科。1998 年获得了兽医学的一级学科硕士点和博士点，是全国兽医专业学位教育指导委员会秘书处挂靠单位和副主任委员任职单位。现有农业部动物细菌学重点实验室、农业部动物生理生化重点实验室、猪链球菌 OIE 参考实验室、现代化的动物实验中心等科研平台。

西北农林科技大学

动物医学院是西北农林科技大学传统优势学院之一，1958 年成立畜牧兽医系。学院现设基础兽医系、预防兽医系、临床兽医系、动物药学系4个系；设有动物医学（五年制）和动物药学（四年制）两个本科专业，前者为陕西省名牌专业。有兽医学一级学科博士授权点，7个二级学科博、硕士点——临床兽医学、基础兽医学、预防兽医学、动物生物技术、发育生物学、神经生物学、生理学，其中临床兽医学为国家级重点学科。现有农业农村部动物生物技术重点实验室、农业农村部反刍动物重大疫病防控重点实验室（西部）、教育部动物高效新型疫苗工程研究中心、家畜生物学国家重点实验室（培育）、农业农村部兽用药物与诊断技术陕西科学观测实验站、国家干细胞工程技术研究中心陕西分中心、陕西省胚胎干细胞研究中心和陕西省生物技术研究中心等省部级科研平台16个。学院在牛羊胚胎工程与抗病生物工程、动物干细胞与组织工程、家畜生殖内分泌与繁殖障碍、草原毒草与中毒病防控、畜禽重大疫病防控等领域形成了特色优势。

浙江大学

浙江大学的动物科学学院来自原浙江农业大学的动物科学学院，浙江农业大学在院系调整时，也是以原浙江大学的农学院为基础组建的。浙大的农学实力在国内也可以进入前三。动物科学学院是浙江大学发展史上最早建立的学院之一。学院设有动物科技系、动物医学系、特种经济动物科学系3个系，饲料科学研究所、动物预防医学研究所、奶业科学研究所、蚕蜂研究所、动物养殖与环境工程研究所、应用生物资源研究所、动物遗传繁育研究所7个研究所；设有浙江大学动物医学中心、附属教学动物医院。学院现有2个一级学科：畜牧学（包含动物遗传育种与繁殖、动物营养与饲料科学、特种经济动物饲养3个二级学科），兽医学（包含基础兽医学、预防兽医学、临床兽医学3个二级学科），其中特种经济动物饲养（含蚕、蜂等）学科为国家级重点学科，动物营养与饲料科学学科为国家重点（培养）学科、农业部和浙江省重点学科，预防兽医学和动物遗传育种与繁殖学科为浙江省重点学科。

四川农业大学

四川农业大学动物医学院有基础兽医系、预防兽医系、临床兽医系、药学系、动植物检疫系、动物医学免疫学系6个教学机构、11个研究机构、2个教学动物医院。学院开设4个重点本科专业：动物医学、动植物检疫、药学、药物制剂；其中动物医学为国家级特色专业，同时纳入"国家卓越农林人才培养计划"；预防兽医学为国家重点（培育）学科、兽医学为四川省重点一级学科。

吉林农业大学

吉林农业大学是一所老牌农业类大学，有10个一级学科博士点，动物医学在动物科学技术学院内，这是吉林农业大学历史最悠久的主干院系之一，是全国首批硕士学位授权单位。学院有动物科学、动物医学、水产养殖学、经济动物学 4 个系。兽医学为一级学科博士点；有动物营养与饲料科学、动物遗传育种与繁殖科学、特种经济动物饲养、预防兽医学、临床兽医学、基础兽医学、草学 7 个学术硕士学位授权学科，有畜牧、兽医和农艺与种业 3 个专业硕士学位授权学科；有动物科学、动物医学、水产养殖学、草业科学和野生动物与自然保护区管理 5 个本科专业。学院设有国家囊虫病防治技术研究与推广中心、国家优良品种鹅基地、动物生产及产品质量安全教育部重点实验室、吉林省动物营养与饲料科学重点实验室、吉林省动物微生态制剂工程研究中心、吉林省反刍动物繁育生物技术与健康养殖工程实验室、吉林省新兽药研发与创制重点实验室、吉林省药用动物实验室、吉林省饲料工程研究中心、吉林省中医药管理局中医药科研平台、吉林省生猪产业技术创新中心、吉林省畜牧业研究开发中心等多个科研平台。

河南农业大学

河南农业大学起源于河南最早的大学——1902 年创建的河南大学堂，动物医学院源于 1927 年开始招生的兽医学本科专业。兽医学学科于 1985 年开始招收硕士生；2010 年获一级学科博士学位授权点。学院设有动物医学（五年制）、兽医公共卫生（五年制）、动物药学、药物制剂、动植物检疫 5 个本科专业。其中动物医学专业入选国家级一流本科专业建设点，药物制剂和动植物检疫专业被评为省级一流本科专业建设点。

CHAPTER 6 文科类热门专业：
传承文化，传播思想，增进交往

6.1 法学类专业

专业简介

我这里讲的法学是狭义的法学类专业，不包括公安学、政治学、社会学等专业。法学是个非常常见的专业，开设的学校很多，报考的学生也很多，但也是一个让人感到疑惑的专业，因为一方面各学校的法学录取分数线很高，这几年还在逐步走高；另一方面，经常在媒体上看到法学就业困难的新闻，连续几年，法学的就业一直在就业红榜上。

这跟我们的整体大环境和高校法学教育有关系。首先，我国这么多年一直在推行法制建设，各行各业急需大量的法学人才，在公务员招聘、选调生招聘中可以看出来，法学人才很受欢迎。其次，我国法学培养的人才是"过剩"的。因为法学是个非常好开设的专业，前些年，很多学校都转型成为综合性院校，社会对法学有需求，法学专业的培养比医学、理工专业都简单，最容易被开设，理工专业要实验室、实验设备，投资巨大；医学要求更高，需要附属医院或者实习医院，让学生进行实习；而法学只需要招足够专业的老师，拥有专业教材就可以上课了。第三，法学有个慢就业的特点。要做律师，或者去公检法系统，需要获得相应的职业资格证书，这个考试有一定难度，所以不少学生在就业之前先考证。

因此，大家在选择法学时，要考虑到这些特点，而且法学是个需要终身学习的学科，只有热爱学习才能把法学学好。

学科评估

法学一级学科的第四轮学科评估结果见表 6-1。

▼ 表 6-1 | 法学评估结果

评估结果	学校名称
A+	中国人民大学、中国政法大学
A	北京大学、清华大学、华东政法大学、武汉大学、西南政法大学
A-	对外经济贸易大学、吉林大学、上海交通大学、南京大学、浙江大学、厦门大学、中南财经政法大学
B+	北京航空航天大学、北京师范大学、南开大学、辽宁大学、复旦大学、苏州大学、南京师范大学、山东大学、湘潭大学、中南大学、中山大学、四川大学、重庆大学、西北政法大学
B	中央财经大学、中国人民公安大学、大连海事大学、黑龙江大学、同济大学、上海财经大学、安徽大学、江西财经大学、中国海洋大学、郑州大学、湖南大学、湖南师范大学、海南大学、西南财经大学、烟台大学
B-	中央民族大学、浙江工商大学、福州大学、河南大学、华中科技大学、暨南大学、华南理工大学、深圳大学、广东财经大学、云南大学、西安交通大学、兰州大学、甘肃政法学院、上海政法学院
C+	北京理工大学、北京外国语大学、河北大学、山西大学、内蒙古大学、上海海事大学、上海对外经贸大学、上海大学、华侨大学、华中师范大学、贵州大学、新疆大学、广州大学、宁波大学、广东外语外贸大学
C	北京交通大学、首都师范大学、天津师范大学、山西财经大学、沈阳师范大学、东北财经大学、华东理工大学、河海大学、福建师范大学、河南财经政法大学、中南民族大学、西南民族大学、昆明理工大学、扬州大学、河北经贸大学
C-	北方工业大学、北京工商大学、华北电力大学、上海师范大学、南京财经大学、杭州师范大学、安徽财经大学、武汉理工大学、华南师范大学、广西大学、广西师范大学、青岛大学、浙江财经大学

全国具有法学一级学科博士授权的高校共40所，其中38所参评了第四轮学科评估，再加上部分有硕士授权的高校，一共有144所。本表单一共有100所高校。

在第二轮"双一流"评选中，法学入选了：中国人民大学、中国政法大学、武汉大学和中南财经政法大学。两所在北京，两所在武汉。如果加上清华、北大，应该有6所大学。

从评估结果来看，"五院四系"实力很强，"985大学"实力很强，财经类大学的法学也不错。从就业来看，招聘单位除了重视"五院四系"外，对"985大学"的法学也越来越看重。

特色学校介绍

五院四系

法学界有"五院四系"，就像建筑有"老八校"，电力有"二龙四虎"，中医有"老四校"等。这些学校历史悠久，在行业内口碑好，大家都认可。在应届毕业生招聘中，选调生的要求最高，不少省份只招"985 大学"的优秀毕业生，有些要求高的省份只招部分"985 大学"的学生。但在法学招聘中，一般都把"五院四系"都包括进去，虽然现在西北政法大学还没有法学一级学科博士点，有几所政法大学还不是"双一流"大学。

在"五院四系"中，"四系"实力非常强。"四系"是指：北京大学法律系、中国人民大学法律系、武汉大学法律系和吉林大学法律系。现在"四系"都变成了学院。

北京大学法律系是我国最早的法律系，在 1952 年院系调整时，法律系并入中国政法大学，不过在 1954 年北京大学又复设了法律专业。

中国人民大学法律系是人大一开始就建的最主要院系，所以水平很高，实力很强。按人大官网介绍，人大法学院被誉为中国法学教育的"工作母机"和"法学家的摇篮"。

武汉大学法学院是武大的一个重要学院，1979 年恢复法律系。

吉林大学也很早，1948 年就创建了法律系。

"五院"是指：中国政法大学、西南政法大学、华东政法大学、中南财经政法大学和西北政法大学。原来这 5 所高校叫"学院"，后来才成为"大学"。这 5 个政法大学是原来司法部的直属院校，在司法界校友很多。

这里面，中国政法大学和中南财经政法大学都是"211 大学"，这是唯二的两所政法类"211 大学"。

西南政法大学虽然不是"211 大学"，但实力很强。它在重庆，是我国最早的政法大学之一，在 1978 年成为司法部的重点大学，是政法类唯一一所重点院校，号称"法界黄埔"。在我国司法界，法院和检察院的许多领导都是西南政法大学的校友。没有进入 211 名单，对它发展确实有不利之处，另外它地处重庆，不在一线城市，也有点影响。不过在法学领域，它还是很强的，属于法学专业的第一梯队。

华东政法大学实力强劲，跟它地处上海有关，上海是除北京外法学就业最好的城市。这个条件其他地方都比不了，所以华东政法大学发展很不错。

相对来说，西北政法大学的实力较弱，到目前为止还没有法学的一级学科博士点。

地方政法大学

"五院四系"在全国都有知名度。除此之外，上海政法学院、山东政法学院和甘肃政法学院 3 所省属政法学院的学科水平和在本省业内的人脉、名声也是很不错的，很多基层人才都来自这 3 所政法学院。

其他学校

清华大学

清华的法学院是 1999 年复建的，也是清华重点发展的人文社科类的专业之一。不仅在 2017 年入选了"双一流"学科，而且据 2022 年 QS 世界大学学科排名，清华大学法学院排名第 31 位，位列中国地区高校法学学科第一名。自 2011 年首次进入世界前 50 强以来，法学院已连续 12 年位列世界前 50 强之列。

南京大学

南京大学的法学复建较早，1981 年复建法律系，1994 年变更为法学院。法学院现有 1 个法学本科专业；9 个硕士专业：法学理论、法律史、宪法学与行政法学、刑法学、民商法学、诉讼法学、经济法学、环境与资源保护法学、国际法学，拥有一级学科硕士授予权；具有法律硕士培养资格和法律硕士专业学位授予权；拥有博士学位授权一级学科点及法学博士后流动站。经济法学是国家重点培育学科和江苏省重点学科，法学学科为江苏省一级学科重点学科。

复旦大学

复旦大学恢复法学的时间跟南京大学的接近，1981 年恢复法律学专业，1983 年重建法律系。2000 年组建法学院。现学院有法学一级学科博士学位授予资格，有国际法、民商法、法学理论、法律史、宪法学与行政法学、刑法、诉讼法和自然资源与环境保护法 8 个二级学科博士点，设立一级学科硕士点（已设除军事法学外的其他 9 个二级学科硕士点），建有法学博士后流动站。法学一级学科为上海市一流学科（上海市重点学科），获批设立"复合型"和"涉外型"等 2 个教育部卓越法律人才教育培养基地和 2 个上海市卓越法律人才培养基地。2000 年至今，复旦大学累计为包括公检法司在内的上海政法系统和律师界培养了 2000 多名在职法律硕士。2010 年起开设全英文授课的"中国商法"国际硕士项目，每年招收十余名留学生。

上海交通大学

上海交大的发展路径跟清华的差不多，从一个工科院校发展成现在的理工并重、人文社科也很有亮点的综合性大学。其法学院是 2002 年创建的，自 2012 年起连续十年进入 QS 世界大学法学学科百强，2020、2021 连续两年在泰晤士高等教育（*Times Higher Education*）法学排名中跻身世界 50 强（中国高校排名第一）。

浙江大学

浙大的法学来源于原杭州大学在 1980 年重建的法律系和原浙江大学在 1995 年创建

的国际经济法系。2006 年香港光华教育基金会向浙江大学捐赠，法学院更名为"光华法学院"。现学院获批一级学科博士学位授权点，私法学、公法学、法理学为学术特色，另外，在诉讼法学科、国际法、金融法、环境法及知识产权法领域也有其特色。拥有国家重点学科 1 个（宪法学与行政法学）、浙江省重点学科 2 个（宪法学与行政法学、民商法学）。目前已设立了法理学、宪法学与行政法学、民商法学、国际法学、诉讼法学、海洋法、刑法学等二级学科博士点方向。

厦门大学

法学是厦门大学的王牌学科之一，在全国也是法学教育的"重镇"。学院建有教育部"应用型、复合型卓越法律人才教育培训"基地、司法部现代公共法律服务理论研究与人才培训基地、厦门大学国际经济法研究中心等福建省人文社科基地等平台。学院现拥有法学博士后科研流动站、法学一级学科博士学位授予权和硕士学位授予权、以及 1 个法律专业硕士（JM）学位点。厦门大学的国际法学为国家重点学科，国际经济法学科的综合实力位居全国前列。联合国贸发会议于 2010 年遴选国际投资法"全球 15 所法学院领航项目"（G-15 Law School Pilot Project）成员，厦门大学法学院成为中国唯一入选的院校。厦门大学的民商法学、宪法学与行政法学、经济法学为福建省重点学科。

对外经济贸易大学

法学专业是对外经济贸易大学的传统优势学科，1978 年招收国际贸易法硕士生。1984 年成立"国际经济法系"，1996 年成立法学院。对外经济贸易大学的国际法专业特色鲜明。1985 年，对外经济贸易大学成为全国首批获得国际经济法专业博士学位授予权的 4 所院校之一（其他 3 所为北京大学、武汉大学、厦门大学）。1997 年，学院国际法学获选全国首批"211 工程"重点建设学科。2002 年，国际法学专业被教育部批准为"国家级重点学科"，为目前对外经济贸易大学仅有的 2 个国家级重点学科之一。法学院入选全国首批卓越法律人才教育培养基地，被批准为"应用型、复合型法律职业人才教育培养基地"和"涉外法律人才教育培养基地"。

北京师范大学

北京师范大学的法学发展也很快，这跟国家重视法制建设有关系。其前身为 1995 年哲学系设立的法学专业，2002 年成立法律系。北师大的法学在 QS2022 年法学专业排行榜上，排名位列中国地区第 10 位、全亚洲第 46 位。北师大在刑事法方面有特色。

北京航空航天大学

北航这些年也在向综合性院校发展，外国语言文学不错，法学也不错。北航法学院于 1997 年建立法律系，2002 年成立法学院。学院现有法学本科、法学硕士点一级学科、法律专业硕士、法学博士点一级学科的全链条的学位授予权，民商法、宪法与行政法、诉讼法等学科在国内处于领先地位，同时立足法律与科技融合，在工业和信息化法（含航空航天法、无线电和通信法、标准化法）、知识产权和科技法、网络信息、数字与人工智能法、灾害保险法等特色领域做出开创性研究。学院入选教育部首批"法律卓越人才培养计划"，同年也成为全国 20 家"本科实训基地"之一。

南开大学

南开大学于 1980 年建立法学系，于 2004 年成立法学院。南开法学于 1984 年获得国际经济法硕士学位授予权，1999 年获得法律专业硕士学位授予权，2006 年获得法学一级学科硕士学位授予权，2011 年获得法学一级学科博士学位授予权，2012 年获批天津市法学一级重点学科。建有法学一级学科博士后科研流动站、国家大学生校外实践教育基地和国家卓越法律人才教育培养基地，是国家人权教育与培训基地南开大学人权研究中心的依托单位之一和"985 工程"建设项目单位。在宪法行政法、刑法学、经济法学、民商法学等学科逐步形成学术集群，在医药卫生法、竞争法、海洋法、土地法等领域形成学术特色。

中山大学

中山大学也是很早重建法学的院校之一，1979 年复办法律学系，2001 年成立法学院。法学院拥有法学博士学位一级学科授予权（设有 10 个专业方向）、法学硕士学位一级学科授予权（设有 10 个专业方向）和法律硕士专业学位授予权，设法学博士后科研流动站、全国首创法学和港澳基本法研究 2 个二级学科博士点。拥有教育部国家级实验教学示范中心、教育部应用型复合型卓越法律人才教育培养基地等。学院以国际法、民商法、法律文化研究为学术龙头，以港澳法律、地方立法研究、法律实践及交叉学科教育为特色，以环境法学和立法学为新兴发展方向。

四川大学

四川大学于 1984 年恢复法律系，1985 年招收刑法硕士研究生，1998 年恢复法学院。法学院拥有 2 个"985 工程"建设平台和 1 个四川省哲学社会科学重点基地，设有法理、宪法与行政法、刑法、民法、经济法、诉讼法、国际法 7 个教研室。本科专业为法学专业，具有硕士一级学科授权点和法律硕士专业学位授权点，法学博士一级学科授权点，以及法学博士后科研流动站。在科研方面，诉讼法学科在全国进入 1 至 2 名，人权法研究位于国内前列。

南京师范大学

南京师范大学于 1986 年开展法学教学科研活动，1994 年成立经济法政学院法律系，2001 年组建法学院。目前，法学学科为江苏省一级重点学科、省一级学科国家重点学科培育建设点；法学理论学科为国家重点（培育）学科。学院拥有法学博士后流动站、法学一级学科博士学位授权点、法学一级学科硕士学位授权点、法律硕士专业学位点，同时与美国马里兰大学合作培养刑事司法学硕士。

中国社会科学院大学

2020 年，中国社会科学院大学正式成立法学院。学院主要依托中国社会科学院大学和中国社会科学院法学研究所、国际法研究所多方优势。学院首任院长由中国社会科学院学部委员、时任法学研究所所长陈甦教授担任。现任院长由中国社会科学院法学研究所所长莫纪宏教授担任。学院现有本科专业学位点、法学一级学科硕士学位点、法律硕士专业学位点、法学一级学科博士学位点（系全国首批设立法学一级学科博士点 6 家单位之一）和博士后流动站（设立于中国社会科学院法学研究所）。中国社会科学院大学师资强大，名家如云，资深法学家非常多，在国内法界有着重大影响力。

辽宁大学

辽宁大学的法学专业创建于 1980 年，是改革开放之后国内最早建立法学本科专业的院校之一，是辽宁省第一所法学全日制本科教学研究与人才培养基地。辽宁大学法学学科为辽宁省一流学科；法学专业是首批国家级一流专业建设点、国家级特色专业建设点。辽宁大学法学院是首批国家卓越法律人才（应用型、复合型）教育培养基地。其特色是经济法。现有法学一级学科博士学位授权点（现开设经济法、民商法、国际法、法理学、诉讼法、财税法、法律史等专业），法学博士后流动站，法学一级学科硕士学位授权点，法律硕士学位授权点和法学第二学士学位授权点。

湘潭大学

湘潭大学于 1982 年创立法学系，1983 年招收法学本科专业，是湖南省最早开展法学本科教育的高校，也最早获得法学硕士和博士授权点；于 2008 年 11 月成立知识产权学院，是湖南省首家也是唯一的知识产权学院；于 2017 年 5 月成立信用风险管理学院，是全国唯一以"信用风险管理"命名的学院。法学、知识产权 2 个专业为国家一流本科专业，信用风险与法律防控为法学特色专业。

大连海事大学

大连海事大学法学院于 1998 年由市场经济法学院与交通运输管理学院的国际海事

专业合并而成。现有一个法学本科专业（下设海商法和国际经济法、涉外法治3个方向），法学一级学科博士学位授予权（下设海商法、国际法、民商法、宪法与行政法、刑法、海洋法治、法学理论7个二级学科方向），法学一级硕士学位授权点（下设海商法、国际法、民商法、宪法与行政法、环境与资源保护法、刑法、法学理论、海洋法治8个二级学科方向）。2013年辽宁省普通高等学校本科专业综合评价，法学专业名列第一名。国际法学、民商法学为辽宁省重点学科。

安徽大学

安徽大学于1979年，在全国地方综合性大学中率先恢复重建法律系并招收法学本科生，现设有法学和知识产权2个本科专业。法学本科专业为国家特色专业，是国家级一流本科专业建设点。知识产权本科专业也是国家级一流本科专业建设点。现有法学博士学位授予权一级学科及博士后科研流动站。安徽大学经济法制研究中心为省高等学校人文社会科学重点研究基地。学院建有安徽省教育厅智库——安徽法治与社会安全研究中心。与安徽省委政法委共建安徽法治研究院。学院获批教育部首批卓越法律人才教育培养基地（应用型复合型）、教育部法学教育实践基地。

海南大学

1983年，原海南大学创校时就成立了法律系，1984年招收首届法律专科生；1988年，成立法学院并招收第一届本科生（国际经济法专业），2007年成立法学院。现有法学一级学科硕士、博士学位授予权和博士后科研流动站。法学本科专业为教育部的第三批高等教育特色专业建设点、国家一流学科本科专业建设点。诉讼法学科获为省级重点学科，成为海南省第一个文科省级重点学科。法学学科2010年获批海南省省级重点学科、2017年获批海南省特色优势学科。2020年在中国"软科"排名中位列第18位，进入全国法学学科排名前10%，系海南省唯一进入学科全国排名前10%的学科。

专业辨析

在法学类专业里，有以下8个专业。

法学

知识产权

监狱学

信用风险管理与法律防控

国际经贸规则

司法警察学

社区矫正

纪检监察

法学就是研究与法相关问题的专门学问，是关于法律问题的知识和理论体系。法学涵盖的范围比较大，于是又衍生了一些其他专业。

知识产权包括专利、商标、软件著作权等。专利代理一般需要理工背景知识，商标代理和版权代理不需要。但在实际运作中，知识产权代理最好具备理工知识，因为专利代理是知识产权代理里面最重要的一块业务。从这个意义上来说，最好本科读一个理工专业，研究生读一个知识产权专业，像厦门大学等不少大学提供知识产权 + 理工专业的双学位计划。专利代理师的考证有专业限制，需要是理工专业出身才行。

信用风险管理与法律防控专业为信用监管岗位、信用管理岗位，面向征信、信用评估、不良资产处置、债务催收、信用修复等信用服务行业，这是一个交叉学科，除了学习法学，还需要懂管理，了解会计知识，掌握一定的信息处理、数据分析等技术工具。湘潭大学开设了此专业。

国际经贸规则专业由上海对外经贸大学开设，力求培养既懂中国法律、又懂欧美国家法律、还懂国际贸易规则的复合法律人才。

监狱学专业是一个特设专业，主要研究监狱刑事执法、劳动教养、司法行政等相关内容，开设的学校有中央司法警官学院、山东政法学院等。司法警察学是 2018 年新开设的特设专业，主要是培养司法警察，中央司法警官学院和各省司法警官学院开设了这个专业。社区矫正专业也是 2018 年新开设的特设专业，主要培养对于比较轻微的、在监外犯罪人员进行社区矫正管理的人才。纪检监察专业是 2020 年新增的特设专业，内蒙古大学开设了该专业，为纪检监察部门培养人才。

6.2 中国语言文学类专业

专业简介

前面聊了自动化专业，自动化专业是一个"万金油"专业。有朋友就问，有没有其他"万金油"专业呢？

"万金油"专业很多，尤其是人文社科类的专业，中国语言文学，我们常说的中文系，就是一个"万金油"专业。

其实在某种意义上来说，人文社科类专业的学生就业面都要比理工专业的学生要宽。理工专业对专业性要求高，你学了机械，去搞集成电路就容易不知所措。但人文社科类不一样，像中国语言文学类，不单单可以当记者、编辑，任何一个大一点的单位都需要这样的人才，在国家公务员招聘时，语言文学类（这里包括了外国语言文学类）招的人数不少，不论是海关、消防局，还是能源局、统计局、税务局等，每个部门都需要宣传或者秘书来写文章，因此语言文学类专业也经常被认为是文科类的"万金油"专业。

表 6-2 是国家公务员考试热门专业统计。

▼ 表 6-2 | 国家公务员考试热门专业

专业类别	2021		2020		2019		2018	
	职位数	招录人数	职位数	招录人数	职位数	招录人数	职位数	招录人数
财会类	3674	7160	6327	11545	3683	5205	6414	12047
经济类	4743	9124	5338	9550	3311	4968	6038	11480
金融类	4000	7968	4301	8057	2523	3844	4425	8826
法学类	3577	6902	4050	7243	2064	3206	3906	7283
计算机类	3625	7229	3811	6886	2032	3052	3275	6831
统计学类	3058	5972	3574	6185	2347	3460	3748	7212
语言文学类	3233	6112	3439	5841	1697	2409	3049	5447
工商管理类	2481	5201	2749	5023	1639	2506	5751	11213
新闻类	2560	4801	2696	4596	1191	1655	2328	4254
公共管理类	1068	2005	1430	2468	727	1201	1446	2879

资料来源：中央机关及其直属机构 2023 年度考试录用公务员专题。

那中国语言文学类学些什么呢？有个来自某著名大学中文系前系主任的有趣说法："中文系不培养作家"。这个说法由来已久。当年，作家李健吾考到清华大学的中文系，朱自清听说李健吾要当作家，就建议他去西文系。

为什么？这跟中文系的课程有关系。例如北大中文系的课程有：中国古代文学史、中国现代文学史、中国当代文学、文学原理、中国文学理论批评史、古代汉语、现代汉语、汉语方言学、汉语音韵学、语言学概论、比较文学原理和中国古文献学史。

从这些核心课程来看，确实没有教如何写作的课程，因此，中文系的说法都是培养一个汉语工作者。

虽然中文系不培养作家。但是，大家要记住，最终用人单位聘用你，很少是因为你是一个汉语工作者，而是因为你具备不错的写作能力，因此，中文系毕业的人，最重要的能力是写作能力。

学科评估

中国语言文学第四轮学科评估结果见表 6-3。

▼ 表 6-3 | 中国语言文学评估结果

评估结果	学校名称
A+	北京大学、北京师范大学
A	复旦大学、华东师范大学、南京大学、浙江大学、山东大学、四川大学
A-	中国人民大学、首都师范大学、南开大学、南京师范大学、武汉大学、中山大学
B+	清华大学、北京语言大学、中央民族大学、吉林大学、东北师范大学、上海师范大学、苏州大学、浙江师范大学、福建师范大学、山东师范大学、河南大学、华中师范大学、暨南大学、西南大学、陕西师范大学
B	天津师范大学、河北大学、河北师范大学、内蒙古大学、黑龙江大学、哈尔滨师范大学、上海大学、江苏师范大学、厦门大学、湖南师范大学、华南师范大学、广西师范大学、四川师范大学、西北大学、西北师范大学、扬州大学
B-	中国传媒大学、山西大学、辽宁大学、上海交通大学、安徽大学、安徽师范大学、江西师范大学、曲阜师范大学、华中科技大学、湖北大学、广西民族大学、云南大学、兰州大学、新疆大学
C+	北京外国语大学、内蒙古师范大学、辽宁师范大学、沈阳师范大学、上海外国语大学、杭州师范大学、南昌大学、郑州大学、湘潭大学、重庆师范大学、西南民族大学、贵州师范大学、西北民族大学、新疆师范大学、海南师范大学
C	北京第二外国语学院、吉林师范大学、浙江工业大学、温州大学、华侨大学、中国海洋大学、济南大学、中南民族大学、湖南大学、广西大学、西南交通大学、西华师范大学、云南师范大学、青岛大学、三峡大学
C-	天津外国语大学、渤海大学、延边大学、同济大学、南通大学、鲁东大学、河南师范大学、海南大学、深圳大学、贵州民族大学、云南民族大学、宁夏大学、广州大学、广东外语外贸大学

全国具有中国语言文学博士授予权的高校共 65 所，其中 64 所参评了第四轮学科评估，有硕士授予权的高校参加了不少，参评高校一共有 148 所。进入这个表单的有 103 所。

在"双一流"评选中，有 6 所大学的中国语言文学入选：北京师范大学、复旦大学、南京大学、山东大学、陕西师范大学、华中师范大学。北京大学是自定，所以肯定也入选了。一共有 7 所大学。

从评估结果来看，中国语言文学比较强的学校就是文理型的"985、211 大学"，还有师范类大学。

特色学校介绍

北京大学

考上北京大学的中文系可以说是每个文学青年的梦想。北大中文系名师辈出，严复、胡适、陈独秀、傅斯年、鲁迅、茅盾、钱玄同、周作人、钱穆、梁实秋、王力、钱理群……群星璀璨，文脉连绵悠长。中文的学习更重要的是传承、浸润。

北大中文系现在有着全国最完整的中国语言文学学科建制，有 5 个本科专业方向，8 个博士学位授予点，5 个二级学科都是全国重点学科，中国语言文学学科整体是首批一级重点学科，也是国家最早的文科人才培养基地。北大中文系现有 3 个研究平台：中国古典学研究平台、现代思想与文学研究平台、语言与人类复杂系统研究平台。

北大中文系拥有中国古文献研究中心和中国语言学研究中心 2 个教育部高校人文社会科学重点研究基地，并承担全国高等院校古籍整理研究工作委员会秘书处、国家语委国家语言文字推广基地以及国家汉办国际汉学家研修基地的相关工作。

北京师范大学

北京师范大学与北京大学同源，中文系历史悠久，也是名师巨擘会聚，鲁迅、钱玄同、刘半农、黎锦熙、沈从文、钟敬文、启功……北师大与北京大学一起，为中国的语言、文化、文学的教育事业做出了巨大的贡献。

北京师范大学中文专业是全国首批一级学科国家重点学科、全国首批建立的 2 个中国语言文学博士后流动站之一、全国首批建立的国家基础科学人才培养和科学研究基地，全国首批中文一级学科硕士、博士学位授予权单位，全国首批建立的 2 个教育部人文社科重点研究基地（文艺学中心、民俗典籍文字研究中心）。

复旦大学

复旦大学的中文系也是历史悠久，尤其在 1952 年院系调整时，上海多个著名高校的中文系都并入复旦大学，成为中国语言文学教学和研究"重镇"。复旦中文著名学者不少，有陈望道、郭绍虞、朱东润、陈子展、蒋天枢……千秋文脉，树惠滋兰。复旦大学中文系有 2 个本科专业，11 个博士点，12 个科学学位硕士点，建有复旦大学现代语言学研究院，中国古代文学研究中心，是教育部首批普通高等学校人文社会科学重点研究基地。

南京大学

南京大学的中文专业是南京大学历史最悠久的学科之一，是我国近现代高等教育史上最早建立的中文系之一，也是南京大学学术力量最强的专业之一。南京大学的前身是原国立中央大学，中央大学当时号称全亚洲最大的大学，也是中国实力最强的大学之一。在院系调整时，金陵大学的文、理学院并入了南京大学，实力更为强劲。南大中文系也是名师荟萃，有李瑞清、黄侃、吴梅、方光焘、胡小石、汪辟疆、陈中凡、潘重规、杨晦、唐圭璋、吕叔湘、罗根泽、陈白尘、陈瘦竹、程千帆等著名学者。

中国社会科学院大学

中国社会科学院大学依托的是中国社会科学院，这是我国人文社科学科的最强研究单位，所以它的人文社科专业都非常强。其文学院依托的是国家最高文学研究机构，也是社会科学院最大的研究所之一——文学研究所。除了文学研究所，还有语言学研究所、外国文学研究所、民族文学研究所的力量。文学院拥有 8 个重点学科：20 世纪海内外中文文学、当代文学、民间文学与比较文学、句法语义学、汉语历史词汇语法、比较文学（中外文学关系史）、英语文学、中国神话学；4 个优势学科：古代文学、马克思主义文艺理论、语言类型学、中国史诗学；3 个特殊学科：简帛语言、心理语言学、满-通古斯语民族文学。除此以外，文学院教学师资力量几乎可以涵盖中国语言文学学科的二、三级以上的所有学科，而且有些学科几乎是社科院仅有的。

华东师范大学

华东师范大学中国语言文学系是 1951 年院系调整时创建的，其中文系师资来自圣约翰大学、交通大学、浙江大学等院校，一创立就是中国语言文学学术研究重镇和人才培养基地。华东师大中文系在今天已经发展成为学界公认的知名院系。中文系是全国首批文科基础学科人才培养和科学研究基地。中国古代文学学科为国家重点学科，中国古代文学和汉语言文字学 2 个学科为上海市重点学科。华东师大中文系著名学者有：许杰、徐震堮、施蛰存、徐中玉、钱谷融、王元化、程俊英、周子美、李毓珍、万云骏、史存直、林祥楣等。现有 1 个全国首批人文社会科学重点研究基地——中国文字研究与应用中心，上海高校人文社会科学重点研究基地——华东师范大学语文教育研究中心。

山东大学

山东大学在 20 世纪二三十年代，中文系非常有名，汇聚一批著名作家：杨振声、闻一多、舒舍予（老舍）、梁实秋、沈从文、游国恩等，新中国成立初期也有一批著名学者：王统照、冯沅君、陆侃如、高亨、萧涤非、吕荧。文艺学、中国古代文学、汉语言文字学、中国现当代文学 4 个学科为山东省重点学科，文艺学学科为高等学校重点学科。以文艺学科主体的山东大学文艺美学研究中心，为教育部全国高校人文社科重点研究基地。中国语言文学本科教学专业，1994 年首批入选国家文科人才培养和科学研究基地。

四川大学

四川大学的中文专业也是历史悠久，名声卓著。文学院历任院长有向楚、朱光潜等学术巨匠，中文系历任主任有刘大杰、潘重规、杨明照等著名学者。文学与新闻学院是四川大学文科教学和科学研究实力最雄厚的学院之一，其中中国语言文学为国家重点一级学科、国家文科基础学科人才培养和科学研究基地。据川大官网介绍，四川大学的文学与新闻学院已成为西部第一，全国领先的中国语言文学、新闻传播学和艺术学理论人才培养和科学研究的重镇。

中山大学

中山大学中国语言文学系历史也很悠久，尤其是语言学，曾经是国内最强水平，后来合并到了北京大学，王力先生就是从中山大学去的北京大学。中文系人才荟萃，大师云集，先后在该系任教的著名教授有傅斯年、郁达夫、成仿吾、顾颉刚、赵元任、罗常培、鲁迅、郭沫若、钟敬文、陆侃如、冯沅君、王力、岑麒祥，晚近有容庚、商承祚、詹安泰、方孝岳、董每戡、王季思、冼玉清等。汉语言文学专业为首批全国高校特色专业，也是广东省名牌专业；中国古代文学学科为国家级重点学科，中国语言文学获评为广东省一级学科重点学科。中文系获评为优秀国家文科基础学科人才培养和科学研究基地。中山大学中国非物质文化遗产研究中心为教育部人文社会科学重点研究基地。

武汉大学

武汉大学的汉语言文学专业获评国家特色专业、国家一流专业和湖北省品牌专业，入选教育部基础学科拔尖学生培养计划 2.0 基地。中国现当代文学为国家重点学科、湖北省优势学科；中国古代文学为国家重点培育学科、湖北省特色学科。文学院拥有教育部全国高校古籍整理工作委员会直属的古籍整理研究所。现有省部级重点基地和平台还有：教育部语信司和武汉大学共建的中国语情中心高端智库、湖北省语言信息研究基地、湖北省现代人文资源整理调查基地、中国语言文学实践教学中心等。

陕西师范大学

陕西师范大学的中国古代文学为国家级重点学科，中国语言文学（基地）为首批设立的国家文科（中文）基础学科人才培养和科学研究基地，汉语言文学专业为国家级特色专业。现有 1 个教育部与国家外专局批准立项的"长安与丝路文化传播"学科创新引智基地，1 个教育部普通高校中华优秀传统文化传承基地，1 个国家级语言文字推广基地。

华中师范大学

华中师范大学的文学院是华中师大规模最大的学院之一，现有国家人文社科重点研究基地 1 个（语言与语言教育研究中心），省级人文社科重点研究基地 2 个（湖北文学理论与批评研究中心、湖北省汉语国际推广工作研究基地），国家语委基地 1 个（国家语言文字推广基地），国家级重点学科 1 个（汉语言文字学），国家级重点（培育）学科 1 个（文艺学）。

南京师范大学

南京师范大学最王牌的学科就是中国语言文学，被称为"江南文枢"。在江苏高校的布局中，南京师范大学的中文仅次于南京大学，有不少名师大家：唐圭璋、孙望、徐复、钱玄、吴调公等。中国现当代文学为国家级重点学科，中国语言文学为国家级一级重点培育学科、江苏高校 A 类优势学科。中国语言文学拔尖学生培养基地入选 2022 年省级基础学科拔尖学生培养计划 2.0 基地建设点。

首都师范大学

首都师范大学的中文专业是它创办最早的专业，也是它最好的专业之一，漆绪邦、向锦江、欧阳中石等学者都曾在文学院任教过。中国古代文学学科是国家重点学科，文艺学学科和汉语言文字学学科为北京市级重点学科，比较文学与世界文学学科为北京市重点建设学科，数字文献学为北京市重点交叉学科，中国语言文学为北京市一级重点学科。现有省级高校人文社科重点研究基地：中国诗歌研究中心。

北京语言大学

北京语言大学在中国语言文学学科中最强的是语言学，它有一个语言学系，在句法制图理论和生物语言学方面的研究在国际和国内都具有一定影响。

中央民族大学

中央民族大学最强的是中国少数民族语言文学，建有独立学院，而且是中央民族大学历史最为悠久的院系之一，设有南方少数民族语言文学系、蒙古语言文学系、朝鲜语言文学系、维吾尔语言文学系、哈萨克语言文学系、藏语言文学系、汉语文教学部等多个教学系，是国内规模最大、民族语言齐全的中国少数民族语言文学教学科研单位。

河南大学

河南大学在院系调整时，改为师范大学，并且是文科类的师范专业，理科类的师范在现在的河南师范大学里面。后来河南大学与现在的河南师范大学分家，独立办学并恢复原名河南大学，但其文科，尤其中文一直很强。汉语言文学和汉语国际教育专业均为国家级一流本科专业建设点，有中国语言文学一级学科博士点。

西北大学

西北大学的中文系名声很大，被称为"作家的摇篮""文艺批评劲旅"。知名作家雷抒雁、贾平凹、迟子建，知名编剧及导演张子良、黄建新、周友朝、张晓春，知名新闻工作者马利、万武义等均毕业于本学科。西北大学的文学院历史也很悠久，著名学者黎锦熙、罗常培、胡小石、曹靖华、杨晦、罗根泽、高亨、蒋天枢等曾在校执教。西北大学以唐代文学研究为特色。

扬州大学

扬州大学的中文专业是它的王牌专业之一，中国古代文学博士点是首批博士点审定时获得的，中国语言文学为一级学科博士点，江苏省一级学科重点学科。扬州大学涌现了很多优秀的毕业生，如汪晖、高建平、丁帆、蒋寅、吴义勤、季国平、华学诚、戴伟华、周建忠等，又有如毕飞宇、王干等获得"茅盾文学奖""鲁迅文学奖"的著名作家和评论家等。

福建师范大学

福建师范大学的文学院历史悠久，著名作家和学者叶圣陶、靳以、胡山源、郭绍虞、董作宾、严叔夏、黄寿祺、俞元桂等先贤都曾在此执教，被誉为"东南人文学术重镇""福建作家摇篮"。中国现当代文学是福建师范大学获得的唯一一个国家重点学科，中国语言文学成为学校第一个一级学科博士点。在第四轮学科评估中，位居福建省高校中文学科第一名。现有教育部人文社科重点研究基地、国家文科基础学科人才培养和科学研究基地。

专业辨析

中国语言文学类专业下分以下 9 个专业。

汉语言文学

汉语言

汉语国际教育

中国少数民族语言文学

古典文献学

应用语言学

秘书学

中国语言与文化

手语翻译

汉语言文学是开设最多的专业，大家很容易跟汉语言专业混淆。这里面最大的区别在于汉语言文学的着重点是文学，要学大量的古代文学、现当代文学等相关课程；汉语言的着重点是语言，所以要学音韵学、训诂学等相关课程。

现在汉语言专业里面有个方向比较热门，计算语言学。这个其实属于人工智能范畴，研究方向有两个，一个从计算机端和语言学交叉，另一个就是从中文开始和计算机交叉。

汉语国际教育的原称为对外汉语，这个就很好理解，教外国人学习汉语，学生除了要学习中文相关的课程外，还要学习英语。

其他的专业开设学校较少，就不再一一介绍。

6.3 外国语言文学类专业

专业简介

上一部分介绍的是中国语言文学类专业。中文系的名言是："中文系不培养作家"。那外文系是干什么的呢？

先说明一下，外文系的"外文"范围很宽，除了英语之外，还有德语、俄语、日语、法语、西班牙语、阿拉伯语、波斯语、孟加拉语……有100多种语言。

外文系的学生首先要把一门外语学好，要比普通人更精通听说读写。非常专业的人可以做口译或者笔译。同样的，我们学习外文不是培养写外文的作家，而是外文的使用者。学好了外文主要是为了和其他国家的人沟通、交流，进行经济往来等活动，所以，在学习外国语言的同时，还要学习国外的文化、历史、地理、经济和法律等知识。这样，才能更好地了解他们。例如，北京外国语大学招小语种学生，大家仔细看北外针对小语种学生的招生章程，会发现北外不单单是培养懂小语种的学生，而是要培养外交、国际法学、国际贸易、国际经济等人才。

不过，虽然高考可以用英语、日语、俄语、德语、法语、西班牙6种语言，但学小语种的学生一般要求高考外语是英语。

我国从1978年改革开放以来，跟世界的接触越来越多，从国家政治到民间文化，再到个人旅游生活等各个层次都需要外语人才。外语热，尤其是英语热持续了几十年。开设英语专业的大学也非常多。外国语言文学类一直是在文科类学生中很热门的专业，下面就来聊聊它。

学科评估

外国语言类文学的第四轮学科评估结果见表6-4。

▼ 表6-4 | 外国语言文学评估结果

评估结果	学校名称
A+	北京大学、北京外国语大学、上海外国语大学
A	黑龙江大学、上海交通大学、南京大学、浙江大学、广东外语外贸大学
A-	清华大学、北京航空航天大学、北京师范大学、对外经济贸易大学、复旦大学、华东师范大学、南京师范大学、山东大学
B+	中国人民大学、北京语言大学、南开大学、延边大学、东北师范大学、同济大学、苏州大学、厦门大学、武汉大学、湖南大学、湖南师范大学、中山大学、四川大学、西南大学、四川外国语大学、西安外国语大学
B	北京科技大学、首都师范大学、北京第二外国语学院、天津外国语大学、大连外国语大学、吉林大学、上海对外经贸大学、杭州师范大学、浙江工商大学、福建师范大学、中国海洋大学、河南大学、华中科技大学、华中师范大学、陕西师范大学、宁波大学
B-	北京交通大学、哈尔滨工业大学、哈尔滨师范大学、上海海事大学、上海大学、浙江师范大学、山东师范大学、曲阜师范大学、郑州大学、暨南大学、华南理工大学、华南师范大学、广西民族大学、重庆大学、西安交通大学、西北师范大学、扬州大学
C+	北京理工大学、中国政法大学、天津师范大学、山西大学、辽宁师范大学、上海师范大学、上海财经大学、南京航空航天大学、中国矿业大学、安徽大学、江西师范大学、河南师范大学、湘潭大学、广西大学、广西师范大学、西南交通大学、四川师范大学、兰州大学、中国石油大学
C	北京林业大学、中国传媒大学、河北师范大学、辽宁大学、大连海事大学、上海理工大学、江苏大学、鲁东大学、中国地质大学、湖南科技大学、深圳大学、重庆师范大学、西北大学、青岛大学、国防科技大学
C-	河北大学、华北电力大学、内蒙古大学、吉林师范大学、华东理工大学、南京理工大学、江苏师范大学、福州大学、南昌大学、湖北大学、中南财经政法大学、西南政法大学、西南民族大学、云南大学、云南师范大学、宁夏大学

全国具有外国语言文学一级学科博士授权的高校共 41 所，其中 38 所参评了第四轮学科评估。加上有硕士授权的高校，参评高校一共有 163 所。在本表中列出了 115 所。

在第二轮"双一流"的评选中，外国语言文学学科入选了北京师范大学、北京外国语大学、延边大学、复旦大学、上海外国语大学、南京大学、湖南师范大学。加上北京大学，一共有 8 所大学。

外国语言文学类专业主要是培养外语的应用和复合型人才，能在外事、经贸、文化、新闻出版、教育、科研、旅游等部门从事翻译、研究、教学、管理工作。因此，开设英语专业的学校有多种类型，可以分为三类：第一类，专门的外语院校；第二类，综合性大学里的英语专业；第三类，行业性大学的英语专业。

特色学校介绍

外国语大学

我国有 8 所外国语大学，分别是：北京外国语大学、上海外国语大学、广东外语外贸大学、北京第二外国语学院、西安外国语大学、四川外国语大学、天津外国语大学和大连外国语大学。

北京外国语大学

北京外国语大学是我国第一所外国语院校，也是开设语种最多的学校，一共开设了 101 种外国语言。北外开设本科专业 121 个，其中 47 个专业是全国唯一专业点，54 个专业是国家级一流本科专业建设点。现有 4 个国家重点学科（含培育学科），7 个北京市重点学科。拥有一级学科博士点 2 个（外国语言文学、管理科学与工程）。北外在新中国成立后，学校曾归外交部领导，培养出了很多外交人才，被誉为"共和国外交官摇篮"。

上海外国语大学

上外是新中国成立后创建的第一所外国语大学，在全国的外国语大学里，一级学科博士点最多，有外国语言文学、政治学、工商管理 3 个。上外现有 3 个国家级重点学科（英语语言文学、俄语语言文学、阿拉伯语语言文学［培育］）、1 个国家级非通用语种本科人才培养基地（西欧语种群）、10 个国家级特色专业建设点、29 个国家级一流本科专业建设点和 4 个上海市（省级）一流本科专业建设点。上外是联合国合作备忘录签约高校和欧盟委员会口译总司合作单位，也是国际高校翻译学院联合会（CIUTI）成员，高级翻译学院在全亚洲首屈一指，获得国际会议口译员协会（AIIC）全球最高评级。

广东外语外贸大学

广东外语外贸大学由于 1964 年创建的广州外国语学院和广州对外贸易学院合并而成。学校共有 31 个外语语种，在华南地区的高校中排第一。在 1981 年获得硕士学位授予权、1986 年获得博士学位授予权。现有 1 个国家级重点学科和 8 个省级重点学科，有 3 个一级学科博士点。

四川外国语大学

四川外国语大学创建于 1950 年，在 2013 年获得博士学位授予权，现有 1 个一级学科博士点，5 个一级学科硕士点。现有 24 个外语专业，其中有 22 个外语语种。

西安外国语大学

西安外国语大学创建于 1951 年，是新中国最早建立的 4 所外语院校之一，是西北地区唯一一所主要外语语种齐全的普通高校。1986 年成为硕士学位授权单位，2013 年获得外国语言文学一级学科博士学位授予权，2014 年获批博士后科研流动站，是国家西部重要的外语人才培养基地。

北京第二外国语学院

北京第二外国语学院创建于 1964 年，曾隶属于国家旅游局领导，以外语和旅游为优势特色学科。现有 31 个语种专业，联合培养博士点 2 个，硕士学位一级学科授权点 5 个。

天津外国语大学

天津外国语大学创建于 1964 年，1981 年获得首批硕士学位授予权，现有 33 个外国语言文学类专业，其中有 31 个外语语种。现有全国唯一一个"党和国家重要文献对外翻译研究"国家特殊需要博士人才培养项目，7 个硕士学位授权一级学科点。

大连外国语大学

大连外国语大学也创建于 1964 年，时名大连日语专科学校，1974 年开办本科教育，1978 年更名为大连外国语学院。设有服务国家特殊需求的"东北亚外交外事高端人才"博士培养项目 1 个，拥有外国语言文学、中国语言文学和马克思主义理论 3 个一级学科硕士点，外国语言文学为辽宁省一流学科，俄语语言文学、英语语言文学、日语语言文学、西班牙语言文学为辽宁省重点学科。

北京语言大学

北京语言大学的前身是创办于 1962 年的外国留学生高等预备学校，成为来华留学生学习汉语、出国留学生学习外语和出国汉语教师的培养基地，人称"小联合国"。现有外国语言文学一级学科硕士、博士学位授予点，设有外语学科博士后流动站。英语、日语、法语、阿拉伯语 4 个专业被教育部评为国家级特色专业；翻译、英语、法语、阿拉伯语、日语、朝鲜语（韩国语）、西语、德语、意大利语、俄语 10 个专业为国家级一流专业建设点，德语、西班牙语、意大利语为北京市一流专业建设点；英语语言文学、日语语言文学为北京市重点学科。

外交学院

外交学院创建于 1955 年，当时的外交部长陈毅元帅曾担任过院长。外交学院小而精，有英语系和外语系。外语系包括日语、法语和西班牙语 3 种语言。其毕业生外交特色鲜明，英语优势明显，英语语言文学为国家级特色专业，现有硕士点。另外，国际政治博士的一个研究方向"国际政治语言学"设置在英语系。

国际关系学院

国际关系学院也是一所小而精的学校，跟外交学院类似，在提前批招生。国际关系学院始建于 1949 年，1964 年，被列为全国重点高校；1981 年，学校成为全国首批获得硕士学位授予权的单位之一；1983 年，率先完成从单一的外语院校向多学科复合型院校的转型。从这些描述中，大家可以看到国际关系学院的特色。现有英语、日语和法语 3 种语言，外语学院是国际关系学院历史最悠久的系，也是第一个有硕士点的学院。

北京大学

北京大学的外国语学院是国内最强的学院，也是国内最早的学院，名师荟萃。早在 1862 年，京师同文馆就是当时的国立外国语学院，开设了英法俄德日 5 种语言；1898 年成立的京师大学堂也开设了 5 种语言。这两家就是北大外国语学院最早的前身。在院系调整之前，北大的东方语言文学系是北大最大的系。现在北大外国语学院有 12 个系，一共 21 个本科语种专业，教学和科研有 40 种外语。北大的外国语学院的国别和区域的语言文学、历史文化、国情社会研究等方面独具综合学科优势。

北京师范大学

北京师范大学外国语言文学专业起源于 1912 年创建的北京高等师范学校的英语部，历史上林语堂、梁实秋、焦菊隐、周谷城等学者在此任教过。现有英语、俄语和日语 3 个语种，1 个一级学科博士点，是国内最早获得外国语言文学一级学科博士点的大学之一。

南京大学

南京大学外国语学院来自原国立中央大学的外国语文系，历史悠久，实力也很强。1981 年英语语言文学和法语语言文学成为国务院首批博士学位授予单位，2006 年外国语言文学获一级学科博士学位授予权；英语语言文学为国家重点学科。在外国语言文学类专业里面，南京大学很有影响力，在当代外国文学与文化、外国文学史、文学翻译理论、文学文化批评理论、中国文学文化在海外的传播与接收、比较文学与跨文化、理论语言学及应用语言学、语用学、术语与翻译跨学科研究等领域取得丰硕成果，形成优势与特色。

中国社会科学院大学

中国社会科学院大学的外国语学院的教学科研单位是外文所，是冯至、钱钟书、卞之琳、李健吾等名家工作过的地方。学院现有外国语言学与应用语言学、外国文学、翻译学、比较文学与跨文化研究、国别与区域研究 5 大方向。外国语学院目前本科设有英语语言文学系和法语语言文学系，中长期计划开设德语语言文学系、西班牙语语言文学系、俄语语言文学系和日语语言文学系。目前外国语学院外国语言文学一级学科之下设有英语语言文学、俄语语言文学、法语语言文学、比较文学与世界文学、德语语言文学、日语语言文学、欧洲语言文学 7 个硕士点和 7 个博士点。

上海交通大学

上面介绍的都是语言类大学和擅长文科的综合性大学，其实原先以理工著称的综合性大学的外国语言文学类专业也很强，上海交通大学、浙江大学、清华大学、北京航空航天大学等的外国语言文学专业都不错，它们的特点是以科技外语见长。上交大是从原交通大学里分出来的，外国文学系本身实力很强，但院系调整后，上交大的外国文学系只剩下外语教研室。到 1979 年，成立了科技外语系，1993 年获外国语言学及应用语言学博士点，2010 年获外国语言文学一级学科博士学位授予权。上交大的外国语学院是四六级考试的发源地，也是四六级考试委员会所在地。学院的优势是外语与其他学科的交叉融合。

对外经济贸易大学

对外经济贸易大学在外语方向有 2 个学院，一个是英语学院，一个是外语学院。英语学院有翻译、英语、商务英语 3 个专业。外语学院有阿拉伯语、法语、德语、意大利语、日语、韩语、俄语、西班牙语、越南语、葡萄牙语、波斯语、希腊语 12 个学系。大部分专业创建于 20 世纪 50 年代初，是国内同类院校中开设较早的专业点。阿拉伯语专业、西班牙语专业以及由朝（韩）语、越南语、意大利语、葡萄牙语、波斯语、希腊语 6 个语种组成的非通用语种群获批国家级特色专业。2010 年，日语专业获批国家级特色专业。

湖南师范大学

湖南师范大学外国语言文学学科来自建于 1938 年国立师范学院的英文系，钱钟书曾任英文系首任系主任。学科下设英语语言文学、翻译学、外国语言学及应用语言学、比较文学与跨文化研究、国别与区域研究、俄语语言文学、亚非语言文学、法语语言文学、外语教育与教师教育、语言智能与跨文化传播研究共 10 个二级学科，涉及 12 个语种；建有高等学校学科创新引智基地"基于新文科建设的跨文化研究及外语拔尖人才培养学科创新引智基地"（"111"计划），"美国研究中心""俄罗斯研究中心""东北亚研究中心"3 个教育部国别和区域研究备案中心和近 20 家省级、校级研究机构。

延边大学

延边大学的外国语学院前身为 1949 年创建的俄语专业。学院现有英语、日语和俄语 3 个本科专业和大学外语教研部，其特色是朝鲜语、汉语双语。

黑龙江大学

黑龙江大学的前身是 1941 年成立的中国人民抗日军政大学第三分校俄文队，有全国高校独树一帜的对俄办学特色。黑龙江大学有西语学院、东语学院和俄语学院，其中俄语学院被称为"全国俄语根据地"。有国家教育部百所人文社科研究基地之一的俄罗斯语言文学与文化研究中心，具有中俄政府对设的 3 个俄语中心之一，与俄罗斯远东大学共同成立了首个中俄联合研究生院。俄语语言文学学科是国家重点学科，始建于 1941 年，是我国高校俄语语言文学学科中历史最悠久、层次最齐全、队伍最厚实的学科之一。学院拥有世界非俄语国家最大的俄语图书资料中心。现有俄文藏书 1.2 万册（其中许多是俄语语言文学研究方面的国内孤本），外文期刊 40 余种，这已成为俄语学科科学研究的坚实基础和重要保证。

上海对外经贸大学

上海对外经贸大学国际商务外语学院的前身是 1960 年建校之初的外贸外语系。现有日语、法语、英语 3 个语种。商务英语专业为教育部特色专业，外国语言文学为一级学科硕士点，外国语言学及应用语言学学科是上海市教委重点学科。上海对外经贸大学的学科特色是文商法交叉；主攻文学与经济跨学科研究、苏格兰与爱尔兰文学等。

专业辨析

外国语言文学类专业除了英语和小语种之外，还有翻译和商务英语 2 个专业。

翻译包括笔译和口译，所以一方面外语的听说读写要好，另一方面汉语的表达能力也要强，这样翻译才能达到"信达雅"的境界。

商务英语除了英语能力之外，还需要掌握经济学、管理学和法学的相关知识。

总的来说，要成为一个复合型人才，外语专业能发挥更大的效用。

6.4 新闻传播类专业

专业简介

传播是一个司空见惯的现象，人们用声音、图像、文字、动作、电磁波等种种方式进行信息的传递和接收。

新闻指的是最近发生的一些事实的报道，新闻有大有小，有战争冲突这样的新闻，也有街头出现了无人做煎饼机器这样的新闻，甚至一只熊猫差点跑出动物园也是新闻。

新闻传播学就是研究新闻活动、传播活动及其他人类传播现象的学科。新闻传播学类有多个专业，这些专业以新闻和信息为研究对象，从新闻的不同载体、传播形态以及效果等研究新闻传播与社会的关系。这些研究从理论到实践，需要人类学、社会学、统计学和社会心理学等学科的理论知识。

新闻传播里最重要的参与者——记者，曾被称为"无冕之王"，意思是媒体和记者掌握着话语权，可以引导舆论，在社会中拥有很大的权力。到现在媒体还是有很大影响力，不过随着互联网和自媒体的兴起，记者的影响力不如以往，因为似乎人人都可以当记者了，不过一位优秀的记者写的文章比普通自媒体的作者的文章视角总是更独特，思考也更深刻。

新闻传播类专业是文科考生的一个比较热门的专业，在考研的时候尤其热。

学科评估

新闻传播学的第四轮学科评估结果见表 6-5。

▼ 表 6-5 | 新闻传播学评估结果

评估结果	学校名称
A+	中国人民大学、中国传媒大学
A	复旦大学、华中科技大学
A−	清华大学、上海交通大学、武汉大学、暨南大学
B+	北京大学、华东师范大学、上海大学、南京大学、南京师范大学、浙江大学、厦门大学、四川大学
B	河北大学、安徽大学、郑州大学、湖南大学、湖南师范大学、中山大学、深圳大学、陕西师范大学
B−	上海外国语大学、苏州大学、南昌大学、山东大学、河南大学、华南理工大学、兰州大学、国防大学（原由南京政治学院申报）
C+	北京印刷学院、北京师范大学、北京外国语大学、天津师范大学、辽宁大学、重庆大学、西南政法大学、西北大学
C	中央民族大学、中国政法大学、吉林大学、同济大学、上海理工大学、汕头大学、广西大学、西安交通大学
C−	北京工商大学、南开大学、上海师范大学、安徽师范大学、华中师范大学、西南大学、云南大学、新疆大学

全国具有新闻传播学一级学科博士学位授予权的高校共 17 所，第四轮学科评估全部参评，加上部分有硕士授权的高校一共有 81 所参评，表单里出现了 56 所。

在第二轮"双一流"评选中，新闻传播学入选的学校有：中国人民大学和中国传媒大学，在学科评估中是最好的 2 所大学。

特色学校介绍

中国人民大学

人大新闻学院建于 1955 年，是新中国成立后的第一所高等新闻教育机构。1958 年，又整合了原北京大学和燕京大学的资源，据官网介绍，人大新闻学院是"新中国记者摇篮""马克思主义新闻学研究重镇""新闻传播教育工作母机"。《实践是检验真理的唯一标准》《东方风来满眼春》等历史篇章皆出自人大新闻学院毕业生之手。

中国人民大学新闻学院设有新闻系、传播系、视听传播系、广告与传媒经济系、国际新闻与传播系 5 个系，首批获得新闻传播学一级学科学位授予权，新闻学、传播学 2 个专业为国家重点学科，是教育部人文社会科学重点研究基地"中国人民大学新闻与社会发展研究中心"依托机构。

学院重点推进马克思主义新闻观与中国特色新闻学研究、传播学基础理论创新与中国传播学知识体系构建、新闻传播史与中国共产党新闻舆论史研究、融媒体与数据新闻、公共传播与国家治理、视觉文化与创意传播、互联网内容生态规治：伦理与立法、大数据、人工智能与未来传播、全球新闻传播与跨文化交流等领域，构造中国新闻传播学科学术话语体系创新深研会等全案式科研公共服务机制。

中国传媒大学

中国传媒大学新闻学院创建于 1959 年，新闻学专业是中传历史最悠久的专业之一，也是新中国最早创建该专业的高校之一。学院设有新闻系、传播系和计算传播系，开有新闻学专业、新闻学专业（数据新闻报道方向）、传播学专业、传播学专业（媒体市场调查与分析方向）、网络与新媒体专业（媒体创意方向）。

复旦大学

复旦大学新闻学院创办于 1929 年，是中国历史最悠久的新闻传播教育机构。新闻传播学科为全国一级学科重点学科，新闻学、传播学为 2 个国家重点学科。学院设有新闻学系、广播电视学系、广告学系、传播学系 4 个系，有新闻学、传播学、广播电视学 3 个博士专业，以及新闻学、传播学、广播电视学、广告学、媒介管理学 5 个学术硕士专业；另在专硕里面，现有新闻与传播、财经新闻、新媒体传播、国际新闻传播、全球媒介与传播国际双学位 5 个专业方向。新闻学院在新闻理论、传播理论、传播学实证调查、视觉文化与传播、健康传播等研究领域居于国内领先水平。拥有教育部人文社会科学重点研究基地、"985 工程"国家哲学社会科学创新研究基地，文化部复旦大学国际文化创新研究中心、复旦大学传媒与舆情调查中心、全国大学生舆情调查与研究中心等研究中心和基地和国家级实验教学示范中心。

中国社会科学院大学

中国社会科学院大学的新闻传播学院是由中国社会科学院新闻与传播研究所牵头的。作为中国新闻传播学的奠基者之一，中国社会科学院研究生院新闻系是我国改革开放后最早培养新闻学研究生的重要基地，培养了一大批党和国家高层次领导干部、国内外著名专家学者和领军人才、中央主流媒体社长或总编辑，被誉为中国新闻界的"黄埔军校"。本科设有新闻学、广播电视学 2 个招生专业，均为国家级一流本科专业建设点。硕士设有新闻学、传播学 2 个专业。博士设有新闻学、传播学、广播电视与数字传播、广告学与传媒经济学 4 个学科方向。另设有博士后流动站，以及与相关媒体单位联合设立的多个博士后工作站。

华中科技大学

华中科技大学虽然是以工科见长，但有些文科专业也不错，最好的是新闻传播类专业。新闻学院发展起步于 1983 年，现有新闻学（国家级一流本科专业建设点）、广播电视学（国家级一流本科专业建设点）、传播学（省级一流本科专业建设点）、广告学、播音与主持艺术 5 个本科专业。拥有新闻传播学一级学科博士学位授予权，5 个二级学科博士学位授予权，5 个硕士学位授权点（含学硕和专硕），一个新闻传播学博士后科研流动站。华中科技大学的培养特色是文工交叉，应用见长。现在已建成多个面向国家重大战略需求的研究平台。"大数据与国家传播战略实验室"入选教育部哲学社会科学实验室（培育），与中国外文局共建"中国故事创意传播研究院"，设立湖北省重点文科基地"媒介技术与传播发展研究中心"等。

上海交通大学

上海交通大学的文科发展也出色，外国语言文学、法学和新闻传播学都很出色。上海交通大学的新闻传播学专业在媒体与传播学院。学院下设新闻与传播系、电影电视系、文化产业管理系，现有传播学、广播影视编导、文化产业管理 3 个本科专业（及方向）；新闻传播学一级学科博士点、新媒体传播与管理交叉一级学科博士点，新媒体一级学科硕士点，新闻传播专业硕士和 MFA（影视艺术）2 个专业硕士点。其特点是文理交叉、国际化，新闻与传播学、艺术学、管理学等学科交叉互补，融合创新，共同发展。建立了国家领先的 500 平米高清演播厅、摄影实验室等，成立国家社科基金决策咨询点、中共中央组织部舆论研究院、中共中央宣传部舆情直报点、上海交大舆情研究实验室、上海市文化创意产业发展战略研究基地、新媒体与社会治理基地、卓越新闻人才培养基地、出版传媒研究院等 20 个研究机构。

武汉大学

武汉大学的新闻传播类专业创建于 1983 年。学院现设新闻学、广播电视、广告学、网络传播 4 个系，新闻学、传播学、广播电视学、广告学、播音与主持艺术 5 个本科专业。学院拥有新闻传播学一级学科博士学位授予权，5 个二级学科博士学位授予权（新闻学、传播学、跨文化传播学、广告与媒介经济、数字传媒），5 个硕士学位授权点（新闻学、传播学、数字传媒、广播电视艺术理论、新闻与传播硕士专业学位），1 个新闻传播学博士后科研流动站，1 个省级一级学科重点学科（新闻传播学）。学院拥有教育部人文社会科学重点研究基地（武汉大学媒体发展研究中心），全国高校首家"国家文化创新工程"研究基地（国家文化创新研究中心）等。武汉大学开创了一系列有特色的研究领域："一带一路"倡议构想与跨文化传播、智能化背景下中国传媒和广告产业竞争力研究、新媒体环境下中国媒体新闻传播创新研究、互联网传播形态与中国传播能力建设、互联网传播形态与中西部社会治理。

暨南大学

暨南大学的新闻与传媒学院是华南地区媒体人才的培养"重镇"。华南地区的媒体发达，暨南大学的毕业生做了很多贡献。暨南大学在创校初期就有新闻类课程，1978 年，复校的暨南大学再次成立新闻学系。学院是教育部新闻传播学类专业教学指导委员会副主任、全国新闻与传播专业硕士教学指导委员会委员、中国新闻史学会副会长、中国新闻史学会视听传播研究委员会会长、广东省新闻传播学类本科教学指导委员会主任所在单位。这些表明了暨南大学在新闻传播类领域的地位。本科设有新闻学、广告学、广播电视新闻学、播音与主持艺术、国际新闻（全英）、网络与新媒体 6 个专业。其中，新闻学、广告学、广播电视学、播音与主持艺术和网络与新媒体为国家级一流专业。

南京大学

在 1952 年院系调整时，金陵大学与原南京大学的文、理学院合并，改设新闻专修科。1986 年，南京大学恢复新闻专业教学建制，并于 1992 年 10 月正式建系。学院现有新闻传播学一级学科博士点和硕士点，下设广播电影电视、应用传播、新闻与新媒体 3 个系，以及网络传播、传播与社会、新闻与政治、媒介经济与管理、计算传播研究中心、新闻创新实验室、中德数字营销实验室 8 个研究机构。新闻传播学学科入选"十三五"一级学科江苏省重点（培育）学科、江苏省第三批优势学科建设名单。

上海大学

上海也是国内媒体的一个中心，广告业发达，会展需求多，会展专业是其特色。上海大学新闻传播学院是上海市委宣传部和上海大学共同重点建设、中国社会科学院新闻与传播研究所和上海大学共同重点建设的全国唯一一所双共建的新闻传播学院。学院由原上海电影学院新闻传播系、广告学系组建而成。现有新闻传播学本科、一级学科硕士学位授予点、新闻与传播专业硕士学位授予点、一级学科博士学位授予点，以及博士后流动站等。其中本科专业有新闻学、广播电视学、广告学、艺术与科技（会展）及网络与新媒体专业 5 个相关专业。学院拥有上海市教委人文社会科学重点研究基地——影视与传媒产业基地、上海市社会科学创新研究基地、上海市人民政府发展研究中心工作室、国家新闻出版广播电视电影总局发展研究中心——上海大学新媒体协同创新研究中心等科研平台。

安徽大学

安徽大学是改革开放后国内最早设立新闻学科的院校之一。1984 年设立新闻学专业。2006 年，成为安徽省第一个拥有新闻传播学一级学科硕士学位授予权的单位。2016 年，获批新闻传播学一级学科博士点。新闻传播学是安徽大学乃至安徽省优势学科之一。 目前学院开设新闻学、编辑出版学、广播电视学、广告学（于 2020 年停止招生）、网络与新媒体 5 个本科专业。现有 3 个国家 流本科建设专业（新闻学、广播电视学和编辑出版学），1 个国家级特色专业（新闻学专业）。

深圳大学

深圳大学于 1985 年创校之时建立大众传播学科，在全国首创公共关系专业教育。在 1989 年建立广告学本科专业，是全国最早建立广告学专业的 3 所高校之一。现在新闻传播学有一级学科授予权，是广东省重点优势学科。

河北大学

河北大学新闻学专业建于 1981 年，是改革开放后全国建立的首批 9 家新闻学专业之一。现有新闻学、广播电视学、编辑出版学、广告学、播音与主持艺术（艺术类）5 个本科专业和 1 个文化教研室。学院拥有新闻传播学一级学科博士学位授予权，新闻学、传播学一级学科硕士学位授予权，新闻与传播、出版 2 个专业硕士学位授予权。新闻学专业 2007 年获批为全国首批特色专业，2012 年获批河北省重点学科和省级专业综合改革试点。

北京印刷学院

北京印刷学院原先隶属于原国家出版事业管理局，现由北京市人民政府和国家新闻出版署共建。学校的特色是出版与传播、印刷与包装、设计与艺术，是国内唯一以出版为学科专业特色、为出版传媒全产业链培养人才的全日制高水平特色型高等院校。编辑出版学、数字出版、网络与新媒体为国家级一流本科专业。新闻传播学为北京高校高精尖学科。

浙江传媒学院

新闻与传播学院是浙江传媒学院设置最早的院（系）之一，前身是 1986 年设立的新闻系，是全国新闻教育常务理事单位，浙江省新闻与传播专业教学指导委员会主任和秘书长单位，浙江省属高校中唯一的新闻传播学省级一流学科单位，现设广播电视学、新闻学、编辑出版学、传播学 4 个本科专业。其中广播电视学、编辑出版学、传播学专业入选国家级一流专业建设点，新闻学入选浙江省一流专业建设点。2012 年开始招收新闻与传播专业硕士研究生，2022 年与暨南大学建立研究生联合培养基地。

专业辨析

在新闻传播学类专业下面，分了以下 10 个专业。

新闻学

广播电视学

广告学

传播学

编辑出版学

网络与新媒体

数字出版

时尚传播

国际新闻与传播

会展

新闻学是研究新闻相关理论的一门学科，新闻学学生要掌握新闻理论、知识和技能，熟悉我国新闻宣传的政策法规，未来可以在新闻、出版与宣传部门从事编辑、记者等工作。

传播学研究传播的本质、规律，传播与人和社会的关系。传播学中最重要的是 5 个"W"：谁是传播者？传播的内容是什么？用什么媒质传播？信息接收者是谁？怎么传播最有效果？

编辑出版学研究编辑出版理论和技能，培养的学生可以在出版部门做编辑、发行和管理人员等。

广播电视学的实质是广播电视新闻学，各个学校的侧重点不一样，有的侧重摄像，有的侧重后期制作，有的偏新闻，有的偏艺术，跟播音主持专业的区别不是特别大，虽然播音主持是艺术类专业。

广告学学得比较杂，我们想想广告的要素就知道了，需要学习写作、艺术类课程，另外还需要学习市场营销、消费者心理等课程。

网络与新媒体是一个新文科专业，是个交叉学科，涉及了新闻、传播、大数据、网页设计、摄影摄像、营销、品牌策划、广告等方向。

数字出版也是个交叉学科，学习出版、计算机、数字出版方面的内容，可以在新媒体平台做编辑和运营工作。

时尚传播主要是针对时尚行业的传媒培养人才。

国际新闻与传播这是这几年的新增专业，除了新闻知识外，还要熟练掌握英语、国际新闻的相关法规政策等。

会展专业是上海大学首先开设的专业，培养的人才可以策划、组织各类文化活动，为各类文化、晚会、娱乐、演出、庆典、节日等活动提供服务。

CHAPTER 7 教育类热门专业：
传道授业，为人师表

教育学类专业

专业简介

在介绍专业之前，先要说明教育类专业跟师范专业不完全是一回事。很多学生之所以读教育类专业，是计划着将来当老师。但从大学教育来说，教育学是一门学科，跟其他学科一样，需要研究教育学理论、教育新技术，当然也需要学习当教师的技能。另外，教育学包括的范围比较广，有中小学的常规教育，还有一些特殊教育，这都包括在教育学类专业中。

因此，在教育学类专业中既包括了能当老师的师范专业，也包括了一些不容易当老师的专业。尤其大家常说的教育学专业学习的是教育学理论、历史等内容，不是直接培养教师的专业。

另外一方面，原来只能是师范有毕业生才能做中小学老师。但现在教师资格证已经放开，对学校和专业没有要求，只对学历有要求。例如，想去当高中老师，需要拥有大学本科及以上学历。因此，只要招聘的学校没有要求，任何学校、任何专业的大学毕业生只要考过了教师资格证就能当老师。

教育是提高国民素质、摆脱贫困最为重要的手段。我们国家从新中国成立初期到现在拥有全世界最多数量的大学毕业生，成为世界第二大经济体，教育起了很大的作用。

这些年国家在教育上投入了不少经费，教师待遇也不错，所以很多学生想成为老师。

学科评估

教育学类专业的一级学科为教育学，其评估结果见表7–1。

全国具有教育学一级学科博士授权的高校共31所，30所参评了第四轮学科评估，加上部分有硕士授权的高校，参评高校一共有 101 所，本表单里有 70 所。

在第二轮"双一流"评选中，教育学入选了北京师范大学、东北师范大学、华东师范大学、厦门大学、华中师范大学、西南大学 6 所高校。

上面说了，教育学学科跟常规的师范专业不一样，主要研究的是教育理论。在这个表单里，不少"985 大学"都入选了，像厦门大学的教育学进入了"双一流"学科，大部分的"985 大学"本科都没有师范教育专业，但它们在教育学方面的理论研究做得不错。

▼ 表 7-1 | 教育学评估结果

评估结果	学校名称
A+	北京师范大学、华东师范大学
A	东北师范大学、南京师范大学、华中师范大学
A-	北京大学、首都师范大学、浙江大学、华南师范大学、西南大学
B+	清华大学、上海师范大学、浙江师范大学、厦门大学、山东师范大学、河南大学、华中科技大学、湖南师范大学、陕西师范大学、西北师范大学
B	北京理工大学、天津大学、天津师范大学、辽宁师范大学、沈阳师范大学、哈尔滨师范大学、江苏师范大学、江西师范大学、广西师范大学、四川师范大学
B-	河北大学、苏州大学、杭州师范大学、安徽师范大学、福建师范大学、曲阜师范大学、河南师范大学、重庆师范大学、云南师范大学、新疆师范大学
C+	中央民族大学、河北师范大学、山西大学、山西师范大学、内蒙古师范大学、同济大学、江南大学、温州大学、广州大学、宁波大学
C	北京工业大学、渤海大学、吉林师范大学、浙江工业大学、赣南师范大学、湖北大学、中南民族大学、贵州师范大学、云南大学、扬州大学
C-	天津职业技术师范大学、长春师范大学、江苏大学、淮北师范大学、鲁东大学、湖北师范大学、深圳大学、广西师范学院、石河子大学、海南师范大学

特色学校介绍

学生更关心本科的师范教育专业，因此下面我主要介绍有师范专业的学校。传统意义上，师范大学的师范专业最强，有些大学虽然没有带"师范"两字，但有的是合并了师范类大学，有的则是从师范类大学改名而来。

现在教师资格证考试放开后，能当教师的资格不再是师范学生的专属，不少"985大学"的学生也去应聘当老师。从学校来说，是很乐意招收"985 大学"的毕业生当教师的，因为学科教育最终要落实到学科。一位物理老师自己对物理学的内容理解透彻，能把物理课程讲好的概率会大一些。因此，在和师范生的竞争中，"985 大学"的毕业生非常具有竞争力。不过本文不介绍这些"985 大学"。

师范专业还有一个特点，大部分的师范毕业生进入中小学就业，中小学教师是事业编制，流动性很小。即便现在有些人没有编制，流动性也不大。这就会造成一个结果，当地的师范大学的毕业生会聚集。因此，我们看师范大学时，除了 10 所双一流师范大学，其他地方的师范大学不适宜全国排名比较，只需要看省内的师范大学即可。

另外，在师范专业，各级政府施行了不少政策。教育部有公费师范生政策，省内有地方公费师范生政策。学生考上了，需要跟政府签订合同，政府免除学生的学费、住宿费，补贴生活费，还给编制，但要求学生毕业后在指定的地区服务 6 年。各个省师范专业的热度不一样，不过这两年，公费师范生的热度不低。近些年还推出了"优师计划"，这是针对部分贫困地区推出的。读师范专业必须先要搞懂这些政策，这比了解学校更为重要。

2023 年，教育部还推出了"国优计划"，在高水平的"双一流"综合性大学中为中小学培养具有科学素养的优秀教师，第一批含有 30 所高校，包括了清华大学、北京大学等名校。

部属师范大学

原先中国特别缺师资，全国各个省都开办了师范大学。到现在，全国一共有 140 多所师范院校。其中，有 2 所"985 大学"、7 所"211 大学"。这 9 所大学都是"双一流"大学，在 2017 年，又增加了 1 所"双一流"大学，所以现在一共有 10 所"双一流"大学。

在 10 所"双一流"师范大学里面，6 所教育部直属大学跟其他师范大学的待遇不一样，经常有省市针对它们的毕业生开专场招聘会，所以，下面先介绍它们。

北京师范大学是最强的师范大学，跟北京大学同源，出自中国最早的官办大学，京师大学堂。京城有四大名校的说法，"清北人师"，"师"指的就是北京师范大学。

北京师范大学实力很强，在第四轮学科评估中，有 6 个学科排国内第一。大家最熟悉的是心理学，非常有名。不过，师范类大学不太看王牌学科，更愿意看平台。

其他 5 所大学如下。

华东师范大学

东北师范大学

华中师范大学

陕西师范大学

西南大学

华东师范大学在上海，东北师范大学在长春，华中师范大学在武汉，陕西师范大学在西安，西南大学在重庆。

华东师范大学跟北京师范大学类似，是"985 大学"，也已经是综合性大学了，除了师范类专业厉害外，不少普通专业也很厉害，而且按照上海的落户规定，华东师范大学应届本科生目前可以在上海直接落户。

东北师范大学毕业生在全国名声很大。我总觉得东北人讲话有天赋，我遇到不少东北老师讲课非常生动有趣。东北师范大学在国内名声很大，许多南方的中学领导非常喜欢东北师范大学的毕业生。华中师范大学由于所在城市武汉比较吸引高考生，因此在部属师范大学里，华中师范大学的录取线一般排在第 3 位，在北京师范大学和华东师范大学之后。

西南大学由西南农业大学和西南师范大学合并而成，西南农业大学是袁隆平院士的母校。

"双一流"大学

师范类大学除了上面 6 所之外，还有 4 所，也是"双一流"大学。

南京师范大学

湖南师范大学

华南师范大学

首都师范大学

从学科实力来说，这几所大学不比刚才的部属大学差，但这些大学都是省属大学。上面讲过，考师范尽量采用就近原则、属地原则。如果你计划在"长三角"就业，尽量考南京师范大学，而不是湖南师范大学或者华南师范大学等。因为在当地中小学系统里，就近的师范大学校友更多。

首都师范大学是刚晋升的"双一流"大学，原先不是"211 大学"。很多人想到北京来当老师，会问能不能考首都师范大学的师范专业，在报考时需要注意，因为很多城市的师范大学招人是有地域限制的，首都师范大学更倾向于招收北京生源。不过首都师范大学的特色专业——小学教育在全国非常有名，在某些省市招少量的考生，主要是艺术类的。

其他师范大学

师范大学的学校非常有层次感，部属大学在全国有影响力，"双一流"大学虽然在全国也有影响力，但主要是在区域内有影响力。一般本省还有一所或若干所最好的师范大学，在全省有影响力，有些师范大学名声很小，但在本市也是有用的。所以，我们选择不同的学校基本就确定了你就业的最好范围。这点跟其他类型的学校不一样，其他类型的学校除了看学校层次，还看专业。

在这些师范大学里，有些师范大学历史悠久，办学质量非常不错，在业界也有一定影响力，大家也可以了解一下。

山东师范大学

山东师范大学的历史悠久，跟山东大学同源，起源于山东大学堂内设师范馆。在院系调整时，成为山东最早成立的本科院校，一直是山东省的重点高校。现有 15 个博士学位授权一级学科，13 个博士后流动站。

浙江师范大学

浙江师范大学 1956 年创立于杭州，后搬到金华。浙江省是国内的教育强省，也是富裕省份，在高等教育上投入较多，所以浙江师范大学发展很快，现有 11 个一级学科博士点，7 个博士后流动站。

上海师范大学

上海高校设置跟北京高校设置有些类似。北京的师范大学有北京师范大学和首都师范大学，上海则是华东师范大学和上海师范大学。首都师范大学进入了"双一流"，上海师范大学也不差。上海师范大学 1981 年获得硕士学位授予权，1986 年获得博士学位授予权，现有 11 个一级学科博士点，9 个博士后流动站。

西北师范大学

西北师范大学跟北京师范大学为同源，在抗日时期，北平师范大学、北洋工学院等合并成西北联合大学，北平师范大学改为西北联合大学里的教育学院，后独立办学，并迁往兰州，改名西北师范学院。抗日胜利后，一部分人留在西北师范学院，一部分人回到北京，恢复北平师范大学，也就是现在的北京师范大学。1981 年，西北师范大学首批获得了博士点，现有 11 个一级学科博士点。

福建师范大学

福建师范大学的历史也很悠久，可以追溯到 1907 年清朝帝师陈宝琛先生创办的"福建优级师范学堂"，很多著名学者，例如叶圣陶、郭绍虞、董作宾等曾在学校任教。福建师范大学现有博士后科研流动站 17 个，博士学位授权一级学科 21 个，学科实力强大。

云南师范大学

云南师范大学出自西南联合大学，当年北京大学、清华大学、南开大学迁到昆明组成西南联合大学，抗战胜利后，三校北返，师范学院留在昆明，就是现在的云南师范大学。现有 6 个博士后科研流动站，6 个一级学科博士学位授权点。

广西师范大学

在抗战时期，广西师范大学跟西南师范学院、昆明师范学院一起成为后方的 3 所高等师范学院。不少名师，例如杨东莼、薛暮桥、陈望道、欧阳予倩、林砺儒、陈翰笙、夏征农等在此执教过。现有一级学科博士学位授权点 8 个，博士后科研流动站 3 个。

江西师范大学

江西师范大学的前身是 1940 年创建的国立中正大学，1949 年更名为南昌大学。在院系调整时，原南昌大学被分拆，一部分拆成师范学院，就是现在的江西师范大学，是江西省本科办学历史最为悠久的普通高等院校。现有一级学科博士学位授权点 12 个，5 个博士后流动（工作）站。

专业辨析

在教育部最新的本科目录上，教育学下一共分两个专业类别，一个是教育学类，一个是体育学类。这里先不讲体育学类，因为一般需要体育方面的考试，跟普通批不完全一样。教育学专业类别下一共有以下 14 种专业，其中，融合教育和劳动教育分别是2020 年、2021 年新增加的特设专业。

040101　教育学

040102　科学教育

040103　人文教育

040104　教育技术学

040105　艺术教育

040106　学前教育

040107　小学教育

040108　特殊教育

040109T　华文教育

040110TK　教育康复学

040111T　卫生教育

040112T　认知科学与技术

040113T　融合教育

040114TK　劳动教育

下面这些专业被划分为几个类别，按照类别来讨论。

教育学

教育学单独一列。顾名思义，它学习的是教育方面的理论知识，就是教育史、教育哲学、教育心理学等知识，理论上说，教育学毕业生可以做班主任或者全科老师，也可以去教育部门做管理者，或者搞教育研究。很多人会想当然，认为当老师就应该报这个专业，其实不是。要当老师需要报其他的专业。这点一定要注意。

科学教育、人文教育、艺术教育

科学教育培养科学普及、教育的人才，需要人才了解、掌握自然科学基础知识。这个专业一般依托某个方向，如果在物理系，物理方面的课程较多；如果在化学系，则化学方面的课程较多；如果在地理系，则地理、环境方面的课程较多。毕业生可以当科学课程老师，也可以在创客类教育机构当老师。教育部提出要加强中小学的科学教育工作，"国优计划"就是针对科学教育的。

人文教育跟科学教育类似，培养文科综合师资，主要学习文学、历史、哲学，为人文与社会等相关课程培养教师。

艺术教育主要学习教育学、人文学、心理学、音乐、美术、舞蹈、戏剧等方面的基本知识和技能，培养审美修养和艺术鉴赏能力，在学前教育、基础教育类机构进行儿童综合艺术的教育教学，如儿童唱歌、舞蹈、乐器、绘画的教学等。

学前教育、小学教育、特殊教育、融合教育

这几个都是针对幼儿园、小学培养老师。幼儿园、小学的学生跟中学生不太一样，因为年龄小，自理能力和沟通能力不强，而且在这个阶段，小孩的理性思维还没有发展起来，文化课的教育要求不强，更重要的是帮助实现学生身心的健康成长，要培养学生的全面能力。所以，这个阶段的老师要多学一点儿童发展心理学相关知识。

作为学前教育的老师，最好是多才多艺，要能歌善舞。幼儿园学生重要的是多实践，要在实践中学习，要让他们的情绪保持安稳。对小孩来说，单凭语言很难起到更好的效果，所以作为学前教育的老师会唱歌、弹琴和跳舞是很重要的。

特殊教育主要针对的是特殊儿童，例如，聋哑儿童、孤独症儿童和智商低下的儿童等，这些老师需要学习的是特殊的教育和沟通方式。

融合教育针对的也是特殊儿童，它是特殊教育的一种新型方式，就是在普通学校中融合特殊儿童的教育，需要给这些儿童做测量评估，给他们制定特定的教育计划，然后融合到学校的课程中。这里面包括对特殊儿童的康复训练、学习指导等内容。

教育康复、卫生教育

教育康复其实是特殊教育的下一步，在特殊教育基础上，再学些康复治疗的东西，

对那些特殊儿童进行评定、康复和纠正等工作。卫生教育就是学更多的医学知识，虽然教育康复已经需要学习一点生理知识和医学知识，但卫生教育在医学方面的教育更深入，以后可以当学校的卫生保健教师，负责学校的卫生管理、疾病的预防和管理工作。事实上卫生教育跟医学比较接近了，当然，从学习的强度来说，远远比不上医生。

教育技术学、认知科学与技术

教育技术学就是除了学习与教育相关的一些基础知识外，多学一点计算机技术，在教学当中会用计算机等多种多媒体设备，在中小学的工作俗称电教老师。不过，中小学在招聘时不一定招聘教育技术学专业的毕业生，也可能招聘计算机类专业的毕业生，因为计算机类专业的学生也完全符合要求。从就业面来说，计算机类专业比教育技术学专业要宽。

认知科学与技术这个专业是 2019 年才批的，开设的学校很少，主要课程包括了认识科学、神经科学、心理学、语言学、人工智能、人机交互等很多交叉学科的知识。

华文教育

这是针对留学生的，一般对东南亚的华人开展，方便他们回到自己的国家开展中文教学，所以除了学习中文之外，还要学习中国文化。

劳动教育

劳动教育开设的背景是教育部要求中小学在 2022 年秋季学期开始都必须要开设劳动课，从一年级到初三，还有课程标准。因此，需要相应的老师。

经济类热门专业：
掌握金钱规律，服务社会发展

经济学类专业

专业简介

在大学本科专业目录里，经济学占了一个大类，这里面不少专业是热门专业，对于不选理工专业的学生，财经类专业似乎是必选的。在财经最热门的时代，这些专业还吸引了不少高考状元。

在本科专业目录里，经济学大类专业分为 4 类专业：经济学类、金融学类、财政学类和经济与贸易类，每类专业下又可以细分各种专业。具体的各种专业在专业辨析处讲。

在国外的学科设置中，经济学一般作为社会科学，而金融等学科作为商学院内的学科，因此这两个差别比较大。但在国内的学科设置时，经济学和金融等学科经常设置在一个学院内，而且有时就业也不是特别区分，所以，下面就把这些专业统一为经济类专业来介绍。

学科评估

本科专业目录中的经济学大类专业在研究生阶段大体分成两大类：理论经济学和应用经济学。

理论经济学是一级学科名称，下面又有二级学科，包括：政治经济学、经济思想史、经济史、西方经济学、世界经济、人口、资源与环境经济学 6 个二级学科。

应用经济学下面有二级学科，包括：国民经济学、区域经济学、财政学、金融学、产业经济学、国际贸易学、劳动经济学、统计学、数量经济学、国防经济 10 个二级学科。

可以看到，理论经济学一级学科对应的本科专业基本是经济学类专业，应用经济学一级学科包含了金融学类、财政学类、经济与贸易类专业，以及部分的经济学类专业。而且，理论经济学和应用经济学的课程很接近，在写论文的时候有时候会有些区分，有时也没有区分，甚至一些论文既用到理论经济学知识也用到应用经济学知识；一些导师既指导理论经济学研究生，也指导应用经济学的研究生。因此，介绍学校的时候会综合考虑理论经济学和应用经济学的学科评估结果。

理论经济学和应用经济学的第四轮学科评估结果见表 8-1。

▼ 表 8-1 | 理论经济学和应用经济学评估结果

评估结果	理论经济学	应用经济学
	学校名称	学校名称
A+	中国人民大学、复旦大学	北京大学、中国人民大学、中央财经大学
A	北京大学、南开大学	对外经济贸易大学、东北财经大学、上海财经大学、厦门大学
A-	北京师范大学、南京大学、浙江大学、武汉大学、西北大学	清华大学、南开大学、复旦大学、江西财经大学、山东大学、中南财经政法大学、西南财经大学、西安交通大学
B+	清华大学、中央财经大学、吉林大学、上海财经大学、厦门大学、山东大学、华中科技大学、中山大学、西南财经大学	北京交通大学、首都经济贸易大学、天津财经大学、辽宁大学、吉林大学、南京大学、东南大学、浙江大学、浙江工商大学、山东财经大学、武汉大学、华中科技大学、湖南大学、中山大学、暨南大学、浙江财经大学
B	对外经济贸易大学、辽宁大学、东北财经大学、福建师范大学、江西财经大学、中南财经政法大学、深圳大学、四川大学、云南大学	北京理工大学、北京工商大学、山西财经大学、大连理工大学、同济大学、华东师范大学、上海对外经贸大学、上海大学、南京财经大学、安徽大学、中国海洋大学、武汉理工大学、广西大学、重庆大学、云南财经大学
B-	首都经济贸易大学、东北师范大学、湖北大学、湘潭大学、湖南大学、暨南大学、华南师范大学、陕西师范大学、新疆大学	东北师范大学、哈尔滨商业大学、华东理工大学、苏州大学、南京师范大学、浙江工业大学、安徽财经大学、华侨大学、河南大学、中国地质大学、湖南科技大学、四川大学、兰州大学、重庆工商大学、广东外语外贸大学、陆军勤务学院（原由军事经济学院申报）
C+	北京理工大学、中央民族大学、中国政法大学、天津财经大学、河北大学、山西财经大学、华东师范大学、南京财经大学、河南大学、湖南师范大学	北京师范大学、吉林财经大学、南昌大学、济南大学、郑州大学、河南财经政法大学、华中师范大学、长沙理工大学、华南师范大学、广东财经大学、西北大学、新疆财经大学、西安财经学院、宁波大学、河北经贸大学

续表

评估结果	理论经济学	应用经济学
	学校名称	学校名称
C	山西大学、吉林财经大学、黑龙江大学、安徽大学、山东财经大学、华中师范大学、重庆大学、四川师范大学、青岛大学、浙江财经大学	北京科技大学、河北大学、内蒙古大学、上海师范大学、华东政法大学、中国矿业大学、江南大学、江苏大学、江苏师范大学、浙江理工大学、山东理工大学、海南大学、西南政法大学、西南民族大学、贵州财经大学、云南大学、兰州财经大学、南京审计大学、中国石油大学
C-	北京工商大学、上海大学、云南财经大学、西安交通大学、兰州大学、兰州财经大学、南京审计大学	中央民族大学、中国政法大学、天津工业大学、天津商业大学、内蒙古财经大学、安徽工业大学、广西师范大学、贵州大学、云南师范大学、陕西师范大学、石河子大学、西安邮电大学

全国有一级学科理论经济学博士授权的高校共39所，其中38所参评了第四轮学科评估，加上部分有硕士授权的高校，一共有90所参评高校，表中列入了63所学校。

全国有一级学科应用经济学博士授权的高校共66所，其中58所参评了第四轮学科评估，加上部分有硕士授权的高校，一共有155所参评高校，表中列入了108所学校。

在第二轮"双一流"评选中，理论经济学入选了：中国人民大学、南京大学和武汉大学。

应用经济学入选了：中国人民大学、中央财经大学、对外经济贸易大学大学、南开大学、辽宁大学、复旦大学、上海财经大学和西南财经大学。

加上北京大学，则理论经济学入选了4所高校，应用经济学入选了9所高校。北京大学和中国人民大学这2个学科都入选，这2所学校是我国经济学大类的强校。

在工作中，应用经济学的知识更为有用，所以开设的学校要多一些。一般说来，理论经济学方面的强校大部分都是"985高校"。应用经济学方面的强校除了"985院校"外，更多的是原先财政部、中国人民银行、商业部和外经贸部下属的院校。

特色学校介绍

特色学校分4块介绍。这里的篇幅比较多，分两部分来介绍。先介绍"985大学"，后介绍财经类院校。

"985高校"师资力量雄厚，科研平台好，学生生源也好，所以学科实力强。另外，在财经界，对学校平台很看重。"清北复交人之下，无金融。"这句话虽然夸张，与实情不符，但也侧面证实了院校层次的重要。

北京大学

北京大学的经济学院有经济学系、国际经济与贸易系、金融学系、风险管理与保险学系、财政学系、资源环境与产业经济学系、经济史学系 7 个系，经济学、国际经济与贸易、金融学、保险学、财政学、资源与环境经济学 6 个本科专业，有政治经济学、西方经济学、经济史、经济思想史、世界经济、金融学、财政学、人口资源与环境经济学、风险管理与保险学 9 个学术硕士、博士学位授权点，及金融硕士、保险硕士、税务硕士、国际商务硕士 4 个专业硕士学位授权点，还有国内最早设立的经济学博士后流动站。2016 年经济与商学学科（Economics & Business）进入 ESI 全球前 1%；在 US NEWS 学科排名中，位列世界第 74 名，中国高校第一；北大商学学科在 THE 学科排名中，位列世界第 18 位，中国高校第一；北大经济学、会计和金融、工商管理在 QS 学科排名中位列第 33～34 位。在以往的国际排名中，都是进入世界前列，保持国内领先态势。

中国人民大学

中国人民大学经济学院的前身最早可以溯源至 1939 年陕北公学设立的政治经济学研究室，是新中国经济学科的重要奠基者和开拓者。学院设有经济学、国际经济与贸易、数字经济 3 个本科专业，12 个硕士点，10 个博士点，"经济学—数学"双学位实验班、"中国经济"全英文硕士班、理论经济学硕博连读实验班等 8 个创新人才培养平台；拥有国家重点一级学科"理论经济学"，国家重点二级学科"政治经济学""西方经济学"。

清华大学

清华大学经济管理学院成立于 1984 年，朱镕基担任首任院长（1984—2001）。清华经管学院现有会计系、经济系、金融系、创新创业与战略系、领导力与组织管理系、管理科学与工程系、市场营销系 7 个系，覆盖理论经济学、应用经济学、工商管理、管理科学与工程 4 个一级学科。全国工商管理专业学位研究生教育指导委员会秘书处设在清华经管学院。清华经管学院顾问委员会成员非常高端，由海内外著名企业家、知名学者（包括诺贝尔经济学奖获得者）以及我国政府和财经部门领导人组成。清华经管学院已经是世界一流的经管学院。

复旦大学

复旦大学经济学院现设有：经济学系、世界经济系、国际金融系、公共经济学系、风险管理与保险系、世界经济研究所、中国社会主义市场经济研究中心和金融研究院 8 个建制单位，1 个"985 工程"创新基地，28 个研究机构。有理论经济学和应用经济学博士后流动站 2 个；理论经济学一级学科及金融学、产业经济学 2 个应用经济学二级学科被评为全国重点学科；博士学位授予专业 9 个，硕士学位授予专业 12 个，学士学位授予专业 5 个。其中理论经济学一级学科及金融学、产业经济学二级学科被列入"211工程"国家重点学科建设项目。

上海交通大学

上海交通大学在 1979 年成立工业管理工程系，在 1984 年重建管理学院。上海交通大学跟清华大学有点像，都是偏应用经济学以及管理学科。现在上海交通大学安泰经济与管理学院已属于中国最顶尖商学院之一，在教育部最新一级学科评估中，学院成绩优异，"工商管理"和"管理科学与工程"两个学科均获 A+，"应用经济学"获评 A。在2023 年 QS 世界大学学科排名中，学院"商业与管理"位列全球第 32 位，中国排名第1 位；"会计与金融学"位列全球第 39 位，中国排名第 3 位；"统计与运筹学"位列全球第 43 位，中国排名第 3 位；"经济与计量经济学"位列全球第 56 位，排名第 4 位。

南京大学

南京大学于 1978 年，恢复经济学系；1986 年，成立管理学系；1988 年，成立南京大学国际商学院；2000 年，国际商学院更名为商学院。现有经济学院和管理学院，其中经济学院有经济学系、国际经济贸易系、金融与保险学系、产业经济学系 4 个系以及人口研究所，管理学院有工商管理系、会计学系、营销与电子商务系和人力资源管理学系 4 个系。全院拥有本科专业 11 个，硕士点（含 MBA、EMBA、MPAcc、国际商务、金融、审计等）17 个，一级学科博士学位授权点 3 个（理论经济学、应用经济学、工商管理），二级学科博士点 12 个，博士后流动站 3 个（理论经济学、应用经济学、工商管理），国家重点学科 2 个（政治经济学、企业管理），"双一流"建设学科 1 个（理论经济学），一流本科专业建设点 9 个（经济学、国际贸易学、金融学、金融工程、工商管理、会计学、电子商务、财务管理、市场营销），国家重点培育学科 1 个（世界经济），国家级基础学科人才培养基地 1 个（经济学）。

南开大学

南开大学有经济学院、金融学院和商学院 3 个学院。经济学院有理论经济学、应用经济学 2 个一级学科国家重点学科，有政治经济学、世界经济、金融学、区域经济学、经济史、国际贸易等 6 个二级学科国家重点学科。经济学院设有经济学、国际经济与贸易、财政学、国际商务 4 个本科专业和经济、管理、法学复合型人才试点班。在政治经济学、经济思想史、经济史、西方经济学、世界经济、人口资源与环境经济学、区域经济学、财政学、金融学、产业经济学、国际贸易学、劳动经济学、数量经济学、统计学、城市经济学 15 个学科招收和培养硕士研究生。理论经济学和应用经济学均已获得一级学科博士学位授予权，覆盖经济学门类的 16 个二级学科。目前在政治经济学、经济思想史、经济史、西方经济学、世界经济、人口资源与环境经济学、区域经济学、金融学、国际贸易学、产业经济学、数量经济学、财政学、劳动经济学等 13 个学科招收博士研究生。有理论经济学和应用经济学 2 个博士后流动站。

厦门大学

厦门大学经济学科是厦门大学最重要的优势学科和支柱学科之一，包含经济学院、王亚南经济研究院、邹至庄经济研究院 3 个教学科研单位。其中，厦门大学经济学院于 1982 年成立，是中国重点综合性大学建立的第一所经济学院。经济学院是厦门大学规模最大的学院，现有经济学系、统计学与数据科学系、财政系、金融系、国际经济与贸易系和经济研究所、宏观经济研究中心、中国能源经济研究中心等 8 个教学科研单位；拥有教育部首批基础学科拔尖学生培养计划 2.0 基地、国家经济学基础人才培养基地、教育部人文社科重点研究基地，还拥有教育部首个文理交叉"计量经济学重点实验室"，应用经济学、理论经济学、统计学 3 个一级学科博士授权点（涵盖 20 个二级学科）、3 个博士后流动站；设有 10 个本科专业，30 个硕士专业，22 个博士专业，理论经济学、应用经济学和统计学 3 个一级学科博士授权点，3 个博士后流动站。理论经济学和应用经济学双双获评一级学科国家重点学科，覆盖了经济学门类所有学科，厦门大学是全国 3 所能满足此条件的高校之一。

武汉大学

武汉大学经济与管理学院是学校办学规模最大的学院，也是社会影响最大的学院之一。现有 4 个一级学科：理论经济学、应用经济学、管理科学与工程、工商管理，4 个一级学科全部具有一级学科博士学位授予权并都设有博士后科研流动站。理论经济学入选国家"双一流"建设学科名单，理论经济学一级学科、金融学二级学科是国家级重点学科；全部学科为湖北省优势或重点学科。武汉大学经济学与商学进入 ESI 全球前 1%。先后通过 AMBA、EQUIS、AACSB 三大国际认证。经济发展研究中心是教育部人文社会科学研究百所重点研究基地之一。拥有 2 个国别和区域研究中心（教育部备案）、5 个省级人文社科重点研究基地。

还有不少"985 大学"的财经类专业也非常不错，不再一一介绍。

上面只介绍了部分"985 大学"，"双一流"以及"双非"的综合性院校里面也有财经类的强校，各省一般还有专门的财经院校。经济活动是人类一项重要的活动，涉及生产、贸易、分配、消费等环节，在国家政府机关里，很多部门都是跟经济活动直接相关的，所以这些部委都有相关的财经院校。下面逐一介绍。

综合性院校

辽宁大学

辽宁大学是"211大学"，跟东北财经大学曾经合并过，合并没多久，东北财经大学又独立建校。现有应用经济学、理论经济学、工商管理、中国语言文学、哲学、法学、化学、统计学、中国史、物理学、环境科学与工程和马克思主义理论12个一级学科博士学位授权点；有8个博士后流动站；有世界经济、国民经济学和金融学3个国家重点学科，应用经济学入选世界一流学科建设名单，应用经济学、理论经济学、法学、工商管理、马克思主义理论、统计学6个一级学科入选辽宁省一流学科建设A类行列。

暨南大学

暨南大学是"211大学"，经济学科历史已超百年，设立经济学院已超40年，这在全国也不多见。 经济学院现有经济学系、金融学系、统计学系、国际经济与贸易系、财税系、特区港澳经济研究所6个教学系所，6个本科专业；有应用经济学、理论经济学、统计学3个一级学科博士点和相应的一级学科硕士点，金融、国际商务、应用统计、税务和资产评估5个专业学位硕士点，应用经济学、理论经济学和统计学3个博士后科研流动站；有3个广东省人文社科重点研究基地，13个研究与咨询机构；有金融学、产业经济学2个国家重点学科，有国家级一流本科专业建设点5个，广东省一流本科专业建设点1个，有应用经济学、理论经济学和统计学3个广东省一级重点学科，1个国家级实验教学示范中心。

福建师范大学

福建师范大学经济学院是我国南方高校中著名的经济学人才培养"重镇"。学院现设有经济学（含国家经济学基地）、国际经济与贸易、金融学、金融工程、工商管理和财务管理6个本科专业；拥有理论经济学博士后科研流动站和理论经济学一级学科博士学位授权点，理论经济学、应用经济学、管理科学与工程3个一级学科硕士学位授权点，以及工商管理（MBA）、金融、国际商务3个专业硕士学位授权点。福建师范大学好几位校长也是出身于经济学院。

财政部和中国人民银行原下属院校

大家一般认为的财经类院校是指原来隶属于财政部和中国人民银行的院校。

财政部原来下属有 6 所高校，现状如下。

上海财经大学（"211""双一流"大学）

中央财经大学（"211""双一流"大学）

中南财经大学（合并成中南财经政法大学，"211""双一流"大学）

东北财经大学

江西财经大学

山东财政学院（并入山东财经大学）

中国人民银行原来下属有 11 所高校，现状见下。

西南财经大学（"211""双一流"大学）

中国金融学院（并入对外经济贸易大学）

湖南财经学院（并入湖南大学）

陕西财经学院（并入西安交通大学）

保定金融高等专科学校（河北金融学院）

长春金融高等专科学校

哈尔滨金融高等专科学校（哈尔滨金融学院）

上海金融高等专科学校（上海金融学院，合并成上海立信会计金融学院）

南京金融高等专科学校（并入南京审计大学）

武汉金融高等专科学校（合并成湖北经济学院）

广州金融高等专科学校（广东金融学院）

上海财经大学是原先财政部的唯一一所重点高校，西南财经大学是中国人民银行的唯一一所重点高校，所以它们很早就进入了"211"序列。中央财经大学进入"211 工程"比较晚，在 2005 年，但央财在北京，不少银行的总部在北京，北京也是财政部、审计署、税务局等中央部委所在地，所以中央财经大学的毕业生就业好，所以这些年央财发展很好，在第四轮学科评估中应用经济学获得了 A+，国内名列前茅。中南财经大学则是通过和中南政法大学合并，也获得了一个"211"名额。

上海财经大学

上海财经大学历史悠久，1932 年独立建校，定名为国立上海商学院，为当时国内唯一的国立商科类本科高校。1950 年，学校更名为上海财政经济学院。著名经济学家孙冶方和姚耐先后任院长。1985 年，学校更名为上海财经大学。

中央财经大学

学校始建于 1949 年 11 月 6 日。学校现有应用经济学国家"双一流"建设学科；拥有应用经济学一级学科和会计学二级学科国家重点学科；拥有工商管理、统计学一级学科，政治经济学、马克思主义中国化研究、世界经济二级学科和经济信息管理、跨国公司管理交叉学科等北京市重点学科；拥有金融安全工程、战略经济等北京高校"高精尖"学科；拥有 5 个博士学位授权一级学科，16 个硕士学位授权一级学科和 20 个硕士专业学位授权类别；拥有 5 个博士后科研流动站。

西南财经大学

西南财经大学的前身四川财经学院是新中国成立之初全国高等院校分区布局的 4 所财经高校之一。1979 年由四川省人民政府划归中国人民银行主管，逐渐形成了金融行业背景和金融学科优势。1985 年更名为西南财经大学，1997 年成为国家"211 工程"重点建设高校，2000 年划转教育部管理。

中南财经政法大学

学校前身是 1948 年创建的中原大学。全国高等院校调整期间，以中原大学财经学院、政法学院为基础，先后整合中南六省河南大学、中华大学、中山大学、湖南大学、广西大学、南昌大学等高校的财经、政法教育资源，于 1953 年 5 月分别成立中南财经学院和中南政法学院。2000 年 5 月 26 日，中南财经大学和中南政法学院合并组建为新的中南财经政法大学。2005 年 9 月，进入国家"211 工程"重点建设高校行列。

东北财经大学

东北财经大学虽然没有入选"双一流"，但不论在业界还是在"东三省"考生中的认可度都很高。学校是国内最早拥有硕士研究生（1981 年）、博士研究生（1986 年）培养资质的财经院校之一。现有理论经济学、应用经济学、统计学、管理科学与工程、工商管理学和公共管理学 6 个一级学科博士学位授权点（均设有一级学科博士后流动站），下设 47 个二级学科博士学位授权点（含自主设置 21 个）；有 10 个一级学科学术型硕士学位授权点，下设 78 个二级学科学术型硕士学位授权点（含自主设置 23 个）；有金融、应用统计、税务、国际商务、保险、资产评估、审计、法律、翻译、新闻与传播、汉语国际教育、工商管理、公共管理、会计、旅游管理、工程管理 16 个类别的硕士专业学位授权点，其中会计、工商管理、金融、应用统计专业学位水平位居国内前列。

江西财经大学

江西财经学院作为原财政部院校，其办学水平在整个江西省都排前列，财经类学科在华南有一定的区域影响力。学校现有应用经济学、理论经济学、管理科学与工程、工商管理、统计学、法学、马克思主义理论共 7 个博士后流动站；7 个一级学科博士学位授权点，42 个二级博士学位授权点，15 个一级硕士学位授权点，74 个二级硕士学位授权点，21 个专业硕士学位授权点，52 个本科专业。拥有 1 个国家重点培育学科（产业经济学）。学校共有 39 个专业参评第二轮江西省本科专业综合评价，22 个专业在全省总排名第一，10 个专业总排名第二，5 个专业总排名第三，排名前三的专业数占参评专业总数的 95%。

原对外经济贸易部直属高校

原外经贸部下属有 4 所大学。

对外经济贸易大学

天津外贸学院（并入南开大学）

上海外贸学院（上海对外经贸大学）

广州外贸学院（并入广东外语外贸大学）

对外经济贸易大学

前面已经介绍了"两财一贸"中的"两财"：上海财经大学和中央财经大学，下面介绍"一贸"。对外经济贸易大学在很多省份的分数线在这 3 所学校里最高。原因是：第一，在 1960 年，它就成为了全国重点大学，而那时上财和央财都不是全国重点大学；第二，贸大作为对外贸易部的直属院校，除了财经专业好，外贸专业也好，学生的英语水平很高，在所有财经类大学的毕业生里，贸大学生的外语水平最高；另外，贸大的法学也很不错。所以，贸大的财经、贸易、英语和法学都不错，比普通财经类大学的专业更全面，非常适合文科生报考。在对外贸易最火热的年代，贸大还招收过一些高考状元，不过这两年热度有所下降。

上海对外经贸大学

上海对外经贸大学的前身上海对外贸易学院创建于 1960 年，是原国家对外经济贸易部最早设置的 2 所本科高校之一。1986 年，成为硕士学位授予单位；现有 7 个一级学科硕士点和 41 个二级学科硕士点；2021 年，获批博士学位授予单位；现有应用经济学一级学科博士点，国际贸易学、金融学、数量经济学、产业经济学和国际发展合作 5 个二级学科博士点。2009 年，入选世界首批、中国首家世界贸易组织（WTO）讲席；2019 年，获批 WTO 亚太培训中心，成为 WTO 在中国设立的唯一区域培训合作伙伴。

广东外语外贸大学

广东外语外贸大学由广州外国语学院和广州对外贸易学院合并而成，2008 年，又将广东财税高等专科学校划入，是全国国际经济与贸易学科的创始单位之一。经济贸易学院现有应用经济学博士后科研流动站，应用经济学一级学科博士学位授权点，下设国际贸易学、区域经济学和产业经济学三个学科方向；拥有理论经济学、应用经济学2个一级学科硕士学位授权点，含国际贸易学、产业经济学、区域经济学、财政学、经济史、世界经济、劳动经济学和人口、资源与环境经济学8个二级学科硕士点，拥有国际商务、税务2个专业硕士学位点。

原商业部直属高校

商业部直属的学校跟上面讲的财经类学校不完全一样，上面介绍的财经类学校专业主要聚焦在经济、金融、管理等相关学科上；而原商业部直属院校一般会包括2类专业：财经类和轻工类，原因是商业部管辖的领域不单单需要销售，也需要轻工产品。

原商业部直属高校有以下几所：

杭州商学院（浙江工商大学）

黑龙江商学院（哈尔滨商业大学）

北京商学院（合并到北京工商大学）

天津商学院（天津商业大学）

郑州粮食学院（河南工业大学）

武汉食品工业学院（武汉轻工大学）

北京物资学院（首都经济贸易大学）

南京经济学院（南京财经大学）

重庆商学院（重庆工商大学）

兰州商学院

四川烹饪高等专科学校（四川旅游学院）

首都经济贸易大学

首都经济贸易大学创建于1956年，是由原北京经济学院和原北京财贸学院于1995年3月合并而成。学校拥有4个一级学科博士学位授权点及相应的博士后科研流动站，11个一级学科硕士学位授权点。一级学科应用经济学、工商管理、统计学为北京市高精尖学科，应用经济学下属二级学科劳动经济学为国家级重点学科，并入选教育部"特色重点学科项目"。应用经济学、统计学为北京市重点一级学科。企业管理、会计学为北京市重点二级学科，管理科学与工程获批一级学科北京市重点建设学科，政治经济学等7个学科获批二级学科北京市重点建设学科。经济与管理实验教学中心被评为国家高等学校实验教学示范中心；经济学国际化人才培养实验区被评为国家级人才培养模式创新实验区。

浙江工商大学

浙江工商大学办学已超百年，其前身是创建于 1911 年的杭州中等商业学堂，是我国最早创办的商业专门学校之一。学校为浙江省重点建设高校，统计学、工商管理学科入选省优势特色学科名单。学校拥有 7 个一级学科博士点、16 个一级学科硕士点、20 个专业学位授权点，设有 4 个博士后流动站。在第四轮学科评估结果中，统计学进入 A 类学科，工商管理、应用经济学、外国语言文学、食品科学与工程、法学和计算机科学与技术 6 个学科进入 B 类。农业科学、工程科学、计算机科学、环境 / 生态学、化学、一般社会科学进入 ESI 全球排名前 1%，其中农业科学居前 3‰。

北京工商大学

北京工商大学由北京轻工业学院与北京商学院合并，机械工业管理干部学院并入组建而成。北京商学院是我国新中国成立后建立较早的专门培养经济管理人才的高等院校之一，是国务院批准的全国首批硕士学位授予单位。现有 5 个一级学科博士学位授权点，应用经济学、食品科学与工程、系统科学、轻工技术与工程、工商管理；联合培养博士学位授权点 1 个；一级学科硕士学位授权点 18 个、硕士专业学位授权点 19 个；本科专业 61 个。应用化学、产业经济学、食品科学和会计学 4 个为北京市重点学科，应用经济学、民商法学、材料加工工程、计算机应用技术、环境工程和企业管理 6 个为北京市重点建设学科。

哈尔滨商业大学

哈尔滨商业大学始建于 1952 年，为新中国第一所多科性商业大学，是黑龙江省重点建设的 10 所大学之一。学校拥有涵盖经、管、工、法、文、理、医学、艺术等 8 大学科门类的本科专业 68 个；4 个一级学科博士学位授权点、20 个二级学科博士学位授权点，14 个一级学科硕士学位授权点、72 个二级学科硕士学位授权点，18 个专业类别硕士学位授权点；在第四轮学科评估中，工商管理专业评为 B 类，应用经济学、食品科学与工程评为 B- 类。拥有 3 个博士后科研流动站和 2 个博士后科研工作站。学校有多项科研成果填补国内空白。1959 年研制出中国第一台食品机械——601 型饺子机；利用小球藻解决了替代食物对人体健康危害问题。1960 年，首创我国三大会计记账法之一"财产收付复式记账法"。

河南工业大学

学校始建于 1956 年，前身分别是中央粮食干部学校和郑州机器制造学校。中央粮食干部学校是新中国成立的第一所粮食类院校，在粮油食品、磨料磨具与超硬材料领域有办学特色与优势，被誉为我国粮食行业的"黄埔军校"。学校长期致力于粮食产后领域的基础理论及工程技术研究，构建了集储运、加工、装备、信息、管理等于一体的完整学科体系；拥有全国最完整的粮油食品学科群和实力雄厚的超硬材料学科群；是国内唯一一所紧密围绕粮食产后安全进行学科建设布局的高校。现有应用经济学、理论经济学2 个一级学科学术硕士学位授权点，金融学专业、国际经济与贸易专业为国家一流本科专业建设点，经济学专业、财政学专业为河南省一流本科专业建设点。

南京财经大学

南京财经大学始建于 1956 年的粮食部南京粮食学校，是新中国自己创办的第一批粮食院校之一。2000 年，南京经济学院、江苏财经高等专科学校、江苏经济管理干部学院三校合并，并改名为南京财经大学。南京财经大学改名后发展迅速，学校现拥有应用经济学博士后流动站，应用经济学博士学位授权一级学科点，硕士学位授权一级学科 13个，硕士专业学位授权点 16 个，普通本科专业 48 个，中外合作办学本科专业 4 个。应用经济学、工商管理、食品科学与工程是其王牌学科。

天津商业大学

天津商业大学创建于 1980 年。现有 59 个本科专业（方向），11 个硕士学位授权一级学科点，12 个专业硕士学位类别。动力工程及工程热物理学科入选天津市一流学科建设名单，冷链物流、现代服务业学科群入选天津市特色学科群建设名单，冷链能源系统为天津市高校服务产业特色学科群。学校建有"国际酒店管理"国家级人才培养模式创新实验区，中国旅游及饭店业优秀人才培养基地，"天津商业大学 – 烟台冰轮股份有限公司工程实践教育中心"国家大学生校外实践教育基地。

武汉轻工大学

武汉轻工大学创建于 1951 年，是全国最早培养粮食行业专门人才的学校。学校聚焦"大食品大营养大健康"领域，形成了以工学为主体，农学和管理学为两翼，工、农、管、理、文、经、医、艺、法等多学科协调发展的格局。现有一级学科硕士点 13 个，二级学科硕士点70 个，交叉学科硕士点4 个，硕士专业学位授权点 11 个类别（16 个领域），建有中国油脂博物馆。学校是全国食品、畜牧饲料水产行业重要的研发基地，是国家粮食行业（武汉）教育培训基地。

重庆工商大学

重庆工商大学始创于 1952 年，2002 年由原渝州大学和原重庆商学院合并组建而成。现有 1 个服务国家特殊需求博士人才培养项目，1 个应用经济学博士后科研流动站，2 个博士后科研工作站，有 14 个一级学科硕士学位授权点，21 个硕士专业学位授权点。学校获重庆市高水平新文科建设学校（培育）、经济学拔尖人才培养示范基地，食品营养与健康（火锅）现代产业学院、智能信息技术现代产业学院（培育），人才培养支撑服务水平持续提升。

专业辨析

经济学类下又分为经济学、经济统计学、国民经济管理、资源与环境经济学、商务经济学、能源经济学、劳动经济学、经济工程、数字经济 9 个专业。

财政学类下分为财政学、税收学和国际税收 3 个专业。

金融学类下分为金融学、金融工程、保险学、投资学、金融数学、信用管理、经济与金融、精算学、互联网金融、金融科技 10 个专业。

经济与贸易类下分为国际经济与贸易、贸易经济、国际经济发展合作 3 个专业。

经济学类和金融学类

虽然在每个专业类下分了很多专业，但是不少专业的课程内容基本一致，有些分法只是一些学校在某些领域比较突出，所以开设了相关专业。例如经济学类的国民经济管理、资源与环境经济学、商务经济学、能源经济学、劳动经济学都可以算是经济学在某个领域的细分方向，所学课程跟经济学的基础课程差不多。

对于不同的专业类，例如经济学类和金融类，课程上是有区别的。经济学研究的是经济理论，类似于理工科中的理科；金融学偏应用，类似于理工科中的工科。因此，如果喜欢理论的话，可以选择经济学；如果喜欢实践的话，选择金融学。

另外，我们还可以按照选科要求来分。我们可以把经济学类专业分成两类。按照 2024 年将要实施的选考科目要求，经济统计学、经济工程、数字经济要求必选物理，而其他的经济学类专业不限选。

金融学类专业同样可以分成两类，金融工程、金融科技、金融数学、精算学这 4 个专业需要必选物理，其他的专业不限选。

财政学类和经济与贸易类专业对选科不限选。

在中国人民大学里，经济统计学、精算学和统计学这 3 个专业是在一个学院里，即统计学院。如果对比它们的课程，会发现这三者的课程非常接近，只有少量的课程有区别。

上面说了，从读研来看，经济学和金融学等专业有时不好明确区分。从就业来说，银行和证券的很多岗位也并不区分经济学类和金融学类专业。不过，有些部门还是区分的。例如，证券公司的投行部会招一些金融学专业的，而类似发改委、国际经济贸易等研究所一般会招一些经济学专业的学生。

在金融学里，金融工程、金融科技、金融数学现在非常火爆，要学计算机、数学，但从就业角度来说，如果到硕士级别，跟金融学的差别不大，因为国内对应的岗位不是很多。如果是量化岗位，一般招的是数学博士。

保险学、信用管理都属于金融学类，一般来说，金融学的分数最高，信用管理其次，保险学最低。一般学习保险学的人通常不说自己学的是保险学，而是说自己学的金融学。从就业来说，例如西南财经大学的保险学专业毕业生绝大部分是去银行就业，而不是保险公司。原因是在中国金融市场上，银行占比最大，占90%。信用管理专业毕业除了可以去保险公司，还可以去证券公司的风控机构，还有社保机构等。

精算学顾名思义，主要是计算，它的专业性比较强，也比较窄，主要是做保险产品的设计，计算赔付率。要让一个产品设计出来，保证它赚钱，因此这是一个统计学和概率论的问题，所以精算学主要学数学。不过国内精算学并不很受重视，因为保险公司对专业要求不太高，更看重营销。精算学有精算师证，毕业生在有了证之后的就业层次就会高一些。

在大学教育里面，投资学比较交叉，各个大学的情况不一样。例如，在一些财经类大学里，投资学被设置在金融学院里面，那它的方向就是金融投资方向。有些学校，它被设置在财税学院里面，那它就偏向政府投资方向。某些综合性大学的投资学被设置在工商管理学里面，那么这个投资学就是偏向于房地产投资或者固定投资等。

财政学与税收学

财政跟税收属于两条线。财政是从上往下拨款，税收是从下往上收钱，因此两者的课程安排不一样。财政学研究的是各地方政府做预算和决算，所以它要更多地学习公共经济学、政府经济学、政府预算管理等。平常的工作主要是跟政府工作人员打交道。

税收学更多的是跟企业和个人打交道，主要是学习会计、税收等内容，并学习各种税种。因为现在中国经济越来越国际化，所以在2021年又增设了一个国际税收专业。

财政学类专业对口的就业是考公务员，包括财政局、税务局、发改委，还有一些财政科学研究院、财政局下属的一些事业单位等。另外，还有一些去金融机构就业，从事比较通用的岗位或者转行做会计。

经济与贸易类

除了学经济学，还要学贸易相关的知识，如果是国际经济贸易，则对英语要求比较高，需要了解国际市场运行规则和我国对外经贸的政策等内容。

管理类热门专业：
一套提升效率与效益的体系

9.1 管理科学与工程类专业

专业简介

大家常说"经管"，将经济学和管理学放一起说，确实，在中国的大学里面，这两个门类的专业经常被设置在一个学院，课程之间有交叉，大学教授的研究方向也有交叉。不过，我们看到同属于经济学大类的经济学和金融学也是有区别的，管理学大类和经济学大类的区别会更大一些。

简单说来，经济学的内容比较偏宏观和中观，而管理学的内容比较偏微观。在西方的大学里，经济学经常在社会科学院，管理学包括金融学在商学院。经济学偏理论，管理学偏应用，研究的是具体问题的解决方案。

管理学是一门研究管理的学问，是一个交叉学科，涉及数学、工学、经济学、管理学，甚至心理学、哲学。管理是指在一定条件下，管理者通过计划、组织、控制等手段，整合资源，来完成既定目标。管理学的目的是：研究在现有的条件下，如何通过合理地组织和配置人、财、物等因素，提高生产力的水平。现代社会、企业、工程都极为复杂，因此管理学的应用面非常广。

管理学门类包含的专业比经济学门类还多，经济学门类包括 25 个专业，管理学门类包括了 63 个专业，具体可以分为 9 个大类。

管理科学与工程类

工商管理类

农业经济管理类

公共管理类

图书情报与档案管理类

物流管理与工程类

工业工程类

电子商务类

旅游管理类

本篇讲的是管理科学与工程类，在教育部颁发的《普通高校本科招生专业选考科目要求指引（通用版）》里规定，此类专业必选物理，可见，此类专业比较偏理工专业。在整个管理门类中，还有物流工程、工业工程、质量管理工程、标准化工程专业需要必选物理，其他专业没有要求。

管理科学与工程类专业主要是信息管理与信息系统、工程管理，以及其他一些方向。这些方向的就业面比较宽，因此这个专业也比较热门。

学科评估

管理科学与工程类专业对应的一级学科是管理科学与工程，其第四轮学科评估结果见表9-1。

▼ 表9-1 | 管理科学与工程评估结果

评估结果	学校名称
A+	清华大学、同济大学、国防科技大学
A	北京航空航天大学、天津大学、哈尔滨工业大学、上海交通大学、浙江大学、合肥工业大学
A-	北京理工大学、大连理工大学、东南大学、南京航空航天大学、中国科学技术大学、中南大学、华南理工大学、四川大学、西安交通大学
B+	北京交通大学、华北电力大学、东北大学、东北财经大学、哈尔滨工程大学、复旦大学、华东理工大学、上海理工大学、南京大学、中国矿业大学、河海大学、福州大学、武汉大学、华中科技大学、重庆大学、西南交通大学、电子科技大学、西北工业大学、西安理工大学
B	北京科技大学、北京邮电大学、首都经济贸易大学、南开大学、天津理工大学、哈尔滨理工大学、上海海事大学、东华大学、上海财经大学、上海大学、南京理工大学、江苏大学、厦门大学、江西财经大学、山东大学、武汉理工大学、湖南大学、中山大学、中国石油大学、空军工程大学
B-	北京大学、天津财经大学、华北水利水电大学、河北工业大学、大连海事大学、吉林大学、燕山大学、江苏科技大学、南昌大学、山东科技大学、山东财经大学、中国地质大学、暨南大学、重庆交通大学、西安电子科技大学、西安建筑科技大学、广东工业大学

评估结果	学校名称
C+	中国人民大学、北京化工大学、北京外国语大学、中央财经大学、北京物资学院、河北大学、沈阳工业大学、辽宁工程技术大学、南京信息工程大学、杭州电子科技大学、中国计量大学、江西师范大学、山东师范大学、华中师范大学、深圳大学、成都理工大学、西南财经大学、昆明理工大学、青岛大学
C	天津科技大学、天津工业大学、山西大学、南京工业大学、南京邮电大学、浙江工业大学、浙江理工大学、浙江工商大学、安徽工业大学、郑州大学、武汉科技大学、武汉纺织大学、中南财经政法大学、西南石油大学、重庆邮电大学、成都信息工程大学、云南财经大学、三峡大学、北京信息科技大学
C-	北京工商大学、北京林业大学、石家庄铁道大学、山西财经大学、辽宁工业大学、吉林建筑大学、东北林业大学、哈尔滨商业大学、南京财经大学、安徽财经大学、华侨大学、济南大学、山东建筑大学、河南农业大学、长沙理工大学、广东财经大学、四川理工学院、西安科技大学、天津城建大学、重庆工商大学、广东外语外贸大学

全国具有管理科学与工程一级学科博士授权的高校共 90 所，其中 85 所参评了第四轮学科评估，加上部分有硕士授权的高校，参评高校一共有 187 所，在表中列入了 133 所高校。

在第二轮"双一流"学科评选中，管理科学与工程入选了：天津大学、浙江大学、合肥工业大学、西安交通大学、国防科技大学 5 所大学，加上清华大学、北京大学，一共有 7 所。

从参评的学校数量来看，开设的院校很多，不过入选的"双一流"学校不太多，而且都是传统上的理工类强校。

特色学校介绍

在经济学里面介绍的高校本篇不再介绍，主要介绍一些还没有介绍过的学校。管理科学与工程专业在不同学校方向相差很大，有的在信息系统管理，有的在工程项目管理，有的在房地产，有的则是交通系统管理，还有的在文化管理，在报考的时候，大家要仔细研究。

同济大学

同济大学管理科学与工程系成立于 1984 年，由信息管理、物流管理、交通运输、供应链管理、服务管理、工业工程等多专业交叉整合而成。管理科学与工程系下设 2 个专业：信息管理与信息系统、物流管理。其中，信息管理与信息系统专业创办于 1984 年，是国内最早成立该专业的高校之一。物流管理专业创办于 2004 年，是国内第一批成立该专业的高校。这 2 个专业目前在国内排名均居前列。现已经形成博士后流动站、博士、硕士、本科等多种层次的教学与科研体制。"管理科学与工程"为上海市重点学科。在第四轮全国学科评估中，人才培养获全国第一，科学研究获全国第二，总评获"A+"成绩。

北京航空航天大学

北航管理科学与工程系是我国最早设立的管理科学与工程系之一，拥有管理科学与工程硕士点、博士点及博士后流动站，并设置工业工程本科专业。所属管理科学与工程学科在 2002 年被评为国家重点学科，在 2007 年被确认为国家一级学科重点学科且学科水平和建设成效在全国排名第三。所属研究机构包括项目管理与价值工程研究发展中心、产业（企业）生态化发展研究中心、中国制造业发展战略研究中心、多主体仿真研究中心等。主要研究方向包括：工业工程、物流管理、项目管理、生产与服务系统优化与仿真、决策与决策支持系统、复杂系统数据分析、系统工程理论与方法、运筹学等。

哈尔滨工业大学

管理科学与工程系是哈尔滨工业大学历史较为悠久的系之一。其前身哈尔滨工业大学管理工程系成立于 1979 年，1981 年成立了全国最早的管理信息系统教研室，1986 年建立我国首批管理信息系统专业，2000 年由管理信息系统教研室与系统工程教研室组建管理科学与工程系。1986 年获得博士学位授予权，1994 年设立管理科学与工程博士后流动站，2001 年管理科学与工程学科被评为国家重点学科，是哈尔滨工业大学 9 个一级重点建设的学科之一。目前拥有信息管理与系统科学实验室、电子商务实验室、企业资源规划实验室、行为科学实验室等多个开放式研究平台。主要研究方向包括管理信息系统、电子商务、商务智能、航天与国防系统工程、应急管理、供应链管理、系统仿真与应用、企业信息化、决策支持系统、知识管理、运筹学、统计建模等。

浙江大学

浙江大学的管理科学与工程系在 2016 年改名为数据科学与管理工程学系。浙江大学在 1979 年成立科学管理系，并招收了第一批研究生；1986 年设立了管理科学与工程博士点，成为国内该学科首批博士点之一，并于 1998 年设立了博士后流动站；2007 年被批准为国家重点学科；2012 年国家教育部学科评估结果位列全国并列第二。现形成 3 个主要特色与优势研究方向：神经管理学、信息管理与电子商务、供应链物流与优化，并将在此基础上，应用数据形成新思维、新模式、新方法，建立科学的数据化管理理论与方法。

天津大学

天津大学于 1984 年成立管理学院，是全国高校中最早创立管理学院的院校之一。

管理科学与工程是一级国家重点学科、技术经济与管理学科是教育部批准的国家重点建设的二级学科。整个学部有管理科学与工程、工商管理学、公共管理学三大一级学科博士点，应用经济学一级学科硕士点，17个二级学科博士点、20个二级学科硕士点，6个专业硕士学位项目；本科开设了财务管理、电子商务、工程管理、工商管理、工业工程、信息管理与信息系统、保密管理、物流工程（智慧供应链与运营管理）、金融学9个本科专业。

西安交通大学

西安交通大学管理学院复建于1984年，是我国最早的管理学院之一，培养了中国国内第一位管理工程博士，是国家第一批工商管理硕士（MBA）和高级管理人员工商管理硕士（EMBA）试点学院之一。现有管理科学与工程、工商管理2个国家一级重点学科，拥有管理科学与工程、工商管理2个一级学科博士点和博士后流动站。"管理科学与工程""工商管理"2个一级学科两次双双进入国家"双一流"建设学科名单。学院下设工业工程与运营管理系、管理科学系、信息系统与智能商务系、组织管理系、市场营销系、创新创业与战略系、会计与财务系7个系，拥有国家级实验教学示范中心（管理教学实验中心）、国家级虚拟仿真实验教学中心（应急管理决策虚拟仿真实验教学中心），教育部哲学社会科学重点实验室（系统行为和管理实验室）、教育部软科学研究基地（中国管理问题研究中心）、过程控制与效率工程教育部重点实验室、中国改革试点探索与评估协同创新中心（与国家发改委联合成立）等科研平台。

合肥工业大学

管理科学与工程学科是合肥工大的王牌学科，学科评估结果最好。始建于1979年成立的管理工程系，1998年更名为管理学院。学院现有管理科学与工程、工商管理2个一级学科博士点和博士后科研工作流动站，拥有公共管理一级学科硕士点，其中管理科学与工程学科为国家"双一流"建设学科，工商管理学科为安徽省重点学科；拥有MBA、MPA、MEM、MPAcc等专业硕士学位点。拥有信息管理与信息系统、电子商务、工商管理、会计学、物流管理、市场营销、大数据管理与应用7个本科专业，其中信息管理与信息系统、电子商务、工商管理、会计学、物流管理、市场营销专业入选国家一流本科专业建设点。其特色是：发挥工科特色和管理学科的优势领域，形成了"扎根于中国企业管理和工程管理实践，深度融合现代管理理论方法与新一代信息技术"的人才培养和学科特色。

北京理工大学

北京理工大学管理科学与工程学科点始建于 1980 年，1996 年获得博士学位授予权（全国首批获管理科学与工程一级学科博士学位授权的单位之一），同年被批准设立博士后流动站。2002 年，本学科被评为北京市重点学科，学科点内设置的"国民经济动员学"学科被评为国防科工委重点学科。2012 年，本学科被评为工业和信息化部重点学科。主要研究方向为：信息管理与信息系统，决策理论与方法，系统可靠性与风险管理，知识管理与创新管理、国民经济动员管理的理论与方法，复杂系统建模与管理系统工程。

大连理工大学

大连理工大学经济管理学院起源于 1980 年创建的中国工业科技管理大连培训中心和大连工学院管理工程系；1984 年，与美国纽约州立大学布法罗分校合作，率先在中国引进 MBA 学位教育，开创了中国 MBA 教育的先河；1985 年，大连理工大学经教育部批准组建管理学院，成为国内最早成立的管理学院之一。在教育部第四轮学科评估中，管理科学与工程、工商管理两个学科同时获得 A– 级的评价，是国内拥有两个 A 类学科的 6 所商学院之一。管理科学与工程一级学科为国家重点学科，工商管理一级学科为辽宁省重点学科，其下设的技术经济及管理学科为国家重点（培育）学科。

重庆大学

重庆大学的管理科学与工程学科在管理科学与房地产学院，学院前身是创立于 1981 年的重庆建筑工程学院建筑管理工程系，是我国最早创办工程管理类专业的院系之一。1994 年更名为重庆建筑大学管理工程学院。学院开设工程管理、财务管理、工程造价、房地产开发与管理、智能建造 5 个本科专业。工程管理本科专业是教育部批准的国家级高等学校特色专业，也是重庆市高等学校综合改革试点专业。现有管理科学与工程一级学科博士学位授权点及博士后流动站；拥有管理科学与工程一级学科硕士学位授权点以及工程财务与造价管理、工程管理二级学科硕士学位授权点；拥有工程管理领域专业学位授权点。面向建设工程项目管理、国际工程管理、工程项目安全与风险管理、可持续建设管理、建设成本规划与控制、数字建造与建筑信息化、房地产开发与经营管理、城市建设与管理、城市大数据、物流与供应链管理、服务科学与运营管理等方向开展研究生培养。目前形成了包含博士、学术硕士、全日制专业硕士、非全日制专业硕士（MEM）在内的体系完整的研究生培养体系。

中南大学

中南大学的管理科学与工程学科在商学院里面，管理科学与工程为一级学科国家重点学科，有一级学科博士后科研流动站、一级学科博士点和学术型学位硕士点。有国家自然科学基金委基础科学中心"数字经济时代的资源环境管理理论与应用"。主要研究方向为：管理科学及决策理论与方法、管理系统工程、信息管理与电子商务、商务智能与大数据分析、服务科学与工程。其中服务科学与工程主要研究的是交通运输服务管理、物流与供应链管理、服务信息工程等领域。

南京航空航天大学

南航经济与管理学院的前身是 1980 年在原机械工程系基础上成立的管理工程教研室。学院设有管理科学与工程、系统工程博士后科研流动站；具有管理科学与工程一级学科博士点以及系统工程、工业工程、复杂装备研制管理等 3 个二级学科博士点，并可招收机械类工程博士专业学位。本科专业包括：工业工程、信息管理与信息系统、大数据管理与应用、工商管理、会计学、国际经济与贸易、金融学 7 个专业。其中工业工程、信息管理与信息系统、工商管理、会计学、国际经济与贸易、金融学为国家一流专业建设点，工业工程专业、信息管理与信息系统专业为江苏省品牌专业、工信部重点专业和江苏省重点专业（类），工商管理、会计学为江苏省特色专业，大数据管理与应用专业为"十四五"重点建设专业。

哈尔滨工程大学

哈尔滨工程大学管理工程系源于 1984 年的系统工程研究室和成立于 1985 年的管理信息教研室，1997 年由两者合并成立管理工程系；目前拥有电子商务本科专业、管理科学与工程一级学科硕士点、工业工程专业学位硕士点、管理科学与工程一级学科博士点及博士后流动站；管理科学与工程学科是黑龙江省重点学科，在全国 102 所高校中排名第 24（2012 年教育部学位中心一级学科评估）；电子商务专业是黑龙江省重点本科专业；主要研究方向：信息技术与信息管理、管理系统工程、灾难与危机管理、船舶工业／工程管理、供应链与物流管理，其中灾难与危机管理、船舶工业／工程管理是学校特色研究方向。

东北财经大学

东北财经大学管理科学与工程学院的前身是 1984 年组建的经济信息系。有管理科学、信息管理与信息系统、电子商务、大数据管理与应用 4 个本科专业和大数据商务分析创新实验班；有管理科学与工程一级学科博士学位授予权和博士后流动站；具有管理科学与工程、电子商务、工程管理专业硕士学位授予权。在教育部第四轮学科评估中，管理科学与工程一级学科获得 B+，位居财经类院校第一。电子商务专业入选首批国家级一流本科专业建设点，管理科学与工程学科入选辽宁省一流重点建设学科，大数据管理与优化决策获批辽宁省重点实验室。

西南交通大学

西南交通大学经济管理学院于 1996 年成功申报管理科学与工程一级学科博士学位授权点，是西南地区最早的一级学科博士学位授权点，并获批博士后科研流动站。管理科学与工程学科立足交通领域，是国内最早开展物流与供应链管理、工程项目管理研究的单位之一，形成了智慧交通与物流、复杂系统建模与优化、大数据分析与决策、可持续运营管理、重大工程项目管理等学科方向，具有交通特色。

上海理工大学

上海理工大学管理学院开始于 1979 年，并与美国麻省理工学院斯隆管理学院合作办学，这是改革开放后上海最早的中外合作办学项目。学院很大，有 10 个系和 2 个中心。管理科学与工程学科是在 1979 年创办的系统工程学科（1988 年获批机械部重点学科）基础上逐步发展而来，是由自然科学、工程科学和社会科学等多种学科相互渗透、交叉融合而形成的综合性学科。1998 年获批博士和硕士一级学位授予权，2003 年获批博士后流动站。2000 年获批上海市教委重点学科建设，2006 年和 2009 年分别获批上海市重点学科建设（第二期、第三期），2012 年获批上海市一流学科建设，2015 年和 2018 年分别获批上海市高原学科建设（第一期、第二期），2021 年获批上海市高水平大学建设学科，并以"工业与企业智能化管理理论与优化方法""城市公共安全应急管理理论、策略与方法""特大城市交通系统管理工程"方向为特色进行重点建设。

西安理工大学

西安理工大学管理科学与工程系由原来的工业工程系、信息管理系、电子商务系合并而成。主要承担管理科学与工程一级学科的博士、硕士及工业工程、信息管理与信息系统、电子商务等专业的本科生培养任务。其中博士学位授予权 2001 年获得，硕士学位授予权 1981 年获得，本科生的培养则开始于 1978 年。工业工程专业 1994 年开始招生，信息管理与信息系统专业 2000 年开始招生，电子商务专业 2002 年开始招生。

专业辨析

在管理科学与工程类下面，分了以下 11 个专业。

管理科学

信息管理与信息系统

工程管理

房地产开发与管理

工程造价

保密管理

邮政管理

大数据管理与应用

工程审计

计算金融

应急管理

管理科学专业培养具有一定的数学、经济学和计算机应用知识，还要具备管理学科的基本理论和基本方法，用数学和计算机模型对营运管理、组织管理和技术管理中的问题进行分析、决策和组织实施的高级专门人才。这个专业对数学和计算机的要求比较高。

信息管理与信息系统专业是计算机、工程及管理学的交叉学科。该专业以计算机技术为基础，通过对信息进行采集、加工及管理，来对企业资源、财力等方面进行规划和加工，从而做出完整的解决方案。学生需要学习经济学、管理学、数学、计算机方面的相关知识。这个专业有两个方向：一是偏重管理，二是偏重技术。不同学校不一样。该专业的就业前景不错，但这几年被大量撤销，随着科技的发展，这个专业慢慢转向大数据管理与应用专业。

工程管理专业是管理学和土木工程的交叉学科，一般由理工类院校开设。它主要研究管理学、经济学、信息工程、土木工程等方面的基本知识和技能，在工程建设和房地产等领域进行项目规划、决策、管理、组织等。例如：建筑工程的审计、评价和可行性分析，工程项目全过程的进度管理、质量把控和组织协调，工程项目造价和收益的预估等。不同学校，这个专业的就业方向不太一样。越是名校的工程管理专业毕业生越不倾向于土木行业，他们更愿意去银行，银行也很欢迎他们，因为银行有不少固定资产贷款和房地产贷款，需要具备房地产的预算、决算等知识。不过，如果工程管理是偏文科学校开，那学生的学习就偏向房地产营销。

工程审计专业跟工程管理是两个不同的视角。工程管理是甲方或者乙方的视角，需要做预算、决算。工程审计则是第三方的视角，做监督。工程审计需要学习一些土木、建筑的知识，主要以审计为主，还需要学习管理、经济学以及一些法律知识。

工程造价专业跟工程管理专业也比较类似，但工程造价和估价方面的知识学得更多一些。工程造价的就业渠道除了去房地产公司、设计院、建筑施工企业，还经常会去咨询公司，但去银行的比较少。总体来说，层次高的学校开设工程管理专业比较多，偏应用型的学校开设工程造价专业比较多。

房地产开发与管理专业就比较聚焦在房地产上，学习、了解房地产开发流程、经营模式、估价、融资、投资、风险管理及相关的法律法规，让学生具有在房地产相关行业工作的能力。

计算金融专业是 2018 年新增的特设专业，就是用数学、计算机来解决金融问题。曾经好多学校开设计算机加金融学的"双学位计划"，这个专业是这个计划的融合版。

应急管理专业是 2019 年新增的特设专业。2018 年我国成立了应急管理部，在河北燕郊的华北科技学院和防灾科技学院合并建立一所新的大学，叫应急管理大学。这个专业培养的人才具有安全工程、应急管理等方面的知识。

邮政管理专业是为邮政管理局培养人才，是管理科学在邮政与快递领域的应用。

9.2 工商管理类专业

专业简介

工商管理类专业是管理学大类里面最热门的专业，细分专业数也最多。普通人经常说的管理学，一般指工商管理类专业。尤其是工商管理硕士，也就是常说的 MBA，在改革开放后被引入中国，吸引了很多注意力。

MBA 起源于美国，美国大型公司的总经理、总裁等公司高管大部分都有 MBA 学历。中国当时努力追赶世界先进理念，所以 MBA 课程吸引了很多商界精英，该课程虽然价格昂贵，但不少著名企业家都纷纷报班学习，使其成为一时风尚。

不过随着时间推移，大家发现管理学也有问题，因为管理不单单需要理论，还需要社会阅历和经验，一个把管理学理论倒背如流的大学毕业生，甚至是一位管理学教授也不见得能管理好企业，工商管理本科专业的热度慢慢下降。

但工商管理类专业包含了很多专业，例如会计、审计，尤其是会计，是财经类专业里面非常大的专业，容纳了非常多的毕业生；这类专业也有一定的专业性，有专业门槛。此类专业还是很热门的。

今天我们就来聊聊工商管理类里面究竟有哪些专业，特点是什么，好的学校有哪些。工商管理类学校很多跟前面的经济学类、管理科学与工程类的学校重合，而且学校平台层次也比较重要。

学科评估

工商管理类的第四轮学科评估见表 9-2。

▼ 表 9-2 | 工商管理评估结果

评估结果	学校名称
A+	中国人民大学、清华大学、上海交通大学、中山大学
A	北京大学、对外经济贸易大学、南开大学、复旦大学、上海财经大学、南京大学、厦门大学、西安交通大学
A-	北京交通大学、中央财经大学、大连理工大学、东北财经大学、吉林大学、浙江大学、山东大学、武汉大学、华中科技大学、湖南大学、四川大学、西南财经大学
B+	北京理工大学、首都经济贸易大学、天津大学、天津财经大学、华北电力大学、山西财经大学、辽宁大学、哈尔滨工业大学、同济大学、河海大学、浙江工业大学、浙江工商大学、中国科学技术大学、合肥工业大学、福州大学、江西财经大学、山东财经大学、中南财经政法大学、中南大学、暨南大学、华南理工大学、重庆大学、西南交通大学、电子科技大学
B	北京航空航天大学、北京科技大学、北京工商大学、北京师范大学、北京第二外国语学院、河北工业大学、东北大学、哈尔滨理工大学、哈尔滨商业大学、东华大学、华东师范大学、苏州大学、东南大学、南京航空航天大学、南京财经大学、华侨大学、中国海洋大学、长沙理工大学、海南大学、云南大学、云南财经大学、兰州大学、南京审计大学、浙江财经大学
B-	北京邮电大学、中国农业大学、内蒙古财经大学、吉林财经大学、华东理工大学、上海外国语大学、上海对外经贸大学、上海大学、中国矿业大学、杭州电子科技大学、浙江师范大学、安徽财经大学、河南大学、河南财经政法大学、中国地质大学、武汉理工大学、深圳大学、广东财经大学、西北工业大学、西安理工大学、新疆财经大学、重庆理工大学、重庆工商大学、广东外语外贸大学
C+	北方工业大学、北京化工大学、北京物资学院、中央民族大学、大连海事大学、哈尔滨工程大学、南京理工大学、江南大学、东华理工大学、济南大学、郑州大学、湖北工业大学、湖北大学、中南民族大学、广西大学、西南大学、贵州财经大学、石河子大学、上海工程技术大学、广州大学、中国石油大学、北京联合大学、西安财经学院、河北经贸大学
C	北京林业大学、天津理工大学、天津商业大学、华北水利水电大学、山西大学、沈阳航空航天大学、燕山大学、上海理工大学、上海海事大学、江苏科技大学、南京工业大学、南京邮电大学、江苏大学、南京农业大学、安徽工业大学、南昌大学、武汉科技大学、华中农业大学、湘潭大学、汕头大学、桂林理工大学、西南政法大学、长安大学、青岛大学、三峡大学、扬州大学、广东工业大学
C-	天津科技大学、天津工业大学、河北大学、河北地质大学、沈阳理工大学、辽宁科技大学、东北石油大学、南京信息工程大学、中国药科大学、福建农林大学、江西理工大学、齐鲁工业大学、河南理工大学、中南林业科技大学、湖南商学院、西南石油大学、重庆交通大学、西华大学、四川师范大学、昆明理工大学、兰州财经大学、沈阳大学、湖南工业大学

全国有工商管理一级学科博士授权的高校共 65 所，其中 63 所参评了第四轮学科评估，加上部分有硕士授权的高校，参评高校一共有 240 所，上表中列出了 170 所院校。

在第二轮"双一流"评选中，工商管理入选了：中国人民大学、上海交通大学、中山大学、西安交通大学 4 所大学，加上清华大学、北京大学，一共有 6 所大学。

从学校的参评数量可以看出来，工商管理类专业在全国高校中开设非常普遍。作为一门交叉学科，理工校也普遍开设，因此，在学科评估中，"985 高校"在这块很强，传统财经类大学也很强。

在获批的管理类国家重点学科里，除了会计学是"211"财经类大学和东北财经大学外，其他的学科都是"985 大学"；在国家重点（培育）学科里，除了河海大学获批技术经济及管理二级学科外，其他都是"985 大学"。

特色学校介绍

经济、管理学经常被放一起说，虽然两类专业有不同之处，各个学校的王牌专业也不太一样。不过，这两类专业还是有很多相同的课程，而且经常被设置在一个学院，因此，总的来说，经济学类的强校管理专业不会太差。所以，在前面经济学类里介绍过的学校就不再详细介绍，大家可以对照来看。

中山大学

中山大学管理学院成立于 1985 年，是国内最早成立的专门从事工商管理教育和研究的学院之一。自成立以来，得到香港何氏教育基金会、霍英东基金会、培华教育基金会等基金的大力支持，现已成为一所国内顶尖、国际知名的商学院。管理学院拥有工商管理和管理科学与工程 2 个一级学科。其中，工商管理为一级学科国家重点学科及广东省重点学科，在第四轮全国学科评估中获得排名并列第一（A+），2022 年入选教育部"双一流"建设学科培优计划，并在 2019—2022 年软科"中国最好学科排行"中连续 4 年位列第一。在 2020 年首届泰晤士高等教育中国学科评估中，工商管理、管理科学与工程学科获评 A+。工商管理类所有专业和专业方向均在 2021 年、2022 年"软科中国大学专业排名"中获评 A+。管理学院先后通过 AMBA、EQUIS、AACSB 三大国际认证，是华南第一家、国内第二家获得全部三大国际认证的商学院。在《经济学人》（*The Economist*）的国际排行榜中，中山大学管理学硕士位列全球第 28 名，MBA 连续六年进入全球最佳 MBA 项目百强，2022 年位列亚洲第 4 位，全球第 72 位。

四川大学

四川大学商学院有管理科学与工程、工商管理学 2 个一级学科博士授权点和博士后流动站；拥有管理科学与工程、企业管理、会计学、公司金融、技术经济及管理、旅游管理 6 个学术型硕士研究生招生专业；拥有工商管理硕士（MBA、EMBA）、工程管理硕士（工业工程与管理、物流工程与管理、工程管理）、会计硕士、审计硕士 4 个专业学位硕士研究生招生专业；设有财务管理、人力资源管理、市场营销、会计学（ACCA方向）、管理科学、工业工程 6 个本科专业，均为国家级一流本科专业建设点。学院是国家级文科综合实验教学示范中心主任单位，拥有四川省社会科学重点基地"系统科学与企业发展研究中心"、四川省新型智库"国有企业改革与发展研究智库"、中国科技金融研究中心、科技金融与数理金融四川省重点实验室、四川省哲学社会科学重点实验室"不确定决策重点实验室"；是四川省新型智库"现代产业体系发展研究智库"首席专家单位之一。四川大学的 MBA 品牌在西南地区名列前茅。

华中科技大学

华中科技大学管理学院组建于 1979 年。学院现有管理科学与工程、工商管理 2 个一级学科博士学位授权点及博士后科研流动站，其中管理科学与工程为国家重点（培育）学科，工商管理为湖北省重点学科。有管理科学与工程、工商管理、经济法学 3 个学术型硕士学位授权点和工商管理硕士（MBA/EMBA）、会计硕士、工程管理 3 个专业硕士学位授权点。有工商管理、市场营销、财务管理、会计学、财政学、信息管理与信息系统、物流管理 7 个本科专业及辅修工商管理专业，其中 5 个专业获批国家级一流本科专业建设点。学院被国务院学位办批准为首批 EMBA 试点单位。据官网介绍，2017 年、2018 年连续两年，在软科中国最好学科排名中，华科大管理科学与工程学科与清华大学并列全国前 1%，列全国第 2。管理科学与工程学科也是华科大进入全国前 1% 的两个学科之一，并入选学校双一流"管理与传播"学科群建设。

吉林大学

吉林大学的管理学院始建于 1985 年，是教育部首批批准成立的管理学院之一，吉林大学原商学院始建于 1993 年，二者合并为商学与管理学院。学院现有工商管理、应用经济学、信息资源管理、管理科学与工程 4 个一级学科博士后流动站；设有工商管理、应用经济学、信息资源管理、管理科学与工程 4 个一级学科博士学位授权点；设有会计学、企业管理、技术经济及管理、管理科学与工程、金融学、数量经济学、图书馆学、情报学和档案学 9 个学术硕士学位授权点；有工商管理、市场营销、会计学、财务管理、人力资源管理、信息管理与信息系统、工程管理、大数据管理与应用、物流管理、经济学（数量经济）、信用管理、档案学 12 个本科专业。数量经济学和技术经济及管理是国家重点（培育）学科；财务管理本科专业获评国家级特色专业，工商管理、人力资源管理、档案学、信息管理与信息系统、物流管理、市场营销、经济学（数量经济）7个本科专业获批国家一流本科专业建设点，大数据管理与应用、信用管理2个本科专业获批吉林省一流本科专业建设点。学院设有教育部人文社会科学重点研究基地"吉林大学数量经济研究中心"，是教育部唯一的数量经济学科研究基地；文化和旅游部重点实验室"吉林大学冰雪旅游场地装备与智能服务技术实验室"，是吉林大学人文社会学科首个部级重点实验室。

湖南大学

湖南大学工商管理学院有管理科学、工商管理、市场营销、信息管理与电子商务、会计、财务管理等6个系7个专业。有工商管理和管理科学与工程两个一级学科博士点，2个博士后科研流动站及工商管理硕士（MBA）、高级工商管理硕士（EMBA）、会计硕士（MPAcc）等专业硕士学位授予点。工商管理学科在第三轮、第四轮学科评估中分列第12和前10%（A−）。工商管理、管理科学与工程学科入选湖南省"十四五"重点建设学科。2021年6月，工商管理、市场营销、电子商务、信息管理与信息系统、会计学、财务管理6个专业，进入软科中国大学本科专业排名A类专业（全国前10%）或A+专业榜单（全国前2%），全部获批为国家级一流本科专业建设点。

北京交通大学

北京交通大学的前身之一就是专门培养管理人才的学校。1909年创办的铁路管理传习所，是中国第一所专门培养管理人才的高等学府。管理专业是北京交通大学历史最悠久的学科之一。1996年，学校整合经济学院、工业与建筑管理工程系、物资管理工程系建立经济管理学院。2011年，学院被国家教育部批准为全国17个首批试点学院之一。目前学院拥有应用经济学、工商管理、管理科学与工程、公共管理4个一级学科。其中应用经济学、工商管理和管理科学与工程3个学科拥有一级学科博士点及博士后流动站。拥有1个国家重点学科产业经济学、3个北京市重点学科应用经济学、管理科学与工程和企业管理。拥有3个北京市哲学社会科学重点研究基地"北京交通发展研究基地""北京产业安全研究基地""北京物流信息化研究基地"，1个北京市社会科学与自然科学协同创新研究基地"北京人文交通、科技交通、绿色交通研究基地"（4个基地均入选中国智库索引（CTTI）数据库），1个教育部国别和区域研究中心"北京交通大学中东欧研究中心"，1个北京实验室"国家经济安全预警工程北京实验室"，1个北京市重点实验室"物流管理与技术实验室"，1个首都高端智库"北京综合交通发展研究院"。

河海大学

河海大学是全国最早设立商学学科的高等院校之一。商学院现有 7 个系：管理学与人力资源系、市场营销系、财务金融系、会计学系、管理科学与信息管理系、工程经济与工程管理系、经济学与国际贸易系；有工商管理、管理科学与工程 2 个博士后流动站和 2 个一级学科博士学位授予点；工商管理、管理科学与工程、理论经济学、应用经济学、图书情报与档案管理 5 个一级学科硕士点，以及工商管理硕士（MBA）、会计（MPAcc）、资产评估、工程管理硕士、国际商务、金融、图书情报 7 个专业学位硕士点；设有工商管理、国际经济与贸易、财务管理、工程管理、人力资源管理、会计学、市场营销、信息管理与信息系统、金融工程、大数据管理与应用 10 个本科专业。其中，技术经济及管理是国家重点（培育）学科、水利部重点学科及江苏省重点学科，工商管理是江苏省重点一级学科，工程管理与项目管理是江苏省重点学科。

原其他部委的财经类院校

上海立信会计金融学院

这所学校的一个源头上海立信会计学院历史悠久，是"中国现代会计之父"潘序伦先生 1928 年创办的，是中国现代会计教育的发祥地之一。这所学校培养了不少会计和金融人才，在就业市场上口碑不错。学校有审计硕士专业学位研究生培养资格。现有 2 个国家级特色专业，1 个国家级人才培养模式创新实验区（会计学），9 个国家级一流本科专业建设点，10 个上海市级一流本科专业建设点，3 个上海市级专业综合改革试点本科专业，13 个上海市属高校应用型本科试点专业。

南京审计大学

南京审计大学是我国唯一一所以"审计"命名的全日制普通高校，为我国审计高等教育发源地之一，原隶属于审计署。学校创建于 1983 年，2002 年南京金融高等专科学校并入，2013 年成为硕士学位授予单位，2022 年成为博士学位授予单位。现有博士学位授权一级学科 1 个（统计学），硕士学位授权一级学科 8 个（工商管理、理论经济学、应用经济学、法学、统计学、计算机科学与技术、管理科学与工程、公共管理）、硕士专业学位类别 13 个（审计、会计、金融、工商管理、国际商务、法律、应用统计、电子信息、税务、保险、汉语国际教育、公共管理、工程管理）。

在前面的篇章里介绍了原财政部、中国人民银行、对外经济贸易部、商业部等部委下属的学校，这些跟财经类行业直接相关，还有一些学校隶属于工业部门，但工业部门也需要财经人才，尤其是会计人才，因此这些工业部门也有专门的学校培养财经人才。

杭州电子科技大学

曾经的杭电名为杭州航空工业财经学校，后来更名为杭州电子工业学院，隶属于原信息产业部。会计学是杭电建校时就有的专业，是浙江省最早有会计的学校，1980 年招本科生，会计学是国家特色专业。杭电主要为信息类企业培养财务管理人员，因此杭电被称为"IT 企业家摇篮"。当然，现在杭州电子科技大学的信息类学科的名声更大。

长沙理工大学

长沙理工大学由长沙交通学院、长沙电力学院合并而成。长沙电力学院是原电力工业部直属的院校之一，它的一大功能是为电力系统培养会计，因此除了电气工程专业外，会计也是长沙理工的王牌专业。

郑州航空工业管理学院

它原先隶属于中国航空工业总公司，从校名就可以看出来，这所学校培养的是管理、财经类人才，因此，这所学校的学生就业一大去向就是中航等航空类企业。

河北地质大学

河北地质大学创办于 1953 年，是新中国最早设置经济管理类专业的原地质部直属院校，"地质学""地质资源与地质工程""工商管理"被纳入一流学科建设范围，其中"地质学"一级学科被列为重点支持学科、"地质资源与地质工程""工商管理"2 个一级学科被列为重点培育学科，拥有 9 个省级重点学科和重点发展学科。

专业辨析

工商管理类专业下面有以下 17 个专业。

工商管理

市场营销

会计学

财务管理

国际商务

人力资源管理

审计学

资产评估

物业管理

文化产业管理

劳动关系

体育经济与管理

财务会计教育

市场营销教育

零售业管理

创业管理

海关稽查

工商管理专业是管理类里很热门的专业，但对于本科生来说，没有管理经验和经历，学了该专业后印象不深，也很难实践。比较推荐的是有了工作实践之后，读研读这个专业。

会计学是管理类专业招生最多的一个专业。这个专业要注意，不同层次高校的差别非常大。普通本科院校学的是怎么做账，做一个普通的财务会计。"一本"以及"一本"以上的高校开设的会计专业，就更偏向于学习财务政策，判断财务未来的走向。

会计的现状是高端人才缺乏，低端人才"泛滥"。随着计算机技术的发展，低端会计的很多工作都被计算机取代了。不过，既懂财务管理、又懂金融融资的财务总监（CFO），这类人才一直非常缺乏。所以，学会计一定要认清现状，要有一颗居安思危的心，在学校的时候可以多考证、多实习，培养自己的人文素质和独立思考能力。

会计的职业途径之一是去四大会计事务所，做一个专业人士，当然这都要求学生比较优秀才行；也可以去银行；如果要当公务员，也可以考财政局、税务局的相关岗位。

跟会计类似的是财务管理。会计学的是历史，财务管理则是基于过去的数据和信息对财务的未来预测，不过这两者的工作差不多。

审计学现在也比较热，很多岗位都需要审计。要做审计，就需要考注册会计师（CPA），因此，会计专业的学生也可以做审计。

资产评估跟会计、审计学比较接近，除了要了解会计知识外，还需要了解资产评估的基本知识，这需要学生要有定量分析能力和预测能力，对综合素质要求较高。

在前面管理科学与工程专业里介绍了工程造价和工程管理，这两个专业也需要对会计准则比较了解才行。

其他专业不再一一介绍。

非艺考设计类热门专业：
不是艺术生，也做艺术事

10.1 建筑学专业

专业简介

建筑类专业最让人迷惑的是，这是一个艺术类专业还是一个工科专业？

说工科的原因是，在研究生目录中，建筑学属于工学，建筑学最强的学校基本是工科强校。在报考建筑类专业时，虽然一部分学校对选科没有要求，但有些学校是有要求的，尤其是顶尖名校。例如，在"建筑老八校"中，多所学校都要求选科物理，很多都是理科生报考，在建筑类专业最火爆的年代，不少理科状元报考了这个专业。

要说是艺术类专业，建筑类专业学生入学后需要加试素描，如果没有通过就不能读建筑类专业。在上学期间，还要花大量的时间学美术、建筑设计、室内设计等课程。

这究竟是一个什么样的专业呢？

建筑学是艺术和技术相结合的一门学科。建筑师需要懂建筑材料、结构，也要懂美学，还要懂相关的法律法规。建筑学可以说包罗万象，一位优秀的建筑师应该是知识越广博越好，了解历史与文化、有独特美学品位、对最前沿的材料及最基本的结构力学也相当了解的建筑师，才能设计出一个出彩的作品。

学科评估

建筑类专业在研究生专业目录里，在 2011 年被分拆成 3 个一级学科：建筑学、城乡规划学和风景园林学。建筑学、城乡规划学这两个专业一般被设置在同一个学院，开设风景园林学的学校大多是农林类大学。风景园林学的录取分数线很多时候是这些农林类大学的最高分。

表 10-1 是这 3 个一级学科的第四轮学科评估结果。

▼ 表 10-1│建筑学、城乡规划学和风景园林学的评估结果

评估结果	建筑学	城乡规划学	风景园林学
	学校名称	学校名称	学校名称
A+	清华大学、东南大学	清华大学、同济大学	清华大学、北京林业大学
A−	天津大学、同济大学、华南理工大学	天津大学、哈尔滨工业大学、东南大学	同济大学、东南大学、南京林业大学
B+	哈尔滨工业大学、浙江大学、华中科技大学、重庆大学、西安建筑科技大学	南京大学、华中科技大学、华南理工大学、重庆大学、西安建筑科技大学	天津大学、东北林业大学、福建农林大学、华中农业大学、华南理工大学、西安建筑科技大学
B	北京建筑大学、大连理工大学、沈阳建筑大学、南京大学、武汉大学、湖南大学	大连理工大学、沈阳建筑大学、苏州科技大学、武汉大学、湖南大学	哈尔滨工业大学、浙江农林大学、重庆大学、四川农业大学、西北农林科技大学
B−	北京工业大学、合肥工业大学、山东建筑大学、深圳大学、西南交通大学	北京建筑大学、山东建筑大学、深圳大学、长安大学、安徽建筑大学	沈阳建筑大学、上海交通大学、河南农业大学、华中科技大学、中南林业科技大学、华南农业大学、西南林业大学
C+	中央美术学院、上海交通大学、厦门大学、华侨大学、青岛理工大学、昆明理工大学、安徽建筑大学	南京工业大学、合肥工业大学、四川大学、西南交通大学、西北大学	河北农业大学、东北农业大学、苏州大学、南京农业大学、西南大学
C	北京交通大学、吉林建筑大学、南京工业大学、福州大学	北京交通大学、北京工业大学、中国矿业大学、福州大学、天津城建大学	北京建筑大学、沈阳农业大学、北华大学、苏州科技大学、江西农业大学、四川大学
C−	内蒙古工业大学、苏州科技大学、郑州大学、西安交通大学、长安大学	北京林业大学、吉林建筑大学、郑州大学、武汉理工大学、昆明理工大学	安徽农业大学、青岛理工大学、青岛农业大学、长江大学、海南大学

　　在第二轮双一流评选中，建筑学入选了同济大学、东南大学，城乡规划入选了同济大学，风景园林入选了同济大学、东南大学和北京林业大学。清华大学因为是自定，也可以算是全部入选。

　　跟土木工程专业一样，建筑类专业更看重的是专业认证。下表是截止到 2021 年建筑学专业评估通过的学校的情况。一共有 74 所学校通过认证，这里列出了前 50 所院校，见表 10-2。通常越早通过认证的学校，此专业水平就越高。

▼ 表 10-2 | 建筑学专业评估通过学校和有效期情况统计表
（截至 2021 年 5 月，按首次通过评估时间排序）

序号	学校	本科合格有效期	硕士合格有效期	首次通过评估时间
1	清华大学	2018.5—2025.5	2018.5—2025.5	1992.5
2	同济大学	2018.5—2025.5	2018.5—2025.5	1992.5
3	东南大学	2018.5—2025.5	2018.5—2025.5	1992.5
4	天津大学	2018.5—2025.5	2018.5—2025.5	1992.5
5	重庆大学	2020.5—2026.5	2020.5—2026.5	1994.5
6	哈尔滨工业大学	2020.5—2026.5	2020.5—2026.5	1994.5
7	西安建筑科技大学	2020.5—2026.5	2020.5—2026.5	1994.5
8	华南理工大学	2020.5—2026.5	2020.5—2026.5	1994.5
9	浙江大学	2018.5—2025.5	2018.5—2025.5	1996.5
10	湖南大学	2015.5—2022.5	2015.5—2022.5	1996.5
11	合肥工业大学	2015.5—2022.5	2015.5—2022.5	1996.5
12	北京建筑大学	2019.5—2025.5	2019.5—2025.5	1996.5
13	深圳大学	2016.5—2023.5	2020.5—2026.5	本科 1996.5/ 硕士 2012.5
14	华侨大学	2020.5—2026.5	2020.5—2026.5	1996.5
15	北京工业大学	2018.5—2025.5	2018.5—2022.5	本科 1998.5/ 硕士 2010.5
16	西南交通大学	2021.5—2027.5	2021.5—2027.5	本科 1998.5/ 硕士 2004.5
17	华中科技大学	2021.5—2027.5	2021.5—2027.5	1999.5
18	沈阳建筑大学	2018.5—2025.5	2018.5—2025.5	1999.5
19	郑州大学	2019.5—2025.5	2019.5—2025.5	本科 1999.5/ 硕士 2011.5
20	大连理工大学	2015.5—2022.5	2015.5—2022.5	2000.5
21	山东建筑大学	2019.5—2025.5	2019.5—2025.5	本科 2000.5/ 硕士 2012.5
22	昆明理工大学	2021.5—2027.5	2021.5—2027.5	本科 2001.5/ 硕士 2009.5
23	南京工业大学	2018.5—2025.5	2018.5—2022.5	本科 2002.5/ 硕士 2014.5
24	吉林建筑大学	2018.5—2022.5	2018.5—2022.5	本科 2002.5/ 硕士 2014.5
25	武汉理工大学	2019.5—2023.5	2019.5—2025.5（有条件）	本科 2003.5/ 硕士 2011.5
26	厦门大学	2019.5—2025.5	2019.5—2025.5	本科 2003.5/ 硕士 2007.5
27	广州大学	2020.5—2024.5	2020.5—2026.5（有条件）	本科 2004.5/ 硕士 2016.5
28	河北工程大学	2020.5—2024.5	——	2004.5
29	上海交通大学	2018.5—2022.5	2018.5—2022.5	本科 2006.6/ 硕士 2018.5
30	青岛理工大学	2018.5—2025.5	2018.5—2022.5	本科 2006.6/ 硕士 2014.5

序号	学校	本科合格有效期	硕士合格有效期	首次通过评估时间
31	安徽建筑大学	2019.5—2023.5	2020.5—2026.5	本科 2007.5/ 硕士 2016.5
32	西安交通大学	2020.5—2024.5（2019 年 6 月至 2020 年 5 月本科教育不在有效期内）	2019.5—2025.5（有条件）	本科 2007.5/ 硕士 2011.5
33	南京大学	——	2018.5—2025.5	2007.5
34	中南大学	2020.5—2024.5	2020.5—2026.5	本科 2008.5/ 硕士 2012.5
35	武汉大学	2020.5—2026.5	2020.5—2026.5	2008.5
36	北方工业大学	2020.5—2024.5	2020.5—2026.5	本科 2008.5/ 硕士 2014.5
37	中国矿业大学	2020.5—2024.5	2020.5—2026.5	本科 2008.5/ 硕士 2016.5
38	苏州科技大学	2020.5—2024.5	2021.5—2027.5（有条件）	本科 2008.5/ 硕士 2017.5
39	内蒙古工业大学	2021.5—2027.5	2021.5—2027.5	本科 2009.5/ 硕士 2013.5
40	河北工业大学	2021.5—2027.5	2020.5—2026.5（有条件）	本科 2009.5/ 硕士 2020.5
41	中央美术学院	2021.5-2027.5	2021.5—2027.5	本科 2009.5/ 硕士 2017.5
42	福州大学	2018.5—2022.5	2018.5—2022.5	本科 2010.5/ 硕士 2018.5
43	北京交通大学	2018.5—2022.5	2018.5—2022.5	本科 2010.5/ 硕士 2014.5
44	太原理工大学	2018.5—2022.5	2018.5—2022.5	本科 2010.5/ 硕士 2018.5
45	浙江工业大学	2018.5—2022.5	——	2010.5
46	烟台大学	2019.5—2023.5	——	2011.5
47	天津城建大学	2019.5—2023.5	2019.5—2025.5	本科 2011.5/ 硕士 2015.5
48	西北工业大学	2020.5—2024.5	——	2012.5
49	南昌大学	2021.5—2025.5	——	2013.5
50	广东工业大学	2018.5—2022.5	——	2014.5

资料来源：住建部网站

表 10-3 是城乡规划专业评估的通过情况，到 2021 年 5 月，共有 54 所学校通过了评估。

▼ 表 10-3 | 城乡规划专业评估通过学校和有效期情况统计表
（截至 2021 年 5 月，按首次通过评估时间排序）

序号	学校	本科合格有效期	硕士合格有效期	首次通过评估时间
1	清华大学	——	2016.5—2022.5	1998.6
2	东南大学	2016.5—2022.5	2016.5—2022.5	1998.6

续表

序号	学校	本科合格有效期	硕士合格有效期	首次通过评估时间
3	同济大学	2016.5—2022.5	2016.5—2022.5	1998.6
4	重庆大学	2016.5—2022.5	2016.5—2022.5	1998.6
5	哈尔滨工业大学	2016.5—2022.5	2016.5—2022.5	1998.6
6	天津大学	2016.5—2022.5	2016.5—2022.5(2006 年 6 月至 2010 年 5 月硕士研究生教育不在有效期内）	2000.6
7	西安建筑科技大学	2018.5—2024.5	2018.5—2024.5	2000.6
8	华中科技大学	2018.5—2024.5	2018.5—2024.5	本科 2000.6/ 硕士 2006.6
9	南京大学	2020.5—2026.5（2006 年 6 月至 2008 年 5 月本科教育不在有效期内）	2020.5—2026.5	2002.6
10	华南理工大学	2020.5—2026.5	2020.5—2026.5	2002.6
11	山东建筑大学	2020.5—2026.5	2020.5—2026.5	本科 2004.6/ 硕士 2012.5
12	西南交通大学	2016.5—2022.5	2016.5—2022.5	本科 2006.6/ 硕士 2014.5
13	浙江大学	2016.5—2022.5	2016.5—2022.5	本科 2006.6/ 硕士 2012.5
14	武汉大学	2018.5—2024.5	2018.5—2024.5	2008.5
15	湖南大学	2018.5—2024.5	2016.5—2022.5	本科 2008.5/ 硕士 2012.5
16	苏州科技大学	2018.5—2024.5	2018.5—2024.5	本科 2008.5/ 硕士 2014.5
17	沈阳建筑大学	2018.5—2024.5	2018.5—2024.5	本科 2008.5/ 硕士 2012.5
18	安徽建筑大学	2016.5—2022.5	2020.5—2026.5	本科 2008.5/ 硕士 2016.5
19	昆明理工大学	2020.5—2026.5	2020.5—2024.5	本科 2008.5/ 硕士 2012.5
20	中山大学	2017.5—2021.5（因疫情推迟入校视察）		2009.5
21	南京工业大学	2017.5—2023.5	2021.5—2027.5	本科 2009.5/ 硕士 2013.5
22	中南大学	2021.5—2027.5	2021.5—2025.5	本科 2009.5/ 硕士 2013.5
23	深圳大学	2017.5—2023.5	2021.5—2027.5	本科 2009.5/ 硕士 2013.5
24	西北大学	2017.5—2023.5	2021.5—2025.5	2009.5
25	大连理工大学	2020.5—2026.5	2018.5—2022.5	本科 2010.5/ 硕士 2014.5
26	浙江工业大学	2018.5—2024.5	——	2010.5
27	北京建筑大学	2019.5—2025.5	2021.5—2027.5	本科 2011.5/ 硕士 2013.5
28	广州大学	2019.5—2023.5	2019.5—2023.5	本科 2011.5/ 硕士 2019.5

序号	学校	本科合格有效期	硕士合格有效期	首次通过评估时间
29	北京大学	有效期截至 2021年 5 月	——	2011.5
30	福建工程学院	2020.5—2026.5	——	2012.5
31	福州大学	2019.5—2023.5	2019.5—2023.5	本科 2013.5/ 硕士 2019.5
32	湖南城市学院	2021.5—2025.5	——	2013.5
33	北京工业大学	2018.5—2022.5	2018.5—2022.5	本科 2014.5/ 硕士 2014.5
34	华侨大学	2018.5—2022.5	2018.5—2022.5	本科 2014.5/ 硕士 2018.5
35	云南大学	2018.5—2022.5		2014.5
36	吉林建筑大学	2018.5—2022.5		2014.5
37	青岛理工大学	2019.5—2025.5		2015.5
38	天津城建大学	2019.5—2023.5	2019.5—2023.5	本科 2015.5/ 硕士 2019.5
39	四川大学	2019.5—2023.5	2019.5—2023.5	本科 2015.5/ 硕士 2019.5
40	广东工业大学	2019.5—2023.5		2015.5
41	长安大学	2019.5—2025.5	2019.5—2023.5	本科 2015.5/ 硕士 2019.5
42	郑州大学	2019.5—2023.5	2019.5—2023.5	本科 2015.5/ 硕士 2019.5
43	江西师范大学	2020.5—2024.5	——	2016.5
44	西南民族大学	2020.5—2024.5	——	2016.5
45	合肥工业大学	2017.5—2021.5（因疫情推迟入校视察）		2017.5
46	厦门大学	2021.5—2025.5		2017.5
47	河南城建学院	2018.5—2022.5	——	2018.5
48	北京林业大学	2019.5—2023.5	2019.5—2023.5	2019.5
49	贵州大学	2019.5—2023.5	——	2019.5
50	桂林理工大学	2019.5—2023.5	——	2019.5
51	内蒙古工业大学	2020.5—2024.5	——	2020.5
52	河北工业大学	2020.5—2024.5	——	2020.5
53	北京交通大学	2021.5—2025.5	2021.5—2025.5	2021.5
54	苏州大学	2021.5—2025.5	——	2021.5

资料来源：住建部网站

特色学校介绍

从上面的学科评估、专业认证以及"双一流"的评选情况来看，清华大学、东南大学和同济大学是建筑类专业的三巨头。

清华大学

清华大学建筑系创建于 1946 年，由梁思成先生创建，后续的吴良镛院士再发扬光大，注重人居环境、建筑与环境之间的关系。在全国建筑院校中，清华建筑学院率先设立建筑与规划设计研究院，让学生在实践中学习成长。清华的建筑学、城乡规划学以优秀首批通过评估，也是首批国家重点学科。清华大学的建筑学在世界上享有盛誉。

东南大学

东南大学最王牌的学科是建筑学，它是我国建筑学的发源地，其建筑学院的前身是原国立中央大学的建筑系，创建于 1927 年，有著名建筑学家杨廷宝教授、童寯教授和刘敦桢教授，这 3 位加上梁思成教授是公认的中国建筑界的四大奠基人。校友王澍（东南大学读的本硕、同济读的博士）获过建筑界的最高奖普利兹克建筑奖，是唯一获得此奖的华人。

同济大学

同济大学的建筑学院是全国所有高校里规模最大、学科设置最齐全的建筑学院，它是全国最早开设城乡规划、风景园林专业的学校。不过同济大学的土木、城乡规划的名声非常大。同济大学有高密度人居环境生态与节能教育部重点实验室，在智慧城市、建筑技术、历史建筑保护技术、数字设计建造等方面成果众多。

下面再介绍一下"建筑老八校"中的其他学校。如果看学科评估，可能看不出"老八校"跟其他学校有太多区别，但在就业时，"老八校"明显占优势，口碑好，人脉圈子强大。

天津大学

天津大学的建筑系在院系调整时得到了加强，原津沽大学建筑系（原天津工商学院建筑系）、北京交通大学建筑系（原唐山工学院建筑系）与天津大学土木系共同组建了天津大学建筑工程系。建筑学一级学科、建筑技术科学二级学科为国家重点学科。

哈尔滨工业大学

哈尔滨工业大学的建筑专业成立于 1920 年，哈工大是中国最早开启建筑教育的院校之一。哈工大的特色是北地建筑。

华南理工大学

华南理工大学是院系调整时创建的，其建筑学院的前身是襄勤大学和原中山大学的工学院。华南理工大学最强的是亚热带建筑，拥有亚热带建筑科学国家重点实验室，成为全国高校唯一的建筑学国家重点实验室。

重庆大学

重庆大学在 2000 年的时候合并了重庆建筑大学、重庆建筑高等专科学校。重庆建筑大学是院系调整时从原重庆大学分拆出去的，是原先建设部唯一一所重点大学。重庆大学的特色是山地建筑和西南建筑。

西安建筑科技大学

如前面所说，西安建筑科技大学虽然是"双非"大学，但属于"老八校"之一，建筑专业在业界的地位要高于不少"985 大学"。西安建筑科技大学由原苏南工业专科学校建筑科、原东北大学建筑系与原西北工学院、青岛工学院合并而成。

除了"建筑老八校"之外，还有"建筑新四军"，在土木工程那章我已经介绍了一些大学，在此就不再重复，大家可以对照着看，下面介绍一些其他学校。

南京大学

南京大学的建筑专业这些年发展比较快，主要定位在新兴的城市建筑、数字建筑和绿色建筑等领域研究。其城乡规划学科源于人文地理和经济地理，比较有特色。

华中科技大学

华中科技大学的建筑学院一部分来自原武汉城市建设学院，现有建筑学、城乡规划学 2 个一级学科博士点，工程景观及室内设计 2 个二级学科博士点。

沈阳建筑大学

沈阳建筑大学有近 40 年的办学历史，现有建筑学、城乡规划学、风景园林 3 个一级博士点学位授权学科，这 3 个专业全部入选国家一流本科专业建设名单。沈阳建筑大学是"建筑新四军"之一，实力很强。

上海交通大学

上海交通大学的建筑类专业比较特殊，在设计学院，属于人文社科类。所以，它更讲究艺术与技术的交融，以设计为重。这点跟中央美术学院有点接近。

中央美术学院

中央美院的建筑学院非常独特，它是全国艺术院校中唯一通过建筑学专业（本硕）教育评估的院校。主要特色是设计、艺术的培养非常强。

北京建筑大学

北京建筑大学的建筑学为国家级特色专业，1996 年建筑学专业通过国家专业评估。历史建筑保护工程专业为全国同类高校中第二个设置的高校并于 2012 年获得历史建筑保护博士项目授权，现有建筑学一级学科博士学位授权点。北京建筑大学位于北京，有得天独厚的优势，发展很快。

北京工业大学

北京工业大学的土木工程很强，建筑类专业也很好，尤其是规划。北京工业大学作为北京市属高校，是北京的大建设中的重要参与者。

合肥工业大学

合肥工业大学建立建筑学专业较早，在 1958 年，现有建筑学一级学科博士授权点，建筑学是国家级特色专业。

深圳大学

深圳大学的建筑系是清华大学援建的，首任系主任以及不少师资都来自清华大学。深圳大学的建筑系又伴随深圳共同发展，深圳从 20 世纪 80 年代到现在一直超高速发展，所以深圳大学的建筑专业也得到了飞速发展。建筑学有一级学科博士点，是国家一流学科。

昆明理工大学

昆明理工大学建筑学部分来源于原重庆建筑工程学院昆明分院，是西南地区较早开设建筑学专业的学校之一，是云南省唯一一所通过建筑学和城市规划专业评估的大学，现有建筑学一级学科博士点。

华侨大学

华侨大学建筑系创办于 1983 年，是"国侨办"的重点学科，1996 年首次通过全国建筑学专业教育评估，现有建筑学一级学科博士点。

内蒙古工业大学

内蒙古工业大学是内蒙古自治区最早有建筑教育的高等院校，建筑学拥有一级学科博士学位授权点。

山东建筑大学

山东建筑大学的建筑学、城乡规划学、风景园林学有一级学科硕士学位授予权。另外，有个服务国家特殊需求博士人才项目，建筑学学科博士后流动站。

南京工业大学

南京工业大学建筑学院的前身是南京建筑工程学院建筑系，创立于 1985 年 5 月。2001 年，南京化工大学与南京建筑工程学院合并成南京工业大学。有建筑学一级学科硕士学位授予点。

北京林业大学

在风景园林学里面，北京林业大学的学科评估结果最好。它是中国现代园林教育的发源地，在中国园林领域，共产生3名中国工程院院士，亚洲首位世界风景园林行业最高奖（杰弗里·杰里科奖 IFLA Sir Geoffrey Jellicoe Award）获得者、中国首个植物品种国际登录权威和首个国际风景园林师联合会（IFLA）大学生风景园林设计竞赛金奖均来自北林的园林学院。风景园林学科的评估连续多年都是国内第一，并且被认为是国际高水平。

其他的农林类大学就不介绍了，总体来说，都是很不错的。

专业辨析

建筑类专业一共有以下7个专业。

建筑学

城乡规划

风景园林

历史建筑保护工程

人居环境科学与技术

城市设计

智慧建筑与建造

上面已经讲到，建筑学是艺术与技术相结合的一门专业，是建筑与环境的科学。建筑学专业要让学生学会设计，设计出建筑物外部形状、内部空间结构、功能、所用材料，等等。

城乡规划顾名思义就是对城市、农村进行规划设计，这个规划可以是城市交通规划、城市布局规划、城市绿化、供水供电供气等功能规划。

风景园林就是景观规划，景观可大可小，小的是区域的规划，例如风景景区、湿地的规划，大的规划就是对户外的整个环境的规划。大家要注意跟农学中的园林区别开，农学中的园林专业更注重植物。

另外几个都是特设专业，从名字也可以看出是学习什么的。稍微介绍一下智慧建筑与建造，这个一个新工科专业。主要是在原来的传统学科中融入了计算机、项目管理，用现代技术和工具来优化建造过程，让建造数字化、智能化，来提高建造的效率。

10.2 工业设计专业

专业简介

很多人可能认为设计就是设计一个造型，换一种颜色、换一种材料。像手机，有红色、金色、绿色，五彩斑斓。有人把这个认为是设计，设计等于美化。

其实不是，设计的范围远比美化要宽广很多，像苹果手机一开始从所有的手机中脱颖而出，不是它的完美尺寸、精致外表，而是其功能、智能化、提供的各种体验。我们做任何事情都需要设计，例如设计集成电路芯片时需要考虑各个功能区域的摆放；设计电动汽车时会考虑用什么类型的电池，等等。可以说，设计无处不在，从小小的一颗螺丝钉到复杂的人造卫星，都需要设计。

随着工业化进程的发展，工业设计就独立了起来，成为单独的一个学科。

中国的"工业设计之父"、清华美院资深文科教授柳冠中曾经说过，设计是人类的第三种智慧。第一种是科学，代表理性；第二种是艺术，代表感性；设计是科学与艺术的结合，属于第三种智慧。第三种智慧是改变人类未来的终极智慧。

工业设计是引导消费、引导产品的，例如苹果手机、特斯拉汽车。这个设计要考虑用户的需求、制造的难易、流通的问题以及使用和回收等问题，包括了一个产品的全部生命周期。

如果只是美观设计，这个属于商业设计，只是工业设计的一部分。

了解了工业设计这个基本概念，工业设计这个专业就很好理解了。首先，大部分学校的工业设计不是艺术类专业，而是工学专业，在机械大类下面。

工业设计是个交叉学科，从概念就可以看出来，需要具备技术、艺术、社会学、心理学等方面的知识。

我以同济大学的课程为例来说明。同济大学的的工业设计课程包括：产品设计理论与方法、艺术与美学、材料与制造工艺、人机工程、交互与体验设计、商业品牌与产品策略、先进制造与先进设计技术与工具，及设计方法等相关知识的学习。主要设计主题包括但不仅限于：交通工具与出行、生活美学与文化、健康关爱与医疗、运动装备与时尚、数字制造与智能硬件等。

其他学校也类似，例如江南大学工业设计的主干课程包括：产品设计原理与方法、交互设计原理与方法、用户研究与体验策略、智能产品开发、交互设计技术、服务设计、交叉设计与实践等。

可以看出来，虽然授予的学位是工学学位，事实上艺术的东西不少，也需要大量画图，包括手绘。所以，大家在报考的时候要注意，虽然工业设计两类学生都招，一类是艺术生，需要艺考；一类是理科生，偏结构、工艺、材料方面，但总体来说，都需要画图。因此，还是有一定绘画基础的人去学比较合适。

我国正在从制造业大国往制造业强国发展，一方面是技术的更新换代，另一方面是品牌的建设。这里面工业设计专业人才大有可为。

学科评估

工业设计专业属于机械类专业，因此如果要看学科评估，一般就是看机械工程一级学科的评估结果，但这个不完全对应。另外，有些学校的工业设计专业和产品设计专业放一起，尤其在学科评估的时候，会把工业设计打包进设计学专业。因此，设计学的评估结果也可以做参考。当然，这个也不是完全对应。

机械工程的第四轮学科评估结果在机械类专业里面已经列出来了，这里不重复列举。表 10-4 是设计学的第四轮学科评估结果。

▼ 表 10-4 | 设计学评估结果

评估结果	学校名称
A+	清华大学、中国美术学院
A	中央美术学院、同济大学
A-	苏州大学、江南大学、南京艺术学院、浙江大学、湖南大学
B+	北京服装学院、中国传媒大学、上海交通大学、东华大学、景德镇陶瓷大学、武汉理工大学、广州美术学院、四川美术学院、西安美术学院
B	北京理工大学、鲁迅美术学院、哈尔滨工业大学、上海大学、东南大学、湖北美术学院、广西艺术学院、四川大学、山东工艺美术学院、广东工业大学
B-	北京印刷学院、天津美术学院、南京师范大学、浙江工业大学、浙江理工大学、华中科技大学、武汉纺织大学、湖北工业大学、西北工业大学
C+	北京林业大学、大连工业大学、吉林艺术学院、南京理工大学、福州大学、中国地质大学、深圳大学、西南交通大学、陕西科技大学、湖南工业大学
C	北京工业大学、首都师范大学、天津工业大学、沈阳航空航天大学、上海戏剧学院、南昌大学、湖南师范大学、云南艺术学院、西安工程大学
C-	中国人民大学、北京交通大学、北方工业大学、吉林大学、厦门大学、齐鲁工业大学、华中师范大学、重庆大学、西安理工大学

我国开设工业设计的学校不少，有 300 多所院校。主要有两类：第一类是艺术类学校；第二类是理工大学。如果一所学校机械专业好，设计学也好，那么工业设计类专业

肯定不错。

特色学校介绍

在工业设计方面,我国是相对落后的。按照柳冠中教授的话说,我们的设计主要在后端,就是美化、材料、造型等,只关注商业,也就是吸引使用者,而在前端的研发少,产品从制造到最后的回收应该要有技术参数,这是我们存在不足的地方。

清华大学

清华大学美术学院的前身是中央工艺美术学院,工业设计系在 1984 年由柳冠中创建,柳冠中是这个行业的大佬,工业设计从艺术类转到工学,他功不可没。清华工业设计系在经历了室内装饰、建筑装饰、工业美术等一系列历史沿革后,于 1984 年正式更名为工业设计系。从这一连串的名字大家也就能了解工业设计专业内涵的变迁。清华大学是国内最早开始工业设计教学的单位之一,完成过很多重大任务,包括 2008 年奥运会开闭幕式、亚运会、世界大学生运动会、2022 年冬奥会科技冬奥项目、新中国成立70 周年庆祝大会广场总设计及多辆彩车设计。清华大学工业设计专业背靠清华强大的工科优势,艺科融合是特色。

湖南大学

湖南大学是教育部工业设计专业教学指导委员会主任单位,也是机械行业工业设计学科教学指导委员会主任单位。主任单位一般即使不是业内最强,也是最强的高校之一。湖南大学的设计艺术学院始创于 1977 年,是国内最早成立工业设计专业的设计院校之一。1993 年获得国内首批工业造型艺术(现设计学)硕士学位授予权,2005 年获得设计艺术学(现设计学)博士学位授予权,2008 年工业设计专业被评为国家级特色专业,2011 年获得设计学一级学科博士授予权,2014 年设立设计学博士后流动站。学院拥有国家级艺术与设计实验教学示范中心、国家级人才培养示范区、数字文化创意智能设计技术文化和旅游部重点实验室、湖南省岳麓山工业设计创新中心麓山实验室、智能人因设计湖南省重点实验室等平台。

北京理工大学

设计与艺术学院的工业设计专业,成立于 1984 年,是国内高等院校中最早设立的工业设计专业之一,是教育部工业设计教学指导委员会委员单位、中国工业设计协会理事单位和北京市特色专业建设单位,2012 年获批为工业和信息化部重点专业。本专业是总装备部指定的人—机—环境设计组长单位。由专业教师和在校学生所构成的科研团队,近年来承担了 50 余项军品的工业设计项目,以及北京市政府的无障碍通用化设计项目,承担了多项教育部人文社科研究专项基金项目。现有研究型实验室：人因工程与交互设计实验室、数字虚拟影像实验室、汽车造型设计工作室、模型制作实验室、坐具设计与研究产学研实践基地、军品设计工作室等。北京理工大学工业设计专业的发展历程代表和引领了中国理工科院校建设适合中国国情的工业设计教学体系的探索过程，直接为国内诸多工科院校发展工业设计专业教育提供了可以借鉴的经验和模式，并培养了大量的师资力量。

西北工业大学

西北工业大学的工业设计专业在机电学院，2002年正式成立，为国家级一流本科专业建设点、陕西省特色专业，有本硕博完整的教育体系。工业设计系以突出"上天入海、飞空巡洋"特色工业设计方向，主要开展工业设计与人机工效技术、工程图学、工业设计产业政策等工业设计相关领域和学科的研究，在国内工业设计界的研究领域享有盛誉。近年来完成了我国神舟八号、天宫一号、空间站等载人航天器工业设计任务，也承担了我国载人深潜器和航母、舰艇领域的众多工业设计项目。

浙江大学

浙江大学工业设计专业在计算机学院，成立于1990年，2019年与数字媒体技术专业合并，形成了以科技与创意设计、数字技术与媒体相融合的新的工业设计专业，是国内科学技术与人文艺术结合的典范。2021年入选国家一流专业。其培养特色是：设计智能和数字创意方向，使学生具备创作创新产品、创新服务、智能系统、数字媒体、计算机动画、游戏开发、新型人机交互系统的知识体系和综合创新能力。

同济大学

同济大学的工业设计专业在设计创意学院。1986年，同济大学建筑与城市规划学院开始工业设计本科招生，1993年正式成立工业设计系，2000年增设艺术设计专业，同时授工学学士和文学学士学位，同年工业设计系更名为艺术设计系；2001年开始招收设计艺术学硕士生，授文学硕士学位；2015年同济大学正式获得设计学博士学位授予权，2016年开始招收设计学博士研究生，可授艺术学或工学博士学位。在本科阶段，同济大学设计创意学院同时招收工业设计专业和产品设计专业的学生，学生也在一起上课，课程分别授予工学学位和艺术学学位。

西安交通大学

西安交通大学的工业设计系成立于1998年，1999年招收首届工业设计专业本科生，2000年获得艺术学硕士授权点，2002年获得工程艺术设计二级博士点。2003年成为中国第一个国际工业设计协会理事会成员（ICSID，现更名为世界设计组织 WDO），是陕西省工业设计协会和丝绸之路创新设计产业联盟发起单位、西安设计联合会副会长单位。2008 年获得国家级特色专业，2018 年获得陕西省一流专业。西交大的工业设计专业以产品设计和人机界面设计为专业方向，在设计调查、用户研究和人因工程方面具有专业特色优势。本专业依托机械工程学科大平台，注重人文科学、社会科学、计算机技术、信息网络技术等多学科交叉融合，毕业生主要就业于国内外知名的大型装备制造行业或知名 IT 企业从事设计等工作。

哈尔滨工业大学

哈尔滨工业大学的工业设计专业在 1994 年开始招收本科生，一开始在建筑与设计学院，后划归到机电工程学院，2021 年再次回归建筑学院。哈工大的工业设计专业是国家级一流本科专业建设点，2011 年获得首批设立的设计学一级学科硕士点。专业依托哈尔滨工业大学机械工程 A+ 和设计学 B 学科，强调工科与艺术的深度融合，面向国家发展战略需要，形成独具哈工大鲜明特色的航天与装备工业设计，多觉体验及感性工学、特殊空间人机及作业环境、机电装备人机交互方法与界面等研究方向。

华南理工大学

华南理工大学的工业设计专业创办于 2002 年，2020 年获批教育部国家一流本科专业和广东省一流本科专业。2011 年 8 月，学院获批成为全国首批设计学一级学科硕士学位授权点，目前拥有设计学（授工学学位）、设计学（授艺术学学位）、工业设计工程（专业学位）等专业方向。

江南大学

江南大学的工业设计专业是国家特色专业，也是国家一流专业。江南大学设计专业由创建于 1960 年的无锡轻工业学院创办的"轻工日用品造型美术设计专业"发展而来，是中国现代设计教育的主要发源地。它是教育部高等学校工业设计专业教学指导分委员会副主任单位、中国工业设计协会副会长单位、中国工艺美术学会教育工作委员会副主任单位等。办学特点是"艺工结合"，以轻工为特色。

广州美术学院

广州美术学院于 1980 年首次招收工业设计本科生，同年获得全国首批硕士学位授予权。2009 年被教育部批准为"国家级特色专业"建设点和地方高校第一批本科专业综合改革试点；获得工业设计类专业广东省首批协同育人平台和省级专业综合改革试点；2020 年入选"国家级一流本科专业"建设点。目前是教育部高等学校工业设计专业教学指导分委员会副主任单位，广东省高等学校工业设计教学指导委员会主任委员单位，成立了广东省工业设计创意与应用研究重点实验室。

武汉理工大学

武汉理工大学工业设计专业创建于 1987 年，是国家特色专业、省品牌专业、国家一流专业建设点，支撑了武汉理工大学设计学硕士点、艺术设计 MFA 硕士点、工业设计工程硕士点（全国首个）、设计学博士点（中南地区首个）等学科建设。依托湖北及中部地区的汽车、船舶、机械、信息等产业背景，结合武汉理工大学的汽车、船海、机械、信息等优势学科，开设了交通工具设计（汽车、船舶）、装备制造设计（高端装备、工程机械）和智能设计（智能交互、互联网产品）三大特色方向。

浙江工业大学

浙江工业大学的工业设计专业先后入选浙江省重点特色专业、浙江省"十二五"优势专业与教育部"双万计划"省级首批一流本科专业建设点。该专业结合浙江省工业设计技术创新服务平台开展产教融合，研究主体是产品和用户，主要有创新产品设计方法研究、产品智能设计研究、计算机辅助设计研究和人机工程学研究等。主干课程有表现技法、设计基础、创新思维、设计调研分析、整合与创新设计、产品开发设计以及各工作室的专题设计实践课程等。

广东工业大学

广东工业大学的工业设计系创办于 1995 年，工业设计为广东省特色专业，获批国家级一流本科专业建设点，有"工业设计与创意产品"二级学科博士点和设计学一级学科硕士点、工业设计工程硕士点。广东工业大学艺术与设计学院迄今已有 30 余年专业办学历史，是我国设计实践和创意产业结合得最好的设计类学院之一、华南地区学术研究最强的艺术类学院之一，是广东省人才培养模式创新实验区，也是世界艺术、设计与媒体院校联盟成员。

南昌大学

南昌大学工业设计专业在 1993 年首次招收工科生，是江西省高校最早设立的工业设计专业，隶属于建筑与设计学院工业设计系，2004 年被授予江西省品牌专业。在2018 年江西省首次普通高校本科专业综合评价中排名第一，2019 年获批省级一流本科专业建设点。2020 年南昌大学以设计学学科、材料学"双一流学科"、理工一部和国家硅基 LED 工程技术研究中心、工业设计研究院等平台为依托，在全国高校工业设计专业中设立首个以照明产业需求为导向的"智慧照明设计方向"。以家居智能照明、公共智能照明、智慧城市照明以及跨学科整合设计等泛照明产品为指向，构建特色鲜明的交叉型、多元化人才培养模式。

沈阳航空航天大学

沈阳航空航天大学是我国最早创办设计类专业的多科性高等院校之一，工业设计专业于 1987 年开始招收本科生，是国家特色专业、国家级一流本科示范专业建设点。设计艺术学院现为教育部工业设计教学指导分委员会委员单位、中国工业设计协会理事单位、中国机械工程学会工业设计分会常务理事单位、辽宁省机械工程学会工业设计分会理事长单位。专业围绕航空产业的实际需求，采用"工作室 + 创新工坊"教学模式，学生进入高年级后可选择高端装备、智能穿戴、交通工具、UI 与交互、家居与康养、公共与服务等不同方向工作室，开启项目引领式进阶学习。

兰州理工大学

工业设计专业创建于 1998 年，是甘肃省第一个工业设计专业。2012 年 1 月兰州理工大学开设了工业设计二级硕士点；2014 年 1 月设立艺术学专业硕士点，并设置产品设计方向；2017 年获批"设计学"学术硕士点，并设置工业设计方向。专业先后筹建了"甘肃省工业设计专业委员会"和"兰州市工业设计创新服务联盟"；2014 年被认定为"省级工业设计中心"；2016 年专业获批甘肃省特色专业，2017 年获批"甘肃省首批创新创业改革试点专业"；2019 年被评为甘肃省一流本科建设专业。

专业辨析

产品设计专业跟工业设计专业有些类似，不少学校将二者设置在一个学院内，课程和学分也差不多。这两者有什么区别呢？

两者的归口不一样，工业设计属于机械类，授予的是工学学位。产品设计属于艺术学，授予的是艺术学位。所以，读产品设计的学生要参加艺考，同时需要文化课成绩和专业课成绩，但读工业设计的学生不需要参加艺考。

除此之外，两者没什么区别，内容差不多。当然细微的差别是有的，但这个属于学校之间的差别，不是对专业理解的差别。

10.3 数字媒体技术专业

专业简介

数字媒体技术专业随着现代媒体技术的发展而产生，游戏、网站美工、电脑动画、数字电影、数字视频和数字音频等数字媒体内容越来越多，需要既懂计算机知识也有一定艺术修养的人才。

数字媒体技术专业属于计算机类专业，交叉学科，实质是"数字＋媒体"，用计算机知识来处理媒体相关的内容，进行场景设计、角色设计、游戏程序设计、图像处理、音视频处理或者三维建模，等等。

专业的课程以计算机知识为主，计算机图形学、数字图像处理、数字音频、视频处理，然后再学一些动画、影视拍摄、剪辑、设计等内容。

计算机知识学习的深浅取决于学校的性质，学校层次越高，这个专业的学习就越"硬核"；学校层次越低，计算机知识的学习越偏应用。大部分学校还会安排一些艺术类的课程，不过有些则是完全的工科课程。

具体的课程以北京邮电大学为例，北邮设置的就是工科课程：信号与系统、数字信号处理、计算机图形学、数字图像处理、数字视频处理、数字音频处理、计算机网络与因特网、动画原理、剪辑与合成、镜头画面设计。

从课程来看，数字媒体技术专业跟计算机类的其他专业区别不大。

特色学校介绍

到 2022 年，全国开设数字媒体技术专业的院校已经超 200 多所，有一部分是"985""211"大学，另外很大一部分是应用型院校和艺术类院校。因为数字媒体技术专业属于计算机类专业，没有单独的评估结果，因此，一般说来，计算机强校的数字媒体技术专业公认是强的，顶尖艺术院校的数字媒体技术的认可度也可以。计算机类的强校前面已经介绍了很多，下面稍微介绍几所，主要介绍一些比较特别的以及艺术类院校。

浙江大学

本来浙江大学是公认的数字媒体技术专业的最强学校之一，它也是最早开设此专业的学校之一，浙江大学有着非常好的多媒体实验室，计算机图形图像学也非常强，不过 2022 年不再招生，而是把数字媒体技术专业整合进了工业设计专业。

中国传媒大学

中国传媒大学的数字媒体技术专业在业界很有名，2007 年开始招本科生，现在是国家一流本科专业建设点，该专业被设置在中国传媒大学最大的学院——信息与通信工程学院里。培养的特色是："内容理解与生成"与"沉浸交互与感知"。中国传媒大学的数字媒体技术专业课程从设置来看，基本是计算机类、多媒体类的内容。也许学校提供的艺术类平台课程够丰富，所以在专业课程设置中没有额外安排。

北京邮电大学

北京邮电大学的数字媒体技术专业被设置在数字媒体与设计艺术学院，学院下设智能交互设计、数字媒体技术、数字媒体艺术、网络与新媒体 4 个本科专业。数字媒体技术专业是首批"国家级一流本科专业建设点"，以"数字创意＋人工智能"为特色。专业设有媒体计算和媒体应用两个方向。媒体计算方向以数字媒体的智能分析与理解为导向，强调数字媒体涉及的信号处理、计算机视觉等的关键技术；媒体应用方向则以丰富数字文化创意内容和形式为导向，侧重于数字技术在文化创意领域的应用。

山东大学

山东大学数字媒体技术专业被设置在软件学院，2007 年开始招生，同年设立数字媒体技术与艺术硕士点、博士点，2013 年成立数字媒体技术教育部工程研究中心，这是该领域国内唯一教育部研究中心，2019 年成立人工智能国际联合研究院，培养智能媒体时代高水平人才。该专业分 2 个专业方向：虚拟现实、数字创意；主要培养重数学建模基础，厚图形图像算法与系统实现能力，具备虚拟现实、媒体智能领域工程应用能力的创新型、工程型人才。

湖南大学

湖南大学于 2006 年设立数字媒体技术专业，培养面向计算机辅助设计与制图、计算机游戏、数字影视动漫、数字广告和出版、数字图像处理等领域的人才。该专业设有数字媒体算法和前端应用开发 2 个专业方向。数字媒体技术专业是国家一流本科专业，从课程设置上看，是一个纯粹的工科专业，以软件工程的基础理论和专业知识为主，再加上数字媒体工程、移动应用软件等各类知识，以及培养数学建模能力。

厦门大学

厦门大学的数字媒体技术专业被设置在信息学院，建有数字媒体创意与设计福建省行业技术开发基地和厦门市数字媒体与创意产业工程技术研究中心，是福建省高等学校服务产业特色专业，有游戏、动画、人机交互和虚拟现实与增强现实等方向。另外，厦门大学马来西亚校区也开设了数字媒体技术专业，是该校区的首批专业。

北京工业大学

北京工业大学 2005 年创办软件工程（数字媒体技术方向）专业，2007 年创办数字媒体技术专业，同年获批教育部特色专业建设点。其特色是培养学生软件开发技术和数字艺术创作能力，使学生成为跨学科、双知识型人才。

江南大学

江南大学除了轻工、发酵之外，设计学也不错。数字媒体技术专业于 2006 年招收本科生。课程设置中除了计算机课程外，还有一些艺术类课程，例如影像艺术、造型基础等，使学生在计算机图形学、数字图像处理、计算机视觉、智能交互媒体、自然语言处理、大数据分析和可视化、数字健康娱乐、移动互联网等领域掌握一项较强的应用实践技能。

华中师范大学

华中师范大学数字媒体技术专业在 2006 年就开始招收本科生，为华中地区首家。数字媒体技术入选首批湖北省普通高等学校战略性新兴（支柱）产业人才培养计划专业建设项目、首批"高校数字媒体产教融合创新应用示范基地"试点院校。其历届毕业生就业率平均达 90% 以上，其中 30% 左右学生成功出国（境）留学或在国内重点高校攻读研究生。

山东财经大学

山东财经大学 2005 年设立数字媒体技术专业，现为国家级一流本科专业、山东省高水平应用型重点立项建设专业、山东省品牌特色专业等。山东财经大学有数据挖掘与可视化二级博士点。培养特色是：面向互联网 4.0（价值网络）和智慧城市，价值媒体、智能媒体、数据可视化技术等。

浙江传媒学院

浙江传媒学院的前身是浙江广播电视高等专科学校，专业设置跟中国传媒大学有些像，有媒体工程学院这个工科学院，下设数字媒体技术、广播电视工程、网络工程、电子科学与技术、软件工程（传媒大数据）、人工智能 6 个本科招生专业。其中数字媒体技术是国家一流本科专业，建有浙江省影视媒体技术研究重点实验室、国家广电总局媒体智能传播技术研究实验室等省部级重点科研平台。浙江省影视媒体技术研究重点实验室是浙江传媒学院获得的第一个省级重点实验室。

北京印刷学院

北京印刷学院的数字媒体技术专业被设置在新媒体学院，和数字媒体艺术专业在同一个学院。数字媒体技术专业招收理工类学生，结合北京印刷学院的特色，注重与新媒体出版、网络传媒等文化媒体产业的结合。学院有数字媒体艺术中心北京市重点实验室。学院在教学上加强在新媒体应用作品制作技术方面的内容，面向虚拟现实（VR）、网络传媒以及手机应用程序（App）等新媒体产品，侧重于培养学生在新媒体的技术开发、应用设计和技术支持的实践能力。

专业辨析

数字媒体艺术专业跟数字媒体技术专业只有一字之差，这两个专业既有区别，也有联系。

数字媒体艺术专业属于艺术类专业，需要艺考。在学习内容上，也与数字媒体技术专业区别很大。以中国传媒大学的课程为例。中国传媒大学的这个专业有两个方向，第一个是数字影像与网络视频，第二个是网络与智能媒体设计。其中，数字影像与网络视频的课程有：视听语言、数字摄像、数字影视剪辑艺术与实践、导演基础、造型设计、数字合成技术、数字短片创作系列课程。

数字媒体艺术因为内容比较广，各个学校的方向不一样，主要有 3 个方向。游戏方向，要学游戏设计；如果是与影视有关的，则要学数字影视的拍摄、剪辑、特效处理等；如果是网络新媒体，就要学人工智能应用、人机交互艺术等。

数字媒体技术与数字媒体艺术专业相同的地方是：它们都是交叉学科，都要学习设计、艺术、数字媒体和计算机方面的知识。

工作时，数字媒体艺术主要做的是各种媒体的虚拟场景、角色动画、游戏 CG 等的设计，也包括网页设计等。数字媒体技术专业主要工作是游戏软件开发，或者各类数字媒体的制作。

这两个专业的人工作互补，也可以互相取代一部分。尤其人工智能出现后，这两个方向的融合将更为重要。

CHAPTER 11

军警校报考：
奉献社会，成就自我

11.1 军校报考

军校招生要点

在提前批中，还有一类特殊的学校——军校。

军校跟警校有类似之处，需要体检、政审，但不完全一样。

军校的基本要求是：未婚、年龄不低于 17 周岁、不超过 20 周岁（截至报考当年 8 月 31 日），高中阶段体质测试及格以上，高考成绩达到特殊类型招生控制线。

报考军校的基本流程是：在报考所在地人民武装部参加政治考核，高考分数线达到军检线后参加面试和军检，然后院校录取。

军检的标准参照《军队选拔军官和文职人员体检标准》。视力、身高和体重的基本要求是：①视力，任何一眼裸眼视力不低于 4.5；②身高，男性 162cm 以上、女性 158cm 以上；③体重，男性体重指数在 17.5 至 30、女性体重指数在 17 至 24。

除舰艇、潜艇、潜水、机降、伞降、特种作战、通信导航、电子对抗、测绘、装甲、防化、医疗卫生、油料等岗位相关专业，对身高、视力、色觉、嗅觉、骨骼某方面有特殊要求外，其他专业均执行通用体检标准要求。

军校对男女比例也有要求，一般来说，女生比例不超过 15%。另外，跟警校不一样的是，军校招生专业基本是理工专业，招的文科生非常少。

特色学校介绍

2017 年，我国军队改革，军校也进行了改革。现在我国有军校 44 所，其中军委直属院校 2 所，军兵种院校 35 所，武警部队院校 7 所。不过招本科生的军校只有 27 所。

军校根据上级主管部门的不同，可以分为军委、陆军、空军、海军、火箭军、战略支援部队以及武警部队院校。具体名单如下。

军委直属（2所）：国防大学（北京）、国防科技大学（长沙）

陆军（12所）：陆军指挥学院（南京）、陆军工程大学（南京）、陆军步兵学院（南昌）、陆军装甲兵学院（北京）、陆军炮兵防空兵学院（合肥）、陆军航空兵学院（北京）、陆军特种作战学院（桂林）、陆军边海防学院（西安）、陆军防化学院（北京）、陆军军医大学（重庆）、陆军勤务学院（重庆）、陆军军事交通学院（天津）

海军（8所）：海军指挥学院（南京）、海军工程大学（武汉）、海军大连舰艇学院、海军潜艇学院（青岛）、海军航空大学（烟台）、海军军医大学（上海）、海军勤务学院（天津）、海军士官学校（蚌埠）

空军（10所）：空军指挥学院（北京）、空军工程大学（西安）、空军航空大学（长春）、空军预警学院（武汉）、空军哈尔滨飞行学院、空军石家庄飞行学院、空军西安飞行学院、空军军医大学（西安）、空军勤务学院（徐州）、空军通讯士官学校（大连）

火箭军（3所）：火箭军指挥学院（武汉）、火箭军工程大学（西安）、火箭军士官学校（潍坊）

战略支援部队（2所）：战略支援部队航空工程大学（北京）、战略支援部队信息工程大学（郑州）

武警部队（7所）：武警部队指挥学院（天津）、武警部队工程大学（西安）、武警部队警官学院（成都）、武警部队特种警察学院（北京）、武警部队后勤学院（天津）、武警部队士官学校（杭州）、武警海警学院（宁波）

对于军校来说，最大的区别是上级主管单位，这决定着今后服役的军兵种。例如，陆军工程大学的学生只能在陆军里面分配，信息工程大学的学生只能在战略支援部队里分配，而国防科技大学的学生则是全军分配。

普通高校有"211工程"，军校则有"2110工程"，也是在21世纪头10年，对全军25所军校进行重点建设，另外有全军重点建设的5所综合性军校。这5所重点建设的军校在我看来等同于普通高校的"985大学"。

5所重点建设的军校为：中国人民解放军国防科技大学（国防科技大学）、中国人民解放军海军工程大学（海军工程大学）、中国人民解放军空军工程大学（空军工程大学）、中国人民解放军战略支援部队信息工程大学（战略支援部队信息工程大学）和中国人民解放军陆军工程大学。

重点建设的25所军校如下。

中国人民解放军国防大学

中国人民解放军国防科学技术大学（现中国人民解放军国防科技大学）

中国人民解放军战略支援部队信息工程大学

中国人民解放军陆军工程大学

中国人民解放军南京陆军指挥学院（现中国人民解放军陆军指挥学院）

中国人民解放军电子工程学院（现中国人民解放军国防科技大学）

中国人民解放军工程兵指挥学院（中国人民解放军陆军工程大学）

中国人民解放军陆军炮兵防空兵学院

中国人民解放军南京政治学院（现中国人民解放军国防大学）

中国人民解放军后勤学院（现中国人民解放军国防大学）

中国人民解放军后勤工程学院（现中国人民解放军陆军勤务学院）

中国人民解放军陆军军医大学

中国人民解放军海军军医大学

中国人民解放军空军军医大学

中国人民解放军战略支援部队航天工程大学

中国人民解放军陆军装甲兵学院

中国人民解放军海军工程大学

中国人民解放军空军指挥学院

中国人民解放军空军工程大学

中国人民解放军空军勤务学院

中国人民解放军空军航空大学

中国人民解放军空军预警学院

中国人民解放军火箭军工程大学

中国人民武装警察部队工程大学

中国人民武装警察部队警官学院

中国人民解放军国防大学

国防大学是军校的最高学府，副战区级别，校本部在北京，在西安、上海、石家庄设有分校区。2017年7月，新的国防大学以原国防大学、南京政治学院、西安政治学院、解放军艺术学院、解放军后勤学院、石家庄陆军指挥学院、武警政治学院，以及装备学院部分专业培训任务和相关机构为基础调整组建。国防大学不直接招收本科生，主要是培养陆、海、空军指挥干部，地方省级领导干部及中央国家机关部以上负责干部。

中国人民解放军国防科技大学

国防科技大学是唯一一所进入"985 工程"的军校，其前身是 1953 年创建于哈尔滨的中国人民解放军军事工程学院，即著名的"哈军工"，这是新中国第一所以及最著名的高等军事工程学院。2017 年，国防科技大学以国防科学技术大学、国际关系学院、国防信息学院、西安通信学院、电子工程学院，以及理工大学气象海洋学院为基础，并将军委装备发展部第 63 研究所划入重建。国防科技大学被称为"军中清华"，在信息类、航空航天类学科方面实力很强，计算机和软件工程在第四轮学科评估中均为 A+ 学科，一共有 4 个 A+ 学科，"双一流"入选了 5 个学科。

中国人民解放军战略支援部队信息工程大学

2017 年，解放军外国语学院、解放军信息工程大学合并组建中国人民解放军战略支援部队信息工程大学。顾名思义，信息工程大学为我军培养信息领域方面的高级人才，现代战争大部分都是电子战、信息战，所以信息工程大学的地位可想而知。信息工程大学在测绘、信息与通信、计算机、网络空间安全、量子信息、时空大数据、人工智能、拟态防御、航空航天等方面都有科研优势和科研成果。

中国人民解放军陆军指挥学院

陆军指挥学院在江苏南京，学院于 1992 年获得硕士学位授予权，2001 年获得博士学位授予权。目前拥有 1 个国家重点建设学科、3 个军队重点建设学科、5 个博士学位授权点、8 个硕士学位授权点、1 个军队重点实验室。其中合同战术学、作战指挥学、国防动员学被列为全军重点建设学科。

中国人民解放军陆军工程大学

陆军工程大学在 2017 年以解放军理工大学、军械工程学院主体和重庆通信学院、工程兵学院、武汉军械士官学校为基础调整而组建。校本部在南京，设有通信工程学院、野战工程学院、指挥控制工程学院、国防工程学院、研究生院 5 个学院，另设石家庄校区（河北石家庄）、通信士官学校（重庆）、军械士官学校（湖北武汉）和训练基地（江苏徐州），主要承担陆军信息保障、工程兵、装备保障等专业领域，电子对抗、网络攻防、无人作战、大数据等新型作战力量人才培养任务，以及陆航飞行员、航空机务生长军官本科基础教育任务，开设通信工程、指挥信息系统工程、机械工程、土木工程、武器系统与工程、雷达工程、导弹工程、无人系统工程等 47 个本科专业（含 7 个人防本科专业）。在第四轮学科评估中，信息与通信工程、土木工程评估结果为 A 类。计算机类等工科专业都不错。

中国人民解放军陆军炮兵防空兵学院

陆军炮兵防空兵学院是一所主要承担炮兵、防空兵指挥军官培训任务的高等教育院校。2017年，学院由原陆军军官学院、南京炮兵学院、防空兵学院、沈阳炮兵学校调整组建，院本部设在合肥，下设南京校区、郑州校区和士官学校（沈阳）。学院有以指挥与技术相结合、军事与工程相融合的学科专业体系，现有博士后科研流动站1个、一级学科博士学位授权点1个、一级学科硕士学位授权点6个、硕士专业学位授权领域5个、15个本科专业；有4个学科专业军队重点学科。

中国人民解放军陆军装甲兵学院

2017年，陆军装甲兵学院由原装甲兵工程学院、装甲兵学院、装甲兵技术学院调整组建而成，有北京院本部、安徽蚌埠校区和吉林长春士官学校。学院主要面向陆军、海军、空军和武警部队，培养装甲兵军官、士官，是全军装甲兵人才培养基地，被誉为"陆战之王的摇篮"。学院有5个博士后科研流动站；6个一级学科博士学位授予权；10个一级学科硕士学术学位授予权。

中国人民解放军陆军勤务学院

2017年，陆军勤务学院以后勤工程学院和军事经济学院为基础组建，学院本部在重庆，现有5个一级学科博士学位授权点、8个一级学科硕士学位授权点和10个硕士专业学位授权类别（领域），专业涵盖战勤指挥、军队财务、军需能源、军事设施建设、仓储物流、采购管理等6个全军后勤通用专业领域，18个生长军官高等教育专业。拥有国家重点学科3个（油气储运工程、国防经济、后方专业勤务）、军队"双重"建设学科专业3个（后勤保障、后勤管理、物联网）、重庆市一流（重点）学科7个、博士后站点6个。

中国人民解放军战略支援部队航天工程大学

2017年，航天工程大学以原装备学院为基础组建，在北京有怀柔、昌平和沙河3个校区。大学主要面向全国全军培养航天领域指挥军官、技术军官、士官、文职人员等，承担航天领域关键技术研究和国际合作等任务。有军事学、工学、理学、管理学等覆盖航天高技术及战略支援关键领域的综合性学科专业体系，面向太空态势感知、天基信息支援、航天发射、航天测控等航天系统各领域，设有本科专业24个，设有一批博士后科研流动站，设有一级学科博士学位授权点和一级学科硕士学位授权点13个，建有2个国家级重点实验室、1个军队重点实验室，建有航天模拟训练中心、航天试验训练中心、深空探测组网天线阵列、航天测运控与应用大平台、航天测控站、国家核高基集成技术攻关基地等一批重点专业实验室。

中国人民解放军海军工程大学

作为军队重点建设院校，学校拥有 6 个军队重点建设学科专业、6 个军队重点实验室、7 个博士后科研流动站、7 个博士一级学科、5 个硕士一级学科学术学位授权点和 6 个硕士专业学位类别，开设 34 个本科专业，覆盖了海军绝大部分专业领域。电气工程学科在教育部第四轮学科评估中，综合排名进入全国前 10%，船舶与海洋工程、动力工程及工程热物理、控制科学与工程 3 个学科综合排名进入全国前 30%。可比性办学指标跻身军内领先行列，部分达到国家"双一流"高校水平。

中国人民解放军空军工程大学

空军工程大学位于西安，为全国重点大学，是全军重点建设的 5 所综合大学之一，是空军专业技术最高学府，承担着空军近 70% 的地面生长干部培训任务，下辖 6 个学院和 1 个系：航空航天工程学院、防空反导学院、信息与导航学院、装备管理与无人机工程学院、空管领航学院、研究生院，军政基础系。担负着为空军培养航空工程、地空导弹、通信导航、空管领航、装备管理等领域的高层次工程技术人才、指挥军官及培训外国留学生任务，培训员额为全国军事院校第二。学校现有 9 个一级学科博士学位授权点、36 个二级学科博士学位授权点、17 个一级学科硕士学位授权点、56 个二级学科硕士学位授权点、11 个工程硕士专业学位授权领域、28 个本科专业（方向）。学科专业体系特色是：空天网一体化。空军工程大学拥有 2 个国家重点学科、5 个军队重点学科、1 个国家重点实验室、3 个国家级实验教学示范中心、5 个军队重点实验室、5 个省级实验教学示范中心、8 个博士后科研流动站。

中国人民解放军空军指挥学院

空军指挥学院是空军最高学府，于 1958 年 9 月 12 日在原南京军事学院空军系基础上组建，坐落于首都北京，是一所以培养空军高中级指挥参谋军官和军事类博士、硕士研究生为主的军种指挥院校。学院于 1986 年开办硕士研究生教育，1996 年获得军事学博士学位授权，2002 年被确定为全军首批军事硕士专业学位教育试点院校，现有 3 个军事学博士一级授权学科、7 个军事学硕士一级授权学科、2 个军事硕士专业学位授权领域。

中国人民解放军空军勤务学院

空军勤务学院位于江苏徐州，建于 1954 年，是一所集空军后勤与装备指挥、技术、管理于一体的高等军事院校，是航空勤务保障理论创新基地，肩负培养能打胜仗高素质新型作战保障人才、服务部队战斗力提升的重要任务。学院于 1989 年开展研究生教育，现拥有 4 个学术学位授权学科和 3 个专业学位授权学科，其中，有 1 个硕士学位授权一级学科、2 个军事硕士专业学位授权领域、1 个会计硕士专业学位授权点招收研究生。学院拥有 3 个军队"2110 工程"重点建设学科专业领域。

中国人民解放军空军航空大学

空军航空大学 2004 年由原空军第二航空学院、空军长春飞行学院和空军第七飞行学院合并组建，被誉为"飞行员的摇篮""航天员的摇篮"。学校分布在 4 省 6 市共 11 个校区，校部位于吉林省长春市。学校拥有军事训练学、航空宇航科学与技术、控制科学与工程 3 个学术学位硕士授权一级学科，军事指挥、军队政治工作、军事装备 3 个军事硕士专业学位授权领域。2 个工学学科为吉林省优势特色重点建设学科，建有军事仿真技术博士后科研工作站，是全军"2110 工程"整体条件重点建设院校。

中国人民解放军空军预警学院

空军预警学院位于湖北武汉，是全军预警领域唯一专门院校，组建于 1952 年，前身是中国人民解放军防空学校（武汉）和雷达学校（南京），1983 年更名为空军雷达学院，2011 年更名改建为空军预警学院，2017 年调整为军事高等教育院校。学院主要承担全军预警部队和空军电子对抗部队军官培训任务。学院有 3 个博士学位授权点、8 个硕士学位授权点，2 个军队（省）级重点学科、3 个军队（省）级重点实验室、5 个军队"双重"建设学科专业领域，建有 3 个博士后科研流动站和 1 个博士后科研工作站。

中国人民解放军火箭军工程大学

火箭军工程大学位于陕西西安，是火箭军多兵种专业类高等教育院校，是军队"双重"建设院校，被誉为"中国战略导弹部队军官的摇篮"。该学校原是一所为地面炮兵培养初级指挥军官的军事院校，前身为第二炮兵工程大学，2016 年更名为火箭军工程大学，现有核科学与技术、兵器科学与技术、控制科学与工程等 5 个一级学科博士学位授权点，辐射防护与核安全、武器发射工程、作战目标工程等 15 个生长军官本科专业，7 个一级学科硕士学位授权点，5 个硕士专业学位授权类别，建有博士后科研流动站 4 个。

中国人民武装警察部队工程大学

武警工程大学坐落在西安秦阿房宫遗址上，原名武警技术学院，1998 年更名为武警工程学院，2011 年改建为武警工程大学。其主要担负武警部队指挥类、工程技术类干部的学历教育和任职培训任务，是武警部队最早组建、最早开办本科和硕士教育、最早被确定为全军"2110 工程"重点建设的高等军事院校。武警信息工程、武警装备技术、非致命武器等特色学科群，军事通信学、军事装备学被列为全军重点学科。武警工程大学现有 1 个博士后科研工作站、2 个一级学科博士点、6 个一级学科硕士点、22 个指挥类和技术类专业。

中国人民武装警察部队警官学院

武警警官学院位于四川成都，其前身是 1950 年刘伯承元帅创办的西南军区军政大学川北分校，2017 年，新的武警警官学院在原武警警官学院、福州指挥学院、广州指挥学院基础上调整组建。学院设有军事学、哲学、法学、文学、历史学、理学、工学、管理学 8 个学科门类，8 个学士学位授权点。招生专业有：哲学、法学、思想政治教育、中国语言文学、应用心理学、信息安全、道路桥梁与渡河工程、作战指挥、军事大数据工程、指挥信息系统工程、管理科学与工程等。

军医大学

中国人民解放军空军军医大学（第四军医大学）

中国人民解放军空军军医大学也就是原先的第四军医大学，位于西安。在 1959 年，空军军医大学就是全国 20 所重点大学之一，先后入选了"211"和"双一流"工程。在第四轮学科评估中，口腔医学为 A+，在国内高校中属于最强的之一。空军军医大学现有国家重点和培育学科 19 个，国家重大科技基础设施 1 个，国家重点实验室 2 个，国家临床医学研究中心 2 个，国家临床重点专科军队建设项目 23 个，全军医学专科中心 35 个，军队后勤科研实验室 19 个，全军医学专业重点实验室 17 个，西北首家可移动式生物安全防护三级实验室 1 个；曾做过世界首例"十指断离再植术"，世界首例"坑面女颌面再造术"，国内首例、世界第二例"换脸术"，国内首例"人子宫移植术"等。

中国人民解放军海军军医大学（第二军医大学）

中国人民解放军海军军医大学也就是原先的第二军医大学，位于上海。同空军军医大学一样，是军校中唯二的两所"211 大学"和"双一流"大学。学校设有全国唯一的中医学八年制专业，现有的海军医学系、卫生勤务学系、中医系、麻醉系均为全军唯一的专业系；现有国家重点实验室 1 个、教育部重点实验室 2 个、军队后勤科研重点实验室 14 个、上海市重点实验室 6 个。学校拥有全国唯一的国家肝癌科学中心，建有 1 个国家临床医学研究中心、23 个国家临床重点专科、21 个全军专科中心、6 个上海市"重中之重"临床医学中心和华东地区最大的烧创伤救治中心。最著名的专科有烧伤、心脏、肝胆外科，另外，骨科、脑外科、肾脏科也很不错。

中国人民解放军陆军军医大学（第三军医大学）

中国人民解放军陆军军医大学在 2017 年成立，以原先第三军医大学为基础，纳入白求恩医务士官学校、西部战区陆军综合训练基地军医训练大队、解放军第八医院、解放军第二六〇医院、解放军第三二四医院,在重庆、河北石家庄、新疆呼图壁、西藏日喀则四地均有部署。陆军军医大学虽然不是"211大学",但也是军队重点大学、全国首批博士学位授权单位、全国首批开办八年制医学教育高校。大学开设临床医学、基础医学、预防医学、口腔医学、药学、护理学、生物技术、生物医学工程、医学影像技术、医学检验技术、公共事业管理等11个本科专业;拥有博士学位授权一级学科10个、硕士学位授权一级学科12个,国家重点学科13个、重点培育学科4个,国家重点实验室1个,国家工程技术研究中心1个,国家地方联合工程实验室、国际联合研究中心各2个,教育部重点实验室4个。基础医学、临床医学、公共卫生与预防医学3个学科在国家第五轮学科评估中进入A类,陆军军医大学成功入选国家高水平公共卫生学院建设高校,以战创伤医学、高原军事医学、军事预防医学等为特色,拥有我军唯一、也是全国唯一的"创伤、烧伤与复合伤"国家重点实验室和武器杀伤生物效应评估中心、亚洲最大的高原环境模拟低压舱群。

11.2 警校报考

在"提前批"里面有一类是警校的公安专业。

警校是被很多学生关注的一类学校,原因是就业比较好。警校的应届毕业生如果想要进入公安系统,毕业时无须参加公务员考试,只要参加公安部组织的公安院校联考(也称为入警考试)就可以。这个入警考试的通过率非常高,每个警校都超过90%,所以说警校几乎是"包分配"。

能参加公安联考的专业是公安类专业,警校还有普通专业,普通专业不参加公安联考,下面介绍中如果没有特殊说明,则指的是公安类专业。

下面就详细介绍一下警校的基本知识点。

警校的类别

警校主要有两种,一种是公安部下属的警校,另一种是司法部下属的警校。

公安类警校包括:中国人民公安大学、中国人民警察大学、中国刑事警察学院、南京警察学院、郑州警察学院、江苏警官学院、北京警察学院、山西警察学院、辽宁警察学院、吉林警察学院、山东警察学院、河南警察学院、上海公安学院、浙江警察学院、江西警察学院、福建警察学院、云南警官学院、湖北警官学院、湖南警察学院、贵州警察学院、广东警官学院、广西警察学院、重庆警察学院、四川警察学院、新疆警察学院、天津公安警官职业学院、黑龙江公安警官职业学院、内蒙古警察职业学院、安徽公安职业学院、河北公安警察职业学院、陕西警官职业学院、宁夏警察职业学院、青海警官职业学院、西藏警官高等专科学校。一共 34 所，其中本科院校 23 所，专科院校 11 所。

司法类警校包括：中央司法警官学院、山东司法警官职业学院、吉林司法警官职业学院、河北司法警官职业学院、河南司法警官职业学院、云南司法警官职业学院、湖南司法警官职业学院、广东司法警官职业学院、黑龙江司法警官职业学院、四川司法警官职业学院、江西司法警官职业学院、浙江警官职业学院、安徽警官职业学院、山西警官职业学院、武汉警官职业学院、新疆兵团警官高等专科学校，一共有 16 所。

公安部下属警校参加的是公安院校联考，通过率高。司法部下属的警校原先必须要参加国家公务员的考试，现在逐步改为参加单独入警考试，但各个省情况不一样，有的省还没有实施这项政策，而且入警率没有公安部下属的警校高。原因可能跟学校层次有关，司法类警校除了中央司法警官学院，其他的都是专科院校。

公安类警校就业主要是公安局、派出所、交警队、刑警队和特警队等各级公安部门；司法类警校就业方向是监狱、戒毒所、司法所、法院、检察院等机关单位。

部属和省属大学

公安警校有 5 所部属大学：中国人民公安大学、中国人民警察大学、中国刑事警察学院、南京警察学院、郑州警察学院。南京警察学院和郑州警察学院原先分别叫南京森林警察学院和铁道警察学院，在 2023 年改名。另外，除了海南省，其他省一般还有一所省属警察院校。

司法部直属的大学是中央司法警官学院，其他都是省属院校，不过并不是每个省都有。

大家可能会问，部属警校跟省属院校有什么区别？

主要有 3 个区别。第一，中国人民公安大学属于"双一流"大学。第二，几所部属院校都有自己的特色，例如中国刑事警察学院最著名的是刑事侦查，郑州警察学院主要为铁道行业培养警察。第三，部属院校在全国招生，绝大部分省属院校只能在本省招生，本省就业，因此如果要当警察，只能选择部属警校和本省警校，每个省的警校虽然有的是本科，有的是专科，但从就业来说，没有太大区别。有些部属院校可以在全国就业，不过现在越来越多的计划倾向于回本省就业。所以，部属院校和省属院校的区别不大。

公安类专业

公安类专业一般可以分为两大类：公安学类和公安技术类。

公安学类一般要求选科政治，公安技术类则必选物理。

公安类警校公安学类下面一般会有：治安学、侦查学、公安情报学、犯罪学、禁毒学、公安管理学、涉外警务、经济犯罪侦查、警务指挥与战术、公安政治工作、移民管理等专业；公安技术类一般包括刑事科学技术、交通管理工程、安全防范工程、公安视听技术、网络安全与执法、数据警务技术等专业。各个学校开设的专业不完全一样。

司法类警校的专业一般会有监狱学、司法警察学、社区矫正等专业，还有一些专业跟公安类警校的专业差不多。

警校除了公安类专业，一般还会开设法学等普通专业。这些专业会在普通批次招生，不参加公安院校联考。

还有一些政法类大学，例如华东政法大学、西南政法大学等，它们在提前批次也会招录公安类专业。但政法类大学的公安类专业不需要政审、体测、特殊体检等，毕业生也不参加公安院校联考。这点大家要注意。

体检要求

大家最关心的警校的体检规定，每年因为视力等标准，刷掉不少学生。

公安类警校体检参照《公务员录用体检通用标准（试行）》《公务员录用体检特殊标准（试行）》等有关规定执行。同时，还应当符合下列条件。

（一）身高：男性 170cm 及以上，女性 160cm 及以上。

（二）体重：男性体重指数（单位：kg/m^2）在 17.3 至 27.3（含本数，计算时四舍五入保留小数点后一位，下同），女性在 17.1 至 25.7。

（三）视力：任何一眼裸眼视力均为 4.8 及以上。

（四）色觉：无色盲，无色弱。

（五）外观：无少白头，无胸廓畸形，无脊柱侧弯、驼背，膝内翻股骨内髁间距离不超过 7cm，膝外翻胫骨内踝间距离不超过 7cm，无足底弓完全消失的扁平足，身体无影响功能的瘢痕，面颈部无瘢痕，无下肢静脉曲张，无腋臭，共同性内、外斜视不超过 15度，无唇、腭裂或唇裂术后的明显瘢痕。

司法类警校的体检要求稍微有点不一样，有些比公安类警校的要求会低一些。

（一）视力：双侧裸眼视力均不低于 4.7，无色盲、色弱。

（二）身高：云南、贵州、四川、重庆、广东、广西、海南、江西 8 省（自治区、直辖市）的男性考生身高不低于 1.68m，女性考生身高不低于 1.58m；其他各省（自治区、直辖市）的考生，男性身高不低于 1.70m，女性身高不低于 1.60m。

（三）体重：男性考生体重不低于50kg，女性考生体重不低于45kg。（这个要求跟体重指数不一样，体重指数的要求严格很多。）

（四）外观：面部无明显缺陷（如唇裂、对眼、斜眼、斜颈、各种疤痕等），无嗅觉迟钝、口吃、鸡胸、腋臭、血管瘤、黑色素痣、白癜风、严重静脉曲张，无明显八字步、罗圈腿、步态异常，无重度平趾足（平板脚），无文身、驼背。

（五）无严重心脏病、心肌病、高血压病、恶性肿瘤、尿毒症等严重疾病，无传染病，直系亲属无精神病史。

（六）两耳听力均超过3m。

（七）无嗅觉迟钝。

因此，有些学生不符合公安类警校的体检标准，但可能符合司法类警校的体检标准。

体测要求

体能测评的项目和标准，按照《国家学生体质健康标准（2014年修订）》有关规定执行。具体如下。

（一）50米跑。可测次数：1次。合格标准：男性≤9.2秒，女性≤10.4秒。

（二）立定跳远。可测次数：3次。合格标准：男性≥2.05米，女性≥1.5米。

（三）1000米跑（男）/800米跑（女）。可测次数：1次。合格标准：男性≤4分35秒，女性≤4分36秒。

（四）引体向上（男）/仰卧起坐（女）。可测次数：1次。合格标准：男性≥9次/分钟，女性≥25次/分钟。

以上4个项目应当全部进行测评。其中，有3个及以上达标的，体能测评结论为合格。

部属院校介绍

中国人民公安大学

中国人民公安大学是一所"双一流"大学，是公安部直属的最高学府，是第一个有硕博点的公安院校。公安大学创始于1948年开办的华北保卫干部训练班，前身是中央人民公安学院，在1984年改名为中国人民公安大学，1998年和中国人民警官大学合并，2000年交通部人民警察学校又并入学校。

中国人民警察大学

中国人民警察大学前身为中国人民武装警察部队学院，原属于武警总部，在2018

年，更名为中国人民警察大学，为公安部直属院校，主要面向全国公安机关培养警务人才，面向国家移民管理队伍培养移民和出入境管理人才，面向公安国际执法安全合作培养国际执法合作人才和外籍警察，面向联合国维和事业培养各类维和警务人才，面向社会行业消防队伍培养消防工程技术和指挥管理类人才，面向国家有关部委和"走出去"的中国企业培养海外安全管理人才。其国家级特色专业有：消防工程、边防管理、火灾勘查。

中国刑事警察学院

中国刑事警察学院位于辽宁沈阳，建于 1948 年，1981 年改名为中国刑事警察学院，是我国第一所开展公安本科学历教育的公安院校，1998 年获得硕士点，被誉为"中国刑警的最高学府"。学院设有 7 个教学型二级学院、3 个管理型二级学院，设有法学、公安学、公安技术 3 个一级学科，法医学 1 个二级学科，法律、警务、应用心理、公共管理 4 个专业学位授权点。

南京警察学院

南京警察学院的前身是南京森林警察学院，2020 年开始全日制普通本科教育，2023 年更名为南京警察学院。学院设有治安学、侦查学、刑事科学技术、公安管理学、网络安全与执法、公安情报学、警务指挥与战术、食品药品环境犯罪侦查技术、数据警务技术、警犬技术等 10 个公安本科专业，面向海关缉私、民航空警、长航公安 3 个警种开展订单式人才培养。

郑州警察学院

郑州警察学院是专门培养铁路公安专业人才的公安高等院校，被誉为"铁道卫士的摇篮"。郑州警察学院 1950 年创建于北京，1980 年迁往郑州，2000 年从原铁道部划归公安部管理，2013 年开始全日制普通本科教育，更名为铁道警察学院，2023 年更名为郑州警察学院。学院建有治安学、侦查学、公安管理学、刑事科学技术、网络安全与执法、铁路警务、警务指挥与战术 7 个本科专业和治安学专业城轨安全与执法 1 个专业方向，覆盖法学、工学 2 个学科门类。

中央司法警官学院

中央司法警官学院在河北保定，是司法部直属的唯一一所高校，是中国司法行政系统的最高学府，被誉为"司法警官的摇篮"。学校创建于 1956 年，原名公安部劳改工作干部学校，后划归司法部领导，2002 年开始本科教育。学校的优势学科有监狱学、矫正教育学，建有全国唯一的监狱戒毒文献信息中心，拥有现代矫正技术司法部重点实验室和戒毒康复技术实验室、司法信息安全实验室等 16 个现代化实验室。

CHAPTER 12 拨开专业院校的迷雾，选择适合自己的方向

12.1 全面挖掘考生的个人特质

本书前面的内容讲的都是专业，没有涉及专业的选择。弱水三千，只取一瓢饮。792个专业，3000多所学校，我们只能选择一所学校就读，选择1个至2个专业。

这么多专业该如何选择？

在志愿填报时，专业、大学和城市通常被称为志愿的三要素，对不同的人权重不一样。从这几年学生的选择来看，专业所占比重越来越大。

在2023年的高考志愿填报中，不同学校的不同专业分数相差很大，尤其是"专业加院校"的填报方式，志愿直接精确到学校的具体专业，也没有调剂，专业的冷热非常明显。某些学校的小语种专业的投档线跟热门专业的投档线可以差20多万位，不少学校的公共管理、旅游管理等专业都要征集志愿，原因是一开始没报满。人文社科类专业遭到全面的冷遇，不少人文社科类大学，像原先顶尖的"两财一贸"、北京外国语大学、上海外国语大学等的投档线都有不小的下跌。

原因有几方面，主要是就业影响。这几年应届毕业生人数超过千万，在短时间内要容纳这些学生就业不容易，又加上就业市场也不是很景气。就业市场不景气也有多个原因，首先，原先能容纳很多就业人口的行业变得不景气，例如房地产、教培等行业。其次，随着科技的发展，机器正在逐渐替代人工，像无人工厂、无人商店、机器客服等。第三，学生们对于一些比较艰苦的岗位不感兴趣，或者能力不够。有些时候是企业招不到合适的人，学生找不到合适的岗位。

随着科技的发展，现代化企业对学生的专业技能要求越来越高，很多用人单位招聘的时候也会考试，而且划定专业范围。因此，学生在填报志愿时就会选择好就业的专业。

还有一个是社交媒体的影响。现在社交媒体发达，很多人在网上讲什么专业好就业，什么专业不好就业。在社交媒体信息茧房效应下，对大学和专业了解不深的大众很容易被极端的信息影响，乃至被误导。

看重专业本身是对的，这个世界上大部分人都是普通人，普通人最重要的事情是安身立命，在社会上能有一席之地，能自食其力，成为家庭的一个支柱。如果人人都如此，我相信整个社会就会更健康向上。

不过，很多家长和学生忽略了学生个人的特点、喜好和擅长方向。很多家长经常会问我哪些专业好。我每次都回答：不了解学生的情况，我没法回答，因为大学是学生去读，即便我们分析得再好，没有学生的配合也是不行的。

钱钟书小时候左右不分，数学只考 15 分，但英语和国文都是第一名，英语满分，国文特优。他虽然数学分不高，但总分排名在清华录取学生中不低，也是中上水平。如果家长觉得理工科好就业，不顾他本人的特长，选择理工专业，我相信钱钟书会毕不了业。

但在现实中，家长不顾孩子实际情况的例子比比皆是：英语不好，却要上中外合作专业；数学不及格，却要学金融科技。

除了擅长，喜欢也很重要。很多时候，成功不是靠天赋，而是靠喜欢，因喜欢而坚持、专注，这样就把事情做成了。小时候，我们都听过铁杵磨成针的故事，还有爱迪生发明钨丝灯泡的故事，爱迪生做了 7000 多次实验，试用了 6000 多种材料才试验成功。在这个过程中，没有热爱是很难坚持下来的。很多著名科学家都表达过这个意思，天才就是几十年如一日的工作、极致的耐心和专注。

我认识好几位物理学教授，他们志愿填报的时候没有选择物理，但到了大学发现自己喜欢物理，转学物理，一开始学得非常费劲，表现也不是那么好，但由于喜欢而坚持了下来，到现在颇有成就。他们说，在求学期间，有不少人比他们聪明，基础扎实，但后来转行干了其他事情，反而他们这些"学渣"坚持下来，获得了一些成绩。

钱伟长也是，他考清华大学时，国文和历史非常好，物理只考了 5 分，但他立志科技救国，不顾所有人反对，转入物理系，每天 5 点就进入科学馆拼命学习，成为我国一代力学大师。

学生的兴趣点是家长容易忽略的因素。当然原因不完全在家长身上，很多学生自己也弄不清自己的兴趣。我们的教育基本是书本教育，学生都在书斋里，社会实践非常少，不了解大学专业和将来职业之间的关系，也很少尝试或真正了解过一个企业的运作，以及各种专业人才在其中的作用。学生为了高考失去了很多挖掘兴趣爱好的机会，我在跟学生接触的过程中，发现很多学生对于职业、专业，还有自己将来的目标一无所知。

即便有些学生说喜欢某个专业，也是没有经过深入了解的。曾经有位学生说特别喜欢法医学，一开始家长反对，给她填报了其他专业，她退学复读。第二年，她考上了法医学，但她上不了解剖课，最后只能再次退学复读。还有不少学生很喜欢哲学，我只问一个问题：你看过几本哲学书？几乎所有人告诉我，没有看过，只是喜欢。这个时候，我建议他们先看几本哲学书，看看大学哲学专业的课程设置再来谈喜欢。

但有些学生是有明确爱好的，像湖南女孩钟芳蓉报考北京大学考古学系，全网劝退，但她非常坚决。原因是除了学习，她日常一直关心考古，很早就确定了自己努力的方向。

因此，在日常，我们除了关注学生的学习之外，也要鼓励学生接触、了解社会，让他们发展自己的爱好，到高考填报志愿时，他们会有一个比较明确的倾向。

12.2 有效厘清专业的发展方向

选择专业其实是一件选择未来的事情。2023 年报考上大学，本科生要 2027 年毕业；硕士研究生要 2030 年毕业；博士要到 2032 年毕业，或者更长时间。如果大家要靠所学专业谋生，要成为某个领域的专家，要花费接近 1 万个小时，差不多 5 年时间。到 2035 年，这个世界将会怎样？

很多人问我这个专业究竟如何。我总是对他们说，你把时间拉长来看，你想想 10 年之后，这个专业会如何。

在漫长的农耕时代，太阳东升西落，人们日出而作，日落而息，寒来暑往，秋收冬藏，千年的变化都不大。

工业社会期间，变化日新月异。我奶奶出生于民国，经历了新中国成立，一直活到 20 世纪末。她多次讲过，这个世界变化太快了，她想都不敢想，怎么人这么聪明，能发明这么多有用的工具？这么重的飞机能上天？在冬天怎么能吃到西瓜？

到如今，社会变化更是巨大。摩尔定律说：当价格不变时，约每 18 个月，集成电路上的晶体管数目会增加 1 倍，性能也将提升一倍。有人工智能领域的学者说：每 18 个月，人工智能的性能就会提高 1 倍。确实如此，2016 年 1 月 27 日，AlphaGo 人工智能机器人在没有任何让子的情况下，以 5 ：0 完胜欧洲围棋冠军、职业二段选手樊麾，这是其首次击败专业围棋手。2016 年 3 月，AlphaGo 以 4 ：1 战胜世界围棋冠军李世石。2017 年 5 月，AlphaGo 以 3 ：0 的总比分战胜排名世界第一的世界围棋冠军柯洁。从此以后，人类似乎再也无法战胜围棋机器人了。

这两年，人工智能有了更大突破，对科技、经济活动和就业都产生了深刻的影响。网上曾经有人罗列过一张表，可以说几乎每个专业都会受到人工智能影响。程序员会被取代，会计会被取代，小语种会被自动翻译取代，影像医生看片速度和正确率不如机器，甚至做煎饼、面条都有全自动的机器人了……

预测未来将变得更为困难。

在这变幻莫测的世界里，大家都是雾里看花、水中望月。大家都在山洞里，看着石壁上模糊不清的影子，在推测未来真实的世界。尤其是科技的飞速发展超越了普通人的想象力。在这么一个充满不确定性的世界里，如何预测未来呢？

当我们不知道如何决策时，我个人的经验就是从常识出发，从历史中寻找答案。

例如，人类社会发展虽然快，但我们还是需要保持健康的身体。身体不能饿着，也不能风吹雨打，衣食住行永远是基本需求，所以农业、土建类、服装设计等专业永远都会存在。

另外，我们看历史。假定人工智能技术革命大爆发，现在我们算是处在"第四次工业革命"的前夜。

第一次工业革命是蒸汽技术革命，我们有了火车、汽船，取代了马车。

第二次工业革命出现了电力、内燃机，我们有了飞机、汽车，以及各种电气化设备。

第三次工业革命，则有了计算机、互联网，我们进入了信息时代。

现在我们处在人工智能技术革命爆发的前夜，我们也不知道未来将有什么等着我们。就像在电力发明之前，有谁会想到黑夜也会如此光明，人类能够上天入地、去太空？

每次大变革的时候都会有一些老的行业和专业会衰败、消失。在农业时代，最多的职业是农民，城里有大量的马车夫，还有人力车夫（黄包车夫）。到了工业时代，农民有所减少，马车夫和人力车夫除了在极少数情境下存在，也逐渐消失了。

不过有行业消失，必定有行业会兴起。农民减少了，工人增加了，会使用机械、修理机械的工人的数量大大增加。

因此，我们在选择专业时，一定要跟着时代走。在蒸汽机时代，学机械；在电气时代，学电类学科；在信息时代，我们要学信息学科。

人工智能的基础还是计算机、信息处理等内容，所以选择信息类专业没有错。曾经有人担心，计算机火了这么多年了，还会火吗？肯定还会火。在19世纪末期，人类有了发电厂，开始大规模使用电。到了21世纪，电气工程专业还是一个热门的专业，电力系统还是一个出成果的行业。

当然，我相信还会有更多的行业和专业产生。人的脑力被解放了，人不需要记忆很多的现有知识，但人工智能仍然需要人的想象力和判断力。这会衍生出其他的行业和专业。

除了看前沿科技发展之外，大家还可以关心一下国家的科技政策和规划。在某些方面，我国或其他世界强国都在投入大量的资金和人力，那这个领域肯定是将来发展的重点。

12.3 深入剖析大学的优势特色

前面讲了很多行业院校，一所大学一般都有其王牌专业。如果我们确定要读某个专业，那么尽量要读学校的王牌专业，因为不论是教学质量还是就业升学都有一定的保证。

那怎么知道某所学校的某个专业强呢？

很多高考平台，或者自媒体都介绍过大学的王牌专业。但我建议，不要看这种二手资料，要找一手资料，这样才是可靠的，这点要切记。网上各种信息满天飞，但错误率非常高，只有官方资料才是最可靠的。

查找资料有几个途径。第一，看学校官网或招生资料。在学校的招生官网上，一般会对学校有个总体介绍，里面提到的专业就是学校的王牌专业。或者看各个学院的介绍，如果某个学院的专业在学校非常牛，一般从文字里就能看出来。此外，还可以看学院的教授、博士生导师和重点实验室的情况。一个学院教授多，甚至有院士，有国家重点实验室，那么它肯定是王牌专业。

第二，看教育部的评估结果。例如 2017 年第四轮学科评估结果在网上都能查到，看看 A、B、C 的打分就可以看出，一个学校哪个专业比较强，哪个比较弱。通过学科评估结果看最直截了当。

不过，学科评估结果也并不是特别绝对。例如，哈尔滨工业大学的航天专业非常强，但如果看评估结果，其航空宇航科学与技术这个学科的评估结果是 B+，大家估计看不出哈工大的航天很厉害。在机械领域，很多学校都是 B+，你能知道这些 B+ 有什么不一样吗？如果了解学校，你会发现业界对原机械工业部直属的院校，例如合肥工业大学、湖南大学等更为认可。在各个学科里面，几乎都有这样的情况出现。

因此，看学科评估结果一定要结合学校官网的介绍，这样才能明白。我认为，对于普通家长来说，做到这步基本就可以了，算是搞清楚一所学校的王牌专业了。

第三，看教育部的"双一流"评选结果。"双一流"入选的学科数量要少于学科评估结果中好的学科，但入选"双一流"的肯定是学校将来极为重视、有发展前途的学科。当然，"双一流"评选结果也不完全绝对，但总的来说，还是可以的。

第四，看学校的历史。我国很多大学在 20 世纪的时候是隶属于某个部委的。例如，华北电力大学曾经是原电力工业部的重点大学，中国医科大学是原卫生部的直属院校。这些大学被称为行业院校，那么跟这个行业相关的专业就是它的王牌专业。

如果觉得以上这些还不能满足需要，那么可以去了解一下，这个学校有几个博士点，什么时候有的。有博士点的专业一般都是不错的，尤其有一级学科博士点的专业更是好，而且是时间越早越好。还可以去了解，这个学校有几个国家重点学科还在评选国家一流学科——这个也可以参考。

总之，了解的信息越多，对学校的判断就越准确，不容易犯错。

了解了王牌专业后，大家会有另一个困惑，在王牌专业和学校中，究竟是选学校还是选专业？

例如，中国政法大学是"211 大学"，中山大学是"985 大学"，但在法学的学科评估中中国政法大学好于中山大学，是去中国政法大学读法学还是去中山大学读法学？还有去杭州电子科技大学读计算机，还是去中国矿业大学读计算机？

不同的人选择会不一样。

12.4 综合制定家庭的最终决策

哲学三大问：我是谁？我从哪里来？我将要去哪里？

高考填报志愿在某种意义上来说，就是来回答这 3 个问题。

我们上大学不是人生的终极目的，它只是实现我们人生目标的一个手段和途径。我想要探究宇宙的奥秘，那我会去学物理学、天文学；我想成为一个救死扶伤的白衣天使，那我就去学医学；我想当一位正义的守护者，那就去学法学……

学什么，还要看自己有什么。我写了一手好文章，数学却学得很不好，那学汉语言文学可能比学数学更合适一些。我喜欢大自然，喜欢安静地思考，不喜欢跟人打交道，那学理工专业比学商科要合适一些。

一千人有一千个哈姆雷特，一千人也有一千个不同的志愿选择。

2023 年的志愿填报从众效应非常明显，计算机、医学、公费师范生等专业被热捧，经济类、新闻类、外语类等人文社科类专业遇冷。

家长只知道热门专业，他们不知道的是热门专业并不能保证你一定能就业。就像你上了清华、北大，也不能保证你一定成才，更何况清华、北大每年都有人因为挂科而退学。

热门专业的竞争非常激烈。例如计算机专业的录取分数在很多所学校中都是最高的，在考研时竞争也非常激烈，报考学生数量多、录取比例低。就业时，好岗位的竞争非常激烈，不但比拼个人能力，还比拼学校的层次以及学历。工作过程中，竞争压力也非常大。不单单是计算机专业，其他的热门专业同样如此。

我经常劝告学生，去人多的地方要谨慎，防止"踩踏"。

如果学生不够擅长、不够热爱，那么在激烈竞争中并不占优势。有些所谓的冷门专业看着就业面很窄，但学生数量少，竞争自然也少，如果自己能学好，竞争优势就大了很多。

很多家长担心学生学了冷门专业，将来生存困难。事实上，任何一个专业只要学好了，生存都没有问题。

另外，家庭对于职业生命周期的期待也不一样。职业是有生命周期的，例如程序员在年轻时更有优势，医生则是越老越有经验。程序员年轻时可以赚到大钱，但随着年龄增长，被裁员的可能性很大。医生则是相反，求学时间很长，最好要读到博士，博士出来还要"规培"，在程序员赚大钱的时候，医生还非常辛苦而清贫地在奋斗，但中年以后，掌握一定技术之后，医生的黄金岁月就来了。

因此，如果一个家庭亟待用钱，可能要选择年轻时候就能赚钱的专业。如果一个家庭的传统是先把书读到头，先坐冷板凳，成为专家，那可以选择一些冷门专业，读博做科研。

因此，我们要根据自身的情况做选择，不盲从。

另外，像人工智能、全球性流行病等，对人类社会将会产生深刻的影响，人类命运、国家命运或个人命运的不确定性非常大。跟以往相比，稳定将变得非常困难，变化将会成为常态，甚至巨变也不鲜见。

在这样的社会中生存，灵活的心态、持续学习的能力或许比专业更为重要。

最后说一句，虽然专业重要，大学重要，但某种意义上来说，这些都不是最重要的，我们的价值观、世界观或许更为重要。

希望我们每个人都能在这个充满不确定性的世界里找到合适的生存方式。

后记：什么是好的大学和专业教育类文章？

我在百家（百度的自媒体平台）、头条、腾讯这 3 个平台发表自己的文章，是 3 个平台的优质作者，并且分别获得了"百度 2020 百大创作者""2022 百度年度影响力创作者"的称号。百家请我写一篇如何进行图文创作的文章。我将这篇文章作为本书的后记，因为我觉得这也是读者评判此类书籍的一个重要标准。

平台让我写篇文章，谈谈如何做自媒体，这件事让我很紧张。因为我一直觉得我写作基础薄弱，文笔比较差，很多文体驾驭不了，不过就是大学和专业这块内容写得还可以。

我就谈谈对大学和专业这块内容的理解和写作。

首先，我说一下我的观点，我认为关于大学和专业的图文属于科普，属于说明文范畴。读者大部分是家长和考生，需要拿这些文章来指导自己选专业和学校，所以，写这类的文章，严谨是关键。

资料正确

科普是一件很严肃和严谨的事情。对于科普，最重要的是资料要正确。这是基本要求、底线。如果文章中的主要信息出现错误，这篇文章就没有任何价值了。

例如，一个考生问如果要去北京当老师，究竟应该读东北师范大学还是首都师范大学的师范专业？很多人说要读首都师范大学，洋洋洒洒写了很长的文章来论证。事实上，并不准确。因为首都师范大学的部分师范专业只面向北京户口的考生，只有少量师范专业面向全国招生，所以很多人说要去首都师范大学读师范专业，这个前提不成立，整篇文章的可信度就大打折扣。

我也犯过错误。例如，有一次介绍集成电路专业，这算是我比较熟悉的领域了，里面有句话："黄昆主导创建了半导体所。"这句话被一位教授指出问题。我查了一下，半导体所的前两任所长是其他人，不是黄昆教授。虽然这句话不是我文章的主要内容，但在我看来，那篇文章的可信度就大打折扣。

所以，数据和资料极为重要，不能出错。

我一般都是直接找第一手的资料，例如，教育部和各个学校的官方网站或官方微博、学校的招生情况、分数线、招生计划、招生章程、毕业生的就业质量报告、学校的财务预算等。

有部分网站的数据也是比较可信的，像软科、青塔等，但即便是这些网站，我也会去相关学校进行数据核对。

不要怕查资料麻烦，因为写文章都是拿数据、图表说事，所以一定要确保正确。

信息了解要全面

全国有 3000 多所院校，本科专业目录上有 700 多个专业，这些信息每年都有变动，学校经常增加专业或停办某些专业，所以，我经常更新自己的数据库，一定要在掌握全面信息的基础上论述。

高考结束后，有些名校的录取线很低，很多人就说，考这些学校是捡漏。事实上，如果要仔细了解，会发现这些录取线很低的专业都是有说法的。例如，中山大学的护理专业、厦门大学马来西亚分校，这些学校和专业的分数线比常规的要低。因此，我觉得在写文章时，需要把这些内容写出来，才是完整的。

还有，很多人说法学是红牌学科，要慎学。而且，很多"学霸"去学法学。所以，要描述好法学，就要把这些情况都讲清楚，就是对于学习能力很强的人来说，法学是个很好的选择；如果成绩一般，个人能力也不强，那慎学法学。

不过，要全面了解信息是很难的，需要积累。

我的经验主要是平常多看，多浏览不同学校的官微和官网，看到一些重要的信息，记下来，有个大概印象，到写作时，再仔细查找。

另外，在写作时，拿不准或觉得某些逻辑不通的情况一定要搞明白。因为这些内容含糊，肯定是有自己不知道的信息，有可能这些信息会推翻自己的结论，所以一定要搞清楚，如果能找到专业人士，要多问问。

不过即便是这样，也会有出错的情况。我也出过几次错，很难避免。

概念要准确

更难的是概念问题。像现在平行志愿、院校专业组、投档线等，大家说起来很溜，但扪心自问一下，你对这些概念真的理解吗？我曾写过一篇关于这些基本概念的解释的文章，本意是想给家长看的，结果引起一群专业人士大讨论，有规划师，有大学招生老师。大家说出来，才发现很多人理解错误。例如，投档比例 1.05 究竟是什么意思？很多人以为投档就是按照 1.05 来投，其实不然，只能说因为有各种情况，学校才会超出100% 来接收学生。如果 100% 满足条件，学校就不会多接收学生。所以，常见的概念并不见得大家能真正理解。

专业的概念更难。因为每个人基本只学过一个或两个专业，能熟悉的专业不多。所以，有关专业的错误就更多，可以说是比比皆是。

但学习很难，功夫在诗外。我在高考志愿规则方面有时候也会遇到不知道的情况，我就会请教几位朋友，他们都是业内的专家教授，会给我一个相对权威的解释。

至于专业，我比较熟悉理工类专业，对人文社科类专业一开始不是很熟悉，对艺术、体育类就更差一些。这需要平常多看。我一般会看学校网站、百度百科和知乎，但单看这些也是不够的，有时候会翻一下这些专业的概论课教材，另外有机会会请教一些专业人士。

有时候，网友也是专业人士，不少评论会给你指出问题。但网友的评论需要再核实，有时候网友的评论是对的，有时候网友说的也不对。

我还在路上，还是需要多学习。

文章要通俗易懂

刚才讲的都是信息、概念的准确，虽然重要，但只是一个基础。要让一篇文章能被人读下去，尤其让不太了解情况的家长读懂，这才是关键。我一直希望能把一件复杂的事情讲得很清楚。

因此，第一，我一般在一篇文章里不面面俱到，只讲清楚一件事或两件事。如果事情讲太多，大家就会看得很糊涂。

第二，把一些琐碎的知识用逻辑串起来。我有一次讲航空航天大学的推荐，几十所学校如果罗列起来，我估计没有人能记住。我把它们分成了国防校、民航校、原航空航天工业部院校来讲，大家就很好记。即便记不住，知道了原则，查一下也就知道了。

第三，要有重点和总结。通常文章很长，里面有图表、数据，但如果没有重点和总结，很多人看完就完了，什么印象都没有，那我认为这篇文章就没有达到科普的目的。所以，我一般会梳理一下，这篇文章的重点是什么、有几个关键的点。

第四，文章要写得有趣。我的部分文章相对有趣，有些人认为像看故事一样，另一些文章还不行，还是需要继续"修炼"。

总体来说，文章要写清楚首先要自己先搞清楚内容。如果自己都不清楚，肯定讲不清楚。至于有趣，更是需要很多的积累，把庞杂的内容随心所欲地按照自己的所想来安排，能举重若轻，这方面我也是有很长的路要走。

文章要有新意

对文章更高的要求是，不懂的人能看懂，懂行的人能看到自己不知道的东西，有新意。这个要求比较高，这是我努力的方向，但并不能完全做到。

这需要调研大量的资料，而且需要有自己的独特视角，对同一件事情有不同的解读。

曾经我说，央视提出的 31 所"中管高校"才是真正的大学排行榜，一群大学教授开始热烈讨论，觉得这个视角不错。但普通网友第一次听到这个说法，普遍不能接受。

另外需要新意的话，可以扩展内容。例如，我写大学经常会写到城市、经济和科技的发展，相当于是交叉学科，这也是容易出新意的地方。

文章要经受住时间的考验

我觉得一篇好文章，虽然是用现在的数据，但最后的结论应该有更宽、更远一点的视野，过了几年之后，再来看也没问题。

当然，这个难度比较大。我有意识往这个方向努力，时不时做点预测，这也是逼迫自己提高的一个方式吧。目前来看，预测的结果都还可以。

情怀

最后讲一点鸡汤。作为一个教育博主，是需要讲一点情怀的，要弘扬正能量；但另一方面，需要实事求是，要指出很多宣传的虚幻之处，或者家长们很多有偏差的观点。

真正的英雄主义是看清现实后，依然热爱生活。

当然，这是自我贴金。往坏里说就是，情怀意味着有立场，立场就意味着选边站……这个就是"仁者见仁，智者见智"，自己以为的情怀可能是他人的毒鸡汤……

我对大学、专业类图文的理解就是这些，自己也在努力中。希望获得大家的指正，也希望随着时间，自己能越写越好，同时希望家长和考生阅读我的文章后有所收获。

参考资料

　　本书主要参考资料来自各个学校的官网，但学校太多，不再一一列出。其他参考资源有以下网站和微信公众号。

　　阳光高考网

　　中华人民共和国教育部

　　中国研究生招生信息网

　　中国教育在线

　　软科

　　麦可思

　　博雅数据库公众号